高等职业教育财务会计类富媒体智能型·项目化系列教材

成本核算与管理

CHENGBEN HESUAN YU GUANLI

张 珺 丁增稳 赵春宇 主 编

东北财经大学出版社
Dongbei University of Finance & Economics Press
大连

图书在版编目（CIP）数据

成本核算与管理 / 张珺，丁增稳，赵春宇主编. —大连 ：东北财经大学出版社，2023.8

（高等职业教育财务会计类富媒体智能型 · 项目化系列教材）

ISBN 978-7-5654-4979-6

Ⅰ.成… Ⅱ.①张… ②丁… ③赵… Ⅲ.成本计算-高等职业教育-教材 Ⅳ.F231.2

中国国家版本馆CIP数据核字（2023）第197201号

东北财经大学出版社出版

（大连市黑石礁尖山街217号 邮政编码 116025）

网 址：http：//www.dufep.cn

读者信箱：dufep@dufe.edu.cn

大连天骄彩色印刷有限公司印刷 东北财经大学出版社发行

幅面尺寸：185mm×260mm 字数：490千字 印张：20.25

2023年8月第1版 2023年8月第1次印刷

责任编辑：王天华 孟 鑫 责任校对：刘贤恩

封面设计：原 皓 版式设计：原 皓

定价：59.00元

教学支持 售后服务 联系电话：（0411）84710309

如有印装质量问题，请联系营销部：（0411）84710711

前言

本书以我国《企业会计准则——基本准则》和具体会计准则、《企业产品成本核算制度（试行）》及最新财税法规对企业成本核算的规定为依据，同时借鉴全球成本核算与管理学科最新发展成果，紧扣高等职业技术教育对成本核算与管理岗位群的实际需要，力求与高等职业技术教育培养目标相一致，符合培养适应21世纪需要的高技能应用型会计人才的要求。本书与同类教材相比，具有以下特点：

1. 深入融入课程思政内容。在职业能力目标中包含“素养目标”和“思政元素”，强调管理会计的职业精神、职业素养、职业判断能力和职业道德，并在书中设计“成本会计与中国经济”课程思政栏目，全面贯彻落实党的二十大精神和习近平新时代中国特色社会主义思想。

2. 从成本计算方法的通用性出发，本书仅以生产过程最典型的制造业（工业企业）为例，对成本核算与管理的基本理论、基本方法进行了全面、系统的阐述。

3. 以“知识够用、技能注重”为宗旨。本书充分考虑高等职业教育注重技能实训的特点，对理论知识介绍以够用为度，对业务技能训练讲清楚讲透彻。

4 教、学、练、训融为一体，体例新颖别致，安排科学合理。本书每个任务均包括学习情境、任务导入、任务学习三个部分，在任务学习中又分为知识准备、任务导学、任务实施、拓展阅读等几个部分，中间穿插“小思考”栏目。每个项目后面均设有成本会计与中国经济、习题与实训、能力测评等内容。先介绍基本理论和基本方法，然后通过工作实例加以剖析和演算，再通过习题与实训熟悉和掌握成本核算知识，最后安排期中和期末模拟考试。各部分循序渐进，浑然一体。

5. 教学资源丰富，实现自主学习。本书对涉及的比较难懂或操作容易错误的知识点、技能点制作了24个微课，以二维码的形式添加在书中，扫描二维码即可直接学习。同时，书后附有“微课索引”，方便使用。

本书由青海交通职业技术学院张珺、安徽商贸职业技术学院的丁增稳和赵春宇担任主编；青海交通职业技术学院杜明静、阿春花，安徽商贸职业技术学院何秀秀担任副主编；安徽商贸职业技术学院杨承承、姜晨参与编写。具体分工如下：丁增稳编写项目一和附录，张珺编写项目二至项目四，赵春宇编写项目七和项目八，何秀秀编写项目五，杜明静编写项目十一和项目十二，阿春花编写项目十，姜晨编写项目九，杨承承编写项目六，最后由赵春宇总纂定稿。

由于编者水平有限、成书时间仓促，书中难免存在错误或不足之处，恳请各界同仁和广大读者批评指正，以便我们及时修正。

编　者

2023年8月

目　录

项目一

成本核算的基本原理

职业能力目标

1. 知识目标

（1）了解成本会计的职能与工作组织；

（2）掌握成本费用的分类；

（3）了解成本核算的程序。

2. 能力目标

（1）掌握费用按照不同标准进行分类的方法；

（2）正确划清费用界限；

（3）能准确描述产品成本核算的主要程序。

3. 素养目标

（1）初步形成产品成本意识；

（2）提升成本管理意识。

4. 思政元素

（1）培养精益求精的工匠精神；

（2）发扬勤俭节约，艰苦奋斗精神。

典型工作任务

1 成本会计的职能及工作组织；

2. 产品成本核算的意义和要求；

3. 成本费用的分类；

4. 成本核算的程序。

任务一　成本认知

学习情境 1-1

佩奇公司2023年9月发生经济业务如下：

（1）购进原材料200万元，其中75%被当月生产领用，用于生产A产品；

（2）支付基本生产车间生产工人工资30万元，车间管理人员工资5万元，厂部行政管理人员工资18万元，销售部门人员工资7万元；

（3）企业购买新的生产设备价值100万元；

（4）当月支付广告费16万元；

（5）当月基本生产车间提取设备折旧8万元；

（6）基本生产车间耗用水电费7万元。

请问：产品成本的开支范围是什么？上述哪些开支不能计入产品成本？

任务导入

工作任务	技能要点及任务成果	重要知识点	学时
阅读学习情境1-1资料，准确界定佩奇公司产品成本	1.掌握成本的含义 2.掌握费用的含义 3.掌握产品成本的开支范围	1.成本的含义 2.产品成本的开支范围 3.生产成本与生产费用的关系	0.5

任务学习

一、知识准备

（一）成本的含义

微课1-1 成本的概念

学习成本会计首先遇到的问题就是“成本的含义”是什么。在学习成本会计的基本概念之前，先来学习成本的含义及其作用。本教材介绍关于成本的含义常见的几种观点。

1.马克思《资本论》中的论述

马克思在《资本论》中指出：“按照资本主义方式生产的每一个商品W的价值，用公式来表示是W＝C＋V＋M。如果我们从这个产品价值中减去剩余价值M，那么在商品中剩下的只是一个在生产要素上耗费的资本价值（C＋V）的等价物或补偿价值……商品价值的这个部分，即补偿所消耗的生产资料价格和所使用的劳动力价格的部分，只是补偿商品使资本家自身耗费的东西，所以，对资本家来说，这就是商品的成本价格。”[①]根据马克思的观点，产品成本由C＋V构成。

2.美国会计学会给出的定义

美国会计学会所属的成本概念与标准委员会于1951年提出：“成本是为了达到特定目的而发生的或应该发生的价值牺牲，它可以用货币单位加以衡量。”即成本是指企业制造产品、取得存货、销售商品、对外投资以及各项管理活动中耗费的能以货币计量的各项资源。

（二）产品成本的含义

微课1-2 产品成本的概念

1.我国企业成本管理改革

我国企业成本开支范围，几经变化，在实践中逐渐明确和完善。1984年颁布的《国营企业成本管理条例》对成本开支范围做出了明确的规定。当时采用的是完全成本法，即工业企业所发生的生产经营费用全部计入产品成

① 马克思，恩格斯．马克思恩格斯全集．25卷［M］．中共中央著作编译局译．北京：人民出版社，1974：30.

本，包括：原材料、燃料和动力、工资及福利费、车间经费和企业管理费。1993年我国企业会计制度改革参照了国际惯例将企业管理费作为期间成本，并分解为营业费用、管理费用和财务费用，直接计入当期损益；将车间经费改为制造费用；将产品生产所耗用的原材料、燃料和动力、工资和福利费，以及制造费用计入产品成本。通过这次改革，把产品成本与期间费用进行严格区分，这就是目前执行的制造成本法。2006年颁布、2007年1月1日开始施行的企业会计准则，继续沿用制造成本法，重新定义了成本费用的概念，明确了成本费用的范围，并将期间费用分解为销售费用、管理费用和财务费用。采用制造成本法，既简化了成本计算过程，又能够准确反映企业的生产经营情况，既有利于分清经济责任，又有利于成本控制与管理。

2.企业产品成本核算制度

为了加强企业产品成本核算，保证产品成本信息真实、完整，促进企业和经济社会的可持续发展，财政部2013年8月发布了《企业产品成本核算制度（试行）》，该制度自2014年1月1日起在制造业、农业、批发零售业、建筑业、房地产业、采矿业、交通运输业、信息传输业、软件及信息技术服务业、文化业以及其他行业的企业施行，该制度不适用于金融保险业的企业。

（1）按照《企业产品成本核算制度（试行）》的规定，制造企业的产品成本的开支范围应包括：

① 直接材料，是指构成产品实体的原材料以及有助于产品形成的主要材料和辅助材料。

② 燃料和动力，是指直接用于产品生产的燃料和动力。

③ 直接人工，是指直接从事产品生产的工人的职工薪酬。

④ 制造费用，是指企业为生产产品和提供劳务而发生的各项间接费用，包括企业生产部门（如生产车间）发生的水电费、固定资产折旧、无形资产摊销、管理人员的职工薪酬、劳动保护费、国家规定的有关环保费用、季节性和修理期间的停工损失等。

（2）按照《企业产品成本核算制度（试行）》的规定，房地产企业的产品成本的开支范围应包括：

① 土地征用及拆迁补偿费，是指为取得土地开发使用权（或开发权）而发生的各项费用，包括土地买价或出让金、大市政配套费、契税、耕地占用税、土地使用费、土地闲置费、农作物补偿费、危房补偿费、土地变更用途和超面积补交的地价及相关税费、拆迁补偿费用、安置及动迁费用、回迁房建造费用等。

② 前期工程费，是指项目开发前期发生的政府许可费、招标代理费、临时设施费以及水文地质勘察、测绘、规划、设计、可行性研究、咨询论证费、筹建、场地通平等前期费用。

③ 建筑安装工程费，是指开发项目开发过程中发生的各项主体建筑的建筑工程费、安装工程费及精装修费等。

④ 基础设施建设费，是指开发项目在开发过程中发生的道路、供水、供电、供汽、供暖、排污、排洪、消防、通信、照明、有线电视、宽带网络、智能化等社区管网工程费和环境卫生、园林绿化等园林、景观环境工程费用等。

⑤ 公共配套设施费，是指开发项目内发生的、独立的、非营利性的且产权属于全体业主的，或无偿赠与地方政府、政府公共事业单位的公共配套设施费用等。

⑥ 开发间接费，指企业为直接组织和管理开发项目所发生的，且不能将其直接归属于成本核算对象的工程监理费、造价审核费、结算审核费、工程保险费等。为业主代扣代缴的公共维修基金等不得计入产品成本。

⑦ 借款费用，是指符合资本化条件的借款费用。

【小思考 1-1】企业生产部门发生的业务招待费是否可以计入产品成本？

（三）费用的含义

费用有广义和狭义之分。广义的费用是企业生产经营过程中发生的各项耗费，包括生产费用和经营管理费用。

生产费用是指企业直接为生产商品和提供劳务等发生的直接材料、燃料及动力、直接人工和制造费用等。将生产费用对象化，就成为产品成本。

狭义的费用是指企业发生的经营管理费用，包括营业成本、税金及附加、期间费用等。《企业会计准则——基本准则》规定：费用是指企业在日常活动中发生的、会导致所有者权益减少的、与向所有者分配利润无关的经济利益的总流出。显然，这里的费用就是指经营管理费用，是与本期收入相配比的那部分耗费，包括主营业务成本、其他业务成本、税金及附加、销售费用、管理费用和财务费用等。

（1）主营业务成本，指企业确认销售商品、提供劳务等主营业务收入时应结转的成本。

（2）其他业务成本，指企业确认的除主营业务活动以外的其他经营活动所发生的成本，包括销售材料的成本、出租固定资产的折旧额、出租无形资产的摊销额、出租包装物的成本或摊销额等。

（3）税金及附加，指企业经营活动应负担的相关税费，包括消费税、城市维护建设税、资源税、教育费附加、印花税、车船税、房产税、城镇土地使用税等。

（4）销售费用，指企业在销售商品和材料、提供劳务过程中发生的各项费用，包括保险费、包装费、展览费和广告费、商品维修费、预计产品质量保证损失、运输费、装卸费等，以及为销售本企业商品而专设的销售机构（含销售网点、售后服务网点等）的职工薪酬、业务费、折旧费等经营费用。企业发生的与专设销售机构相关的固定资产修理费用等后续支出，应在发生时计入销售费用。

（5）管理费用，指企业为组织和管理生产经营活动而发生的各种管理费用，包括企业在筹建期间发生的开办费、董事会和行政管理部门在企业的经营管理中发生的或者应由企业统一负担的公司经费，行政管理部门职工薪酬、物料消耗、低值易耗品摊销、办公费和差旅费等，工会经费、董事会费（包括董事会成员津贴、会议费和差旅费等）、聘请中介机构费、咨询费（含顾问费）、诉讼费、业务招待费、房产税、车船税、土地使用税、印花税、技术转让费、矿产资源补偿费、研究费用、排污费等。企业生产车间（部门）和行政管理部门等发生的固定资产修理费用等后续支出应在发生时计入管理费用。

（6）财务费用，指企业为筹集生产经营所需资金等而发生的筹资费用，包括利息支出减利息收入、汇兑差额以及相关的手续费、企业发生或收到的现金折扣等。

【知识链接】产品成本与生产费用的关系

产品成本和生产费用都是企业在日常生产经营活动过程中发生的耗费，它们的内容是一致的。但是，两者也存在一定差别。产品成本是对象化的费用，即为生产一定种类或一定数量的产品而发生的费用；而生产费用是期间化的费用，它与会计期间相联系，如月、季、年。一定时期的生产费用不一定等于产品成本，因为产品既可能存在跨期生产，也可能存在期初在产品或期末在产品等。

（四）成本的作用

在市场经济环境下，成本在企业经营管理活动中有以下几方面作用。

（1）成本是制定产品价格的重要依据。产品的价格是以产品的价值为基础，结合市场供求关系、国家价格政策、企业的盈利水平等因素决定的。而准确确定产品的价值是一项比较困难的工作，在生产实践中，企业只能计算产品的生产成本，并在此基础上确定产品的价格。

（2）成本是反映企业管理水平的综合指标。成本作为一项经济指标，可以用来评价企业在生产经营管理中的研发、材料供应、生产管理、产品销售、财务管理等方面的工作业绩。也就是说，成本的高低最终体现着企业全部工作的好坏。

（3）成本是企业进行预测、决策的依据。现代企业在市场经济环境下的竞争越来越激烈，企业要想立于不败之地，就必须在生产经营过程中进行正确的预测、决策，而这些都离不开对成本信息的分析。因此，成本作为重要的数据资料对企业经营预测、决策具有不可或缺的作用。

（4）成本是企业竞争的主要手段。在同等情况下，如果一个企业采取成本领先战略，将成本尽可能地降低，就能占据主动，在激烈的市场竞争中立于不败之地。

二、任务实施

根据学习情境1-1的资料，在老师指导下，完成下列任务：

（1）假设在全部成本法下，佩奇公司生产A产品的总成本是多少？

（2）假设在制造成本法下，佩奇公司生产A产品的总成本是多少？

任务二 成本核算的职能及工作组织

学习情境1-2

安琪公司属于一家小型制造企业。企业设有三个基本生产车间，用于产品生产。同时企业还有一个修理车间，负责公司内部设备维修和其他修理工作。企业为了加强成本核算，在四个车间都设有会计人员进行车间成本核算；财务部负责收集各车间成本数据并进行期间费用的核算。

任务导入

工作任务	技能要点及任务成果	重要知识点	学时
阅读学习情境1-2的资料，分析安琪公司成本会计工作组织形式优缺点	1.掌握成本会计的职能 2.熟悉成本会计的工作组织	1.成本会计职能之间的内在逻辑关系 2.成本工作组织中，集中工作方式和分散工作方式的适用情境	1

任务学习

一、知识准备

（一）成本会计的职能

成本会计的职能，是指成本会计在经济管理中的功能。成本会计的职能由最初的核算职能不断地丰富为成本预测、成本决策、成本计划、成本核算、成本控制、成本考核和成本分析七大职能。

1.成本预测

成本预测是指在分析企业现有经济技术、市场状况、发展趋势和有关成本的历史资料的基础上，根据与成本有关的数据，采用一定的科学方法，对企业未来的成本水平及其变化趋势作出科学的预估。成本预测是进行成本决策与编制成本计划的基础。

2.成本决策

成本决策是指以成本预测的数据为基础，运用专门的方法，对有关方案进行判断、分析，从中选择最优方案，据以确定目标成本。正确的成本决策，有助于企业编制科学、合理的成本计划，从而达到降本增效的目的。

3.成本计划

成本计划是根据成本决策所确定的目标成本，具体规定在计划期内为完成生产经营任务所支出的成本、费用，并提出为达到规定的成本、费用水平所采取的各项措施。成本计划是降低成本、费用的具体目标，也是进行成本控制、成本考核和成本分析的依据，在实务工作中具有重要的意义。

4.成本核算

成本核算是指对生产经营过程中发生的各种生产费用进行归集和分配，采用适当的方法计算出各种产品的总成本和单位成本的过程。成本核算是成本会计最基本的职能。成本核算可以考核成本计划的完成情况，评价成本计划的控制情况，同时也为产品定价提供依据。

5.成本控制

成本控制是指以预先确定的成本标准（如材料消耗定额、工时消耗定额、材料计划单价、计划工资率、制造费用计划分配率）等作为企业生产经营过程中所发生的各项费用的限额，在费用发生时，严格审核各项费用是否符合标准，将各项费用的发生额限制在计划范围内，以保证成本计划顺利执行。

6. 成本考核

成本考核是指在成本分析的基础上，定期地对成本计划或成本控制任务的完成情况进行检查和评价，并对责任单位的业绩给予必要的奖惩，以充分调动广大职工执行成本计划的积极性，提高成本管理水平。

7. 成本分析

成本分析是指利用成本核算和其他有关资料，将本期实际成本与计划成本、上年同期实际成本、企业历史先进水平，以及国内外先进标杆企业的成本进行比较，系统研究成本变动的影响因素和原因，制定有效办法或措施，以便进一步改善经营管理，挖掘降低成本的潜力。成本分析可以为成本考核、未来的成本预测、决策以及下期成本计划的制订提供依据。

（二）成本会计的工作组织

为了更好地履行成本会计职能，完成成本会计任务，充分发挥成本会计的作用，企业必须科学有效地组织成本会计工作。成本会计工作的组织主要包括成本会计机构的设置、成本会计人员的配备以及成本会计制度的建立、落实等。

1. 成本会计机构的设置

成本会计机构是在企业中组织、领导并直接从事成本会计工作的主要职能部门。

（1）大中型企业可在专设的会计部门中，单独设置成本会计机构，专门从事成本会计工作。

（2）规模较小、会计人员不多的企业可在会计部门中指定专人负责成本会计工作。

（3）有关职能部门和生产车间，也应根据工作需要设置成本会计机构，或者配备专职或兼职的成本会计人员，负责该职能部门和生产车间的成本会计工作。

企业内部各级成本会计机构之间的组织分工，有集中工作和分散工作两种方式。企业应根据规模的大小、内部各单位经营管理的要求，以及这些单位成本会计人员的数量和素质，从有利于充分发挥成本会计的职能作用、提高成本会计工作的效率出发，确定采用哪一种工作方式。

2. 成本会计人员的配备

成本会计人员是指在会计机构或专设成本会计机构中所配备的成本工作人员，对企业日常的成本工作进行处理。

成本会计工作要求从事该项业务的人员，首先，应具备良好的职业道德；其次，要有扎实的专业知识，熟悉成本会计理论、实务，掌握一定的经营管理知识；最后，对企业生产工艺、业务流程要非常熟悉。

我国对于会计人员职业道德的研究尚处于起步阶段，未形成独立、完善的成本会计职业道德准则，目前除了约束注册会计师的《注册会计师职业道德基本准则》外，约束其他会计人员的职业道德规范散见于各有关的会计法规当中。

3. 成本会计制度的建立、落实

为了充分发挥成本会计的职能，圆满完成成本会计的任务，必须制定科学、合理的成本会计法规和制度，使企业的成本会计工作符合国家有关方针和政策的要求，从而保证成本会计资料真实、规范、及时、有用。

成本会计制度是指对开展成本会计工作所作的规定。它的内涵与外延随着经济环境的变化在不断地发展变化。商品经济条件下，现代企业的成本会计制度内容包括成本核算、成本分析、成本预测、成本决策、成本计划、成本控制和成本考核等方面的规定，指导着成本会计工作的全过程，也被称为广义的成本会计制度。成本会计制度是组织和处理成本会计工作所做的规范，是会计制度的重要组成部分，企业应根据基本会计准则、有关具体准则、行业会计制度、企业内部管理的需要和生产经营的特点制定本企业内部成本会计制度。其基本内容一般包括以下方面：

（1）关于成本会计工作的组织分工及职责权限；

（2）关于成本定额、成本预算和成本计划的编制方法；

（3）关于存货的收发领退和盘存制度；

（4）关于成本核算的原始记录和凭证传递流程；

（5）关于成本核算的规定，包括成本计算对象和成本计算方法的确定，成本核算账户和成本项目的设置，生产费用归集与分配的方法，在产品计价方法等；

（6）关于成本预测的制度，包括预测的资料收集要求，一般方法与必要程序等；

（7）关于成本控制的制度，包括有关原始凭证的审核办法，有关成本费用的开支标准和审批权限，成本差异的计算与分析，差异信息的反馈程序与时间限制，控制成本业绩的考核与奖惩办法等；

（8）关于成本分析的制度，包括成本分析的一般方法、指标种类及计算口径等；

（9）关于成本报表的制度，包括成本报表的种类、格式、编制方法、传递程序、报送日期等。

二、任务导学

【工作实例1-1】成本会计各个职能之间的关系是怎样的？

成本核算是成本会计中最重要最基本的内容，成本预测、决策、计划，必须以过去的成本核算资料为重要依据，成本控制离不开成本核算提供的信息反馈，成本分析和成本考核更需要通过成本核算提供成本计划指标、实际完成情况的数据资料。可以说，没有成本核算就没有成本会计，没有成本核算，也就不存在成本会计的其他内容。

三、任务实施

根据学习情境1-2的资料，在老师指导下，完成下列任务：

请谈一谈安琪公司管理模式的利弊是什么？

任务三　产品成本核算的意义和要求

学习情境1-3

几乎用任何标准来衡量，某航空公司都是一家非常成功的公司。该公司1971年成立，到目前为止它拥有141架飞机，年营业额达到12亿美元，净利润接近7 500万美元。1993年度的统计数字尤其给人留下深刻印象，这是因为德尔塔航空公司、美国航空公司和联合航空公司在此期间都巨额亏损。而该航空公司22年的经营中，除最初两年外，年年盈利。当其他航空公司在解雇司乘人员和机械师、关闭某些航线、挣扎在破产边缘时，该航空公司却在大张旗鼓地推进它的增长计划，购买更多的飞机，开辟新航线，招聘新人员。

该航空公司低成本经营的具体举措包括：

（1）始终采用单一机型。

（2）简单特别的服务：不提供餐饮服务，只提供饮料和花生米。

（3）飞机上不设头等舱，增加了经济舱座位，提高飞机的空间利用率。

要求：结合案例说明企业进行成本核算的意义。

任务导入

工作任务	技能要点及任务成果	重要知识点	学时
阅读学习情境1-3资料，说明企业进行成本核算的意义	1.了解产品成本核算的意义 2.掌握产品成本核算的要求	1.产品成本核算的意义 2.深入分析产品成本核算具体要求的内在原因和逻辑	0.5

任务学习

一、知识准备

（一）产品成本核算的意义

成本核算，是指利用货币单位计量各种经济资源的价值牺牲或耗费。在制造业，生产经营一般分为采购、生产、销售三个环节，相应地，成本核算也就可分为采购成本核算、生产成本核算、销售成本核算。按照我国目前会计教材的体系，采购成本核算和销售成本核算一般在财务会计教材中加以阐述，而生产成本核算一般在成本会计教材中介绍，本书也不例外。制造业通过生产费用汇集和分配，将生产费用在完工产品和在产品之间进行分配之后，即可以核算出各种完工产品的成本。

工业企业正确组织产品成本核算工作，具有非常重要的意义，主要表现在如下几个方面：

（1）通过产品成本核算，可以计算企业盈亏。按照权责发生制的要求，企业在正确确认一项收入的同时，必须确认该收入所发生的销售成本。因此，正确计算产品成本，可以了解生产耗费的补偿尺度，同时也可以作为确定企业盈利的依据。

（2）通过产品成本核算，可以了解和监督各项消耗定额及成本计划的执行情况，可以控制生产过程中的人力、物力和财力的耗费，从而做到增产节约、增收节支。

（3）通过产品成本核算，可以了解和监督在产品占用资金增减变动和结存情况，为加强在产品资金的管理、提高资金周转速度和有效地节约使用资金提供资料。

（4）通过产品成本核算，可以将产品的实际成本与产品的计划成本、定额成本或标准成本等指标进行对比，除可对产品成本升降的原因进行分析外，还可据此对产品的计划成本、定额成本或标准成本进行适当的修改，使其更加接近实际。

（5）通过产品成本核算，可以利用成本核算资料，开展对比分析，查明企业生产经营的成绩和缺点，从而采取措施，改善经营管理，促使企业进一步降低产品成本。

（二）产品成本核算的要求

1. 做好成本核算的各项基本工作

为了正确核算产品成本，应做好以下几项基本工作：

（1）做好定额的制定与修改。定额是企业在生产经营过程中，对人力、物力、财力的消耗所规定的标准。企业应该根据当前的设备条件和技术水平，对产品消耗定额进行修订，并严格地落实定额管理制度，充分发挥定额在成本计划制订和实际费用分配中的作用。

（2）做好原始记录及相关计量工作。原始记录是反映企业生产经营活动的原始资料，是进行成本核算、成本分析、成本预测和成本计划执行的依据。因此，真实、全面地记录各项成本费用的发生，健全原始凭证管理，为后期进行成本核算，加强成本管理提供了良好的基础。

（3）建立健全存货的收发、计量、领退、盘点制度。完善的存货管理制度是原始凭证真实准确的基础。因此要正确计算成本，必须建立健全存货的计量、验收、领退和盘存制度。

（4）选用适当的成本计算方法。企业的生产组织、生产过程、成本管理要求不同，选择进行成本计算的方法也不同。常见的计算方法有品种法、分批法、分步法、分类法和定额法。企业应根据自身产品成本核算的需求选择合适的核算方法，成本计算方法一经选定，原则上不允许随意变更。

2. 正确确定财产物资的计价和价值结转方法

制造业企业的财产物资大部分是生产资料，在生产经营中会耗用这些生产资料，从而导致价值转移到产品成本和期间费用中。因此，这些财产物资的计价和价值结转方法也将影响成本的高低和费用的水平。例如：固定资产的计价方法以及折旧方法的不同，都将影响产品的成本和期间费用的高低。对于财产物资的计价和价值结转方法要严格执行国家的规定，不得随意改变财产物资的计价和价值结转方法。

3. 正确划分各种费用界限

企业生产经营过程中发生的支出要按照经济用途进行划分，产品成本的计算过程也是对发生的费用不断划分、归集和分配的过程。对企业发生的支出，要分清经营性支出和非经营性支出、生产成本和期间费用、本期费用和后期费用、各种产品应负担的费用、完工产品与在产品之间的界限。

二、任务实施

根据学习情境1-3的资料，在老师指导下，完成下列任务：

（1）结合案例谈一谈企业进行成本核算的意义有哪些。

（2）划分各种费用应遵循的基本原则是什么？

任务四 成本费用的分类

学习情境1-4

2023年8月份，安琪公司发生以下经济业务：

（1）生产A产品耗费原材料10 000元。

（2）当月生产车间耗用电费共计3 000元。

（3）车间管理人员工资支出6 000元。

（4）生产工人工资支出10 000元。

（5）行政管理人员工资支出8 000元。

（6）广告费用支出10 000元。

（7）支付银行借款利息5 000元。

要求：将安琪公司发生的支出按要素进行分类。

任务导入

工作任务	技能要点及任务成果	重要知识点	学时
阅读学习情境1-4的资料，为安琪公司支出要素分类提供意见建议	1.掌握费用的不同分类 2.能正确进行费用的核算	1.费用的分类 2.费用的核算	1

任务学习

一、知识准备

（一）费用的分类

制造业企业在生产经营过程中的耗费是多种多样的。为了科学地进行成本管理，正确计算产品成本和期间费用，需要对种类繁多的费用进行合理分类。费用可以按不同的标准分类，其中最基本的是按费用的经济内容和经济用途进行分类，按经济内容分类形成要素费用；按经济用途分类形成生产费用和期间费用。

1.费用按照经济内容分类

生产经营过程中发生的费用，按照其经济内容分类，可进一步划分为以下八种要素费用：

（1）外购材料：外购材料是指企业为进行生产经营而耗用的从外单位购进的原料及主

要材料、半成品、辅助材料、包装物、修理用备件和低值易耗品等。

（2）外购燃料：外购燃料是指企业为进行生产经营而耗用的从外部购进的各种燃料，包括固体、液体和气体燃料。

（3）外购动力：外购动力是指企业为进行生产经营而耗用的从外部购进的各种动力。

（4）职工薪酬：职工薪酬是指企业应计入产品成本和期间费用的职工工资、福利费等。

（5）折旧费用：折旧费用是指企业应计入产品成本和期间费用的按规定计提的固定资产折旧费。

（6）利息费用：利息费用是指企业应计入财务费用的借入款项的利息支出扣除利息收入后的净额。

（7）税金：税金是指应计入企业费用的各种税金，包括印花税、房产税、车船税、土地使用税等。

（8）其他费用：其他费用是指企业发生的不属于以上各要素而应计入产品成本或期间费用的费用支出。例如，差旅费、修理费、租赁费、保险费等。

2. 费用按照经济用途的分类

费用按经济用途分可以分为生产费用和期间费用。

（1）生产费用

制造业企业在一定期间（通常为一年）为生产产品而发生的各种耗费构成生产费用。生产费用应计入产品成本，根据生产费用的不同用途，还可以进一步划分为若干明细项目，这些明细项目构成了产品成本的主要内容。企业在进行成本核算时可根据自身特点，设定成本项目，目前，一般企业进行成本核算时常设的成本项目有三个：

① 直接材料：直接材料又称原材料，是指企业在产品生产过程中直接用于产品生产、构成产品主要实体的原料及主要材料、辅助材料、外购半成品、备品配件、燃料等。

② 直接人工：直接人工是指直接参加产品生产的工人的工资及福利费等。它包括工资、福利费、社会保险、住房公积金、职工教育经费、工会经费、非货币性福利、辞退福利等。

③ 制造费用：制造费用是指企业为组织和管理车间产品生产而发生的、不直接计入产品生产成本的各项间接费用。

生产费用也可以根据成本管理的需要分为七项，这七项分别为：原料及主要材料、燃料及动力、职工薪酬、社保费、废品损失、停工损失和制造费用。

对于管理上需要单独反映、控制和考核的费用，在产品成本中所占比重较大的费用，应专设成本项目予以核算。例如，管理上如果需要对废品损失进行重点控制和考核，就应单独设置“废品损失”成本项目对其进行核算；又如，对于产品生产工艺上所耗用的燃料和动力费用，可以设置“燃料与动力”成本项目进行核算。

（2）期间费用

期间费用是指企业在生产经营过程中发生的，不计入产品成本，直接计入当期损益的费用。期间费用按照经济用途分为以下三类：

① 销售费用，是指企业销售过程中发生的费用以及专设销售机构的经费开支。销售费用主要有广告费、运输费、展览费、包装费、销售机构设备折旧费、专设销售机构人员工资等。

② 管理费用，是指企业行政管理部门为组织和管理生产经营活动而发生的各项费用。管理费用主要有管理人员工资、办公费、差旅费、咨询费、诉讼费、业务招待费、无形资产摊销等。

③ 财务费用，是指企业为筹集资金而发生的费用。财务费用主要有银行借款利息支出、汇兑损益、手续费、现金折扣部分等。

（二）正确进行费用的核算

正确进行费用核算要能够正确划分各种费用的界限，主要包括以下五个方面的界限：

1. 正确划分经营性支出与非经营性支出的界限

企业在生产过程中会发生各种各样的支出，在成本核算时对支出的划分显得至关重要，直接影响着企业产品成本计算的准确性。按照支出与生产经营的关系划分，可以将支出划分为经营性支出与非经营性支出。企业日常经营生产过程中的支出属于经营性支出，比如用于产品生产和销售、用于组织和管理生产经营活动，以及为筹集生产经营资金所发生的各种支出，这些支出应计入产品成本或期间费用。而资本性支出、投资性支出、营业外支出以及利润分配支出等均不应计入成本、费用。

2. 正确划分产品生产成本与期间费用的界限

企业发生的各种经营性支出，并非全部计入产品生产成本。具体的划分标准是：用于产品生产的原材料、直接人工和相关的制造费用划分为产品生产成本；用于组织和管理生产经营活动、产品销售、资金筹集而发生的费用划分为期间费用。正确划分企业产品生产成本与期间费用不仅影响企业对产品成本的核算而且影响企业利润的核算。根据企业所得税法的规定，期间费用可以全额税前扣除，而生产费用只有在完工产品销售出去才会在税前扣除。

3. 正确划分各期的费用界限

会计核算中的持续经营假设与会计分期假设不仅适用于财务会计，在成本会计中同样适用。由于企业的经营是持续不断的，而产品的成本与利润一般都是按月进行计算的。所以我们要正确划分各期间的产品成本及期间费用。划分的原则就是按照权责发生制。凡是由本期产品负担的生产成本和期间费用，均在本月入账；凡是由本期和以后各期受益的费用，要在受益期间进行摊销。只有正确划分各期的费用界限，才能准确进行各期的费用核算，才能准确反映各期的利润水平。

4. 正确划分各种产品的费用界限

随着科学技术的进步以及产业化的发展，只生产单一产品的企业越来越少，大部分的企业都会生产两种或者两种以上的产品。为了正确核算产品的成本，评估每种产品的成本费用就需要企业单独核算各种产品的成本。需要对计入本月产品的生产费用在两种或两种以上的产品间进行分配。凡是几种产品共同负担的费用，属于间接发生的费用，应选择适当的分配标准，采用适当的分配方法，分别计入各种产品的生产成本；凡是某种产品单独发生的费用，属于直接生产费用，应直接计入该种产品的生产成本。在划分产品费用时企业应遵循实事求是的原则，不能随意调整产品成本，弄虚作假。

5. 正确划分完工产品和月末在产品的费用界限

会计核算期末，企业中可能存在部分产品完工，部分产品尚未完工，所以在每个会计期末，应将各种产品成本负担的本期生产费用采用一定的分配方法在完工产品和在产品之间进行分配，划清两者之间的费用界限。

综上所述，费用界限的划分过程，也就是产品成本计算的过程，费用界限的划分是否正确，直接决定了产品成本计算结果的正确性。

二、任务导学

【工作实例1-2】2023年10月份，波利公司发生经济业务如下：

（1）生产G产品耗费原材料40 000元。

（2）生产车间本月发生水电费3 500元。

（3）车间管理人员工资支出6 500元。

（4）生产工人工资支出35 000元。

（5）行政管理人员工资支出12 000元。

（6）业务招待费支出7 000元。

（7）支付银行借款利息3 000元。

要求：计算波利公司2023年10月份的生产成本和期间费用。

任务处理如下：

第一步，区分生产成本与期间费用，将发生的支出按要素进行分类。

属于生产成本的有：耗用的原材料、生产车间耗用的电费、车间管理人员工资、生产工人工资。

属于期间费用的有：行政管理人员工资、业务招待费、银行借款利息。

第二步，计算出波利公司2023年10月份的生产成本与期间费用。

生产成本＝40 000（直接材料）+3 500（制造费用）+6 500（制造费用）+35 000（直接人工）

＝85 000（元）

期间费用＝12 000（管理费用）+ 7 000（管理费用）+ 3 000（财务费用）

＝22 000（元）

三、任务实施

根据学习情境1-4的资料，在老师指导下，完成下列任务：

（1）将安琪公司发生的支出按要素进行分类。

（2）按照制造成本法，企业产品成本应包括哪些内容？

（3）将企业发生的各项耗费划分为生产成本和期间费用有何意义？

任务五　成本核算的程序

学习情境1-5

瑞琪公司属于一家中型制造企业。企业设有三个基本生产车间，用于产品生产。同时企业有一个修理车间和一个运输车间。修理车间负责公司内部设备维修和其他修理工作。

运输车间负责公司员工接送以及材料和产品的运输。

企业每月末，首先将修理车间和运输车间归集的生产费用在各受益单位之间进行分配，然后再将三个车间发生的制造费用在公司内进行第二次分配；最后，计算完工产品和月末在产品成本。

请问：该种成本核算程序是否正确？

任务导入

工作任务	技能要点及任务成果	重要知识点	学时
阅读学习情境1-5的资料，为瑞琪公司成本核算程序提供意见建议	1.熟记成本核算的程序 2.熟悉成本核算账户设置 3.掌握成本计算基本步骤	1.成本核算的程序 2.成本计算步骤	0.5

任务学习

一、知识准备

（一）成本核算的一般程序

成本核算的一般程序，也就是对产品进行生产费用的归集、分配到计算完工产品成本的过程。这一过程包括：确定成本计算对象，确定成本项目，确定成本计算期，对生产费用审核、归集与分配、确定完工产品成本。

1.确定成本计算对象

成本是对象化的费用，所以确定成本计算对象是进行成本核算的前提。不同性质的企业，成本计算对象的确定是不相同的，可以是某种产品、某类产品或某批产品，也可能是某一生产步骤。至于选择什么作为成本计算对象，则取决于企业的生产特点和管理要求，企业应根据自身的生产特点和管理要求，选择合适的产品成本计算对象。

2.确定成本项目

为了反映产品成本的经济构成，加强产品成本的管理，需要对发生的生产费用按经济用途确定成本项目。一般分为三个项目，分别为直接材料、直接人工、制造费用。也可以按管理的需要，分为七个项目，分别为原料及主要材料、燃料及动力、工资、社保费、废品损失、停工损失和制造费用。

3.确定成本计算期

成本计算期即多久计算一次产品成本，产品成本计算期取决于产品成本计算对象。当企业以产品品种、产品生产步骤、产品类别为成本计算对象时，产品成本的计算期通常与会计期间相同。当企业以产品的生产批次为产品成本计算对象时，产品成本的计算期则与该批产品的生产周期一致。

4. 审核、归集与分配生产费用

审核生产费用，也就是对生产费用的正确性、合法性、真实性进行核查；审核无误的生产费用要按产品成本计算对象进行归集，并按成本项目进行分别核算。对生产费用的归集和分配，能够直接确定生产费用的受益对象的，直接计入该成本对象的有关成本项目中；不能直接确定受益对象的，需要在受益对象中按照一定比例进行分配，再计入各成本计算对象的有关成本项目中。

5. 确定完工产品成本

到了期末，企业要按规定计算当期完工产品的总成本和单位成本。如果企业期末本期所有产品全部完工，则本期所归集的生产费用就是完工产品的总成本，总成本除以完工产品的数量就是完工产品的单位成本。如果企业期末有部分产品完工，有部分产品尚未完工，则需要将本期所归集的生产费用在完工产品和月末在产品之间进行分配，完工产品所负担的总成本除以期末完工产品的数量，即为完工产品的单位成本。

（二）成本核算的会计账户

为了进行成本核算，企业一般应设置“基本生产成本”“辅助生产成本”“制造费用”等成本类会计账户。

1. “基本生产成本”账户

“基本生产成本”账户属于成本类账户，该账户用来核算企业进行工业生产，包括生产各种产品（包括产成品、自制半成品等）、自制工具、自制设备等所发生的各项费用。该账户的借方登记生产过程中发生的直接材料、直接人工等直接费用以及分配转入的制造费用。该账户的贷方登记完工入库的产成品、自制半成品的实际成本。该账户的期末余额在借方，表示尚未完工的各项在产品成本。

2. “辅助生产成本”账户

“辅助生产成本”账户属于成本类账户，核算企业辅助生产车间为完成辅助生产而发生的一切耗费。该账户一般应按车间以及产品或劳务的种类设置明细账，明细账内按照成本项目或费用项目设置专栏，进行明细核算，期末一般无余额。

3. “制造费用”账户

“制造费用”账户属于成本类账户，该账户用来核算各生产单位（分厂、车间）为组织和管理生产所发生的各项费用以及所发生的固定资产使用和维修费，包括职工薪酬、办公费、水电费、机物料消耗、劳动保护费、季节性和修理期间的停工损失等。制造费用应按不同的车间、部门设置明细账进行明细核算。除季节性生产或采用累计分配率法分配制造费用的企业外，本账户月末应无余额。

（三）成本计算的基本步骤

根据产品成本核算的一般程序，成本计算基本步骤可以归纳如下：

1. 要素费用的归集和分配

生产过程中发生的各种要素费用，要根据其具体的发生地点和用途，编制各种要素费用的分配表，据以编制记账凭证，记入各有关的成本、费用账户中。

2. 归集和分配辅助生产费用

由于辅助生产车间是为基本生产车间和行政管理等部门提供产品或劳务的，所以，辅助生产车间所发生的费用，应根据其提供的劳务数量、发生的费用和各部门耗用产品或劳务的数量，通过编制“辅助生产费用分配表”的方式分配。

3. 分配基本生产车间的制造费用

基本生产车间若生产多种产品，则应将归集于基本生产车间“制造费用明细账”的总金额，采用适当的分配方法，在该车间生产的各种产品当中通过编制“制造费用分配表”的方式进行分配。

4. 核算完工产品和在产品成本

通过上述步骤核算和分配之后，企业所发生的用于产品生产的各种费用，都集中于“基本生产成本”明细账中了。这时，应根据企业的具体情况，确定在产品的成本核算方法，核算出完工产品和在产品的成本，编制“完工产品成本计算表”。

产品成本核算财务处理的基本程序如图1-1所示。

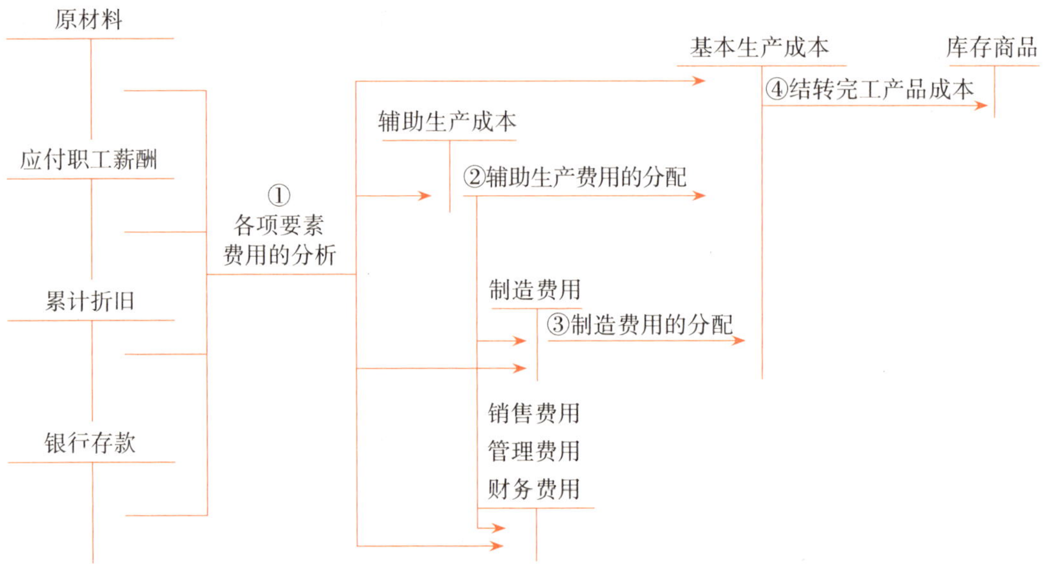

图1-1 产品成本核算账务处理的基本程序

二、任务实施

根据学习情境1-5的资料，在老师指导下，完成下列任务：

（1）指出瑞琪公司的成本核算程序是否正确，并说明理由。

（2）能否先分配制造费用，后分配辅助生产成本？为什么？

成本会计与中国经济

中国成本管理神话：7亿元跌至2 500万元白菜价！

【关键词】盾构机；生产成本；中国制造；大国工匠

盾构机，全称为盾构隧道掘进机，俗称“地下蛟龙”，是一种隧道掘进的专用工程机械，具有开挖切削土体、输送土渣、拼装隧道衬砌、测量导向纠偏等功能。它能让地铁修建工期缩短90%，是基建工程必不可少的“大国重器”。近70年来，德日美掌握着核心技术，占据全球超90%的盾构机市场，他们一直对中国实施严格的技术保密制度。

改革开放以来，中国迅速掀起一股基建热潮。看到我国高涨的市场需求，德国维尔特公司将2台二手的盾构机，开价7.6亿元人民币，而且一旦设备需要维护，必须从海外聘请“洋师傅”来修理，时薪高达4 000元~6 000元人民币，换个刀片少则十天，多则月余，动辄还要购买指定厂商零件。不仅如此，维修现场还要拉起警戒线，禁止中国人靠近，防止我们“偷师学艺”。

没有核心技术，就只能当西方的“提款机”。2002年，我国正式将“隧道掘进机”技术纳入863计划。同年，中铁隧道集团组建了18人的盾构机研发组。西方专家嘲笑道：“再给中国人100年时间，他们也玩不转盾构机！”2008年，我国首台自主知识产权的“中铁1号”盾构机成功下线，生产成本只要2 500万元。

“中国制造”推倒了西方高筑百年的壁垒。中国人生产的盾构机，具备独特的技术优势和价格优势，不仅实现了90%的自给率，还远销法国、丹麦、新加坡。截至目前，中铁集团出口的盾构机，已覆盖全球30多个国家和地区，占据全球市场份额的80%。而当初喊价7.6亿元的德国维尔特公司，已成功被中企收购。

资料来源：

① 随便谈谈娱．1997年，德国一台盾构机要价7.6亿，中国霸气回复：自己研究国产［EB/OL］，［2023-03-17］https：//www.sohu.com/a/655510555_121117083.

② 电力勘测廖工．德国开价七个亿的盾构机，不但被我国制造出来了，还收购他们公司．［EB/OL］．［2021-07-04］https：//baijiahao.baidu.com/s？id= 1704345713711918356&wfr=spider&for=pc.

【启示】党的二十大指出：坚持把发展经济的着力点放在实体经济上，推进新型工业化，加快建设制造强国、质量强国、航天强国、交通强国、网络强国、数字中国。实施产业基础再造工程和重大技术装备攻关工程，支持专精特新企业发展，推动制造业高端化、智能化、绿色化发展。

习题与实训

一、单项选择题

1.成本会计是会计的一个分支，是以（　　）为对象的一种专门会计。

A.会计主体　　B.企业资金

C.成本　　D.企业经济活动

2.成本会计的任务主要决定于（　　）。

A.企业经营管理的要求　　B.成本核算

C.成本控制　　D.成本决策

3.产品成本是指企业生产一定种类、一定数量的产品所支出的各项（　　）。

A.生产费用之和　　B.生产经营管理费用总和

C.经营管理费用总和　　D.料、工、费及经营费用总和

4.成本会计最基本的任务和中心环节是（　　）。

A.进行成本预测，编制成本计划

B.审核和控制各项费用的支出

C.进行成本核算，提供实际成本的核算资料

D.参与企业的生产经营决策

5.成本的经济实质是（　　）。

A.生产经营过程中所耗费生产资料转移价值的货币表现

B.劳动者为自己劳动所创造价值的货币表现

C.劳动者为社会劳动所创造价值的货币表现

D.企业在生产经营过程中所耗费的资金的总和

6.大中型企业的成本会计工作一般采取（　　）。

A.集中工作方式　　B.统一领导方式

C.分散工作方式　　D.会计岗位责任制

7.下列项目中，属于费用要素的是（　　）。

A.直接材料　　B.直接人工　　C.外购材料　　D.制造费用

8.在制造成本下，下列各项中不应计入产品成本的是（　　）。

A.企业行政管理部门用固定资产的折旧费

B.车间厂房的折旧费

C.车间生产用设备的折旧费

D.车间管理人员的工资

9.成本考核是在（　　）的基础上，定期地对成本计划的执行情况进行评定和考核。

A.成本核算　　B.成本分析　　C.成本计划　　D.成本控制

10.下列各项中，属于直接生产费用的是（　　）。

A.产品生产工人的薪酬费用

B.企业行政管理人员的薪酬费用

C.企业行政管理部门用固定资产的折旧费用

D.生产车间管理人员的工资

11.为了保证按每个成本计算对象正确地归集应负担的费用，必须将应由本期产品负担的生产费用正确地在（　　）。

A.各种产品之间进行分配

B.完工产品和在产品之间进行分配

C.盈利产品与亏损产品之间进行分配

D.可比产品与不可比产品之间进行分配

12.下列各项中，属于直接计入费用的有（　　）。

A.几种产品负担的制造费用　　B.几种产品共同耗用的原材料费用

C.一种产品耗用的生产工人工资　　D.几种产品共同负担的机器设备折旧

13.生产车间的管理费用应纳入（　　）。

A.管理费用　　B.生产成本　　C.制造费用　　D.当期损益

14.正确处理跨期费用的摊销工作，是为了正确划分（　　）。

A.各月份的费用界限

B.生产费用与期间费用的界限

C.各种产品之间的费用界限

D.完工产品与在产品的费用界限

15.下列项目中，应计入产品成本的费用是（　　）。

A.车间业务招待费　　B.生产车间管理人员薪酬

C.职工困难补助费　　D.因筹资支付给银行的手续费

16.期末如果既有完工产品成本，又有在产品，企业应将（　　）在本期完工产品和期末在产品之间进行分配。

A.期初在产品成本

B.本期发生的生产费用

C.期初在产品成本加上本期发生的生产费用（生产费用合计数）

D.本期发生的生产费用减去期初在产品成本

17.下列各项中属于成本项目的是（　　）。

A.外购动力　　B.职工薪酬　　C.外购燃料　　D.直接材料

18.下列各项中，应计入制造费用的是（　　）。

A.构成产品实体的原材料费用　　B.产品生产工人工资

C.车间管理人员工资　　D.工艺用燃料费用

19.下列各项中，属于直接生产费用的是（　　）。

A.生产车间厂房的折旧费用

B.产品生产用设备的折旧费用

C.企业行政管理部门固定资产的折旧费用

D.生产车间管理人员的工资

20.设置产品成本项目的目的是（　　）。

A.反映费用支出所属的劳动因素

B.反映各个时期各种费用的构成和水平

C.为编制材料采购和劳动工资计划提供材料

D.反映生产费用的具体用途，提供产品成本构成情况的资料

二、多项选择题

1.企业进行成本核算时，应遵循的会计法律制度有（　　）。

A.《中华人民共和国会计法》　　B.企业会计准则

C.企业产品成本核算制度　　D.企业内部成本管理制度

2.下列各项中，属于成本会计职能的有（　　）。

A.成本审计　　B.成本决策　　C.成本核算　　D.成本分析

3.成本会计的任务有（　　）。

A.正确核算产品成本，如实反映企业的经营成果

B.为企业经营决策提供依据

C.对成本进行预测、决策、计划、控制、分析和考核

D.为企业外部会计信息使用者服务

4.下列项目中，按现行会计制度规定，属于产品成本开支范围的有（　　）。

A.为制造产品所耗用的原材料　　B.生产单位支付的车间管理人员的工资

C.生产用固定资产发生的折旧费
D.意外事故发生的损失

5.下列各项中，属于费用要素的有（　　）。

A.直接材料
B.固定资产折旧费
C.利息支出
D.直接燃料和动力

6.一般来说，企业应根据本单位（　　）等具体情况与条件来组织成本会计工作。

A.生产规模的大小
B.生产经营业务的特点
C.成本计算方法
D.企业机构的设置

7.审核生产费用，也就是对生产费用的（　　）进行核查。

A.正确性　B.完整性　C.合法性　D.真实性

8.成本会计机构内部的组织分工有（　　）。

A.按成本会计的职能分工
B.按成本会计的对象分工
C.集中工作方式
D.分散工作方式

9.下列各项中，属于成本项目的有（　　）。

A.直接材料
B.直接人工
C.燃料和动力
D.制造费用

10.下列各项中，应记入“直接材料”成本项目的有（　　）。

A.直接用于产品生产的原材料费用
B.直接用于产品生产的主要材料费用
C.车间的机物料消耗
D.直接用于产品生产的辅助材料费用

11.正确划分各种产品成本的界限，是指（　　）。

A.能直接计入某种产品成本的生产费用，应当直接计入
B.不能直接计入某种产品成本的生产费用，应当采用一定标准在各种产品之间进行分配后再计入
C.各种费用均应直接计入该种产品的成本
D.制造费用均不能直接计入产品成本

12.产品成本核算程序包括（　　）。

A.确定成本计算对象
B.确定成本项目
C.审核、归集与分配生产费用
D.确定成本计算期

13.生产费用在各个成本核算对象之间的归集和分配，必须注意（　　）。

A.应按成本项目归集和分配
B.归集和分配的只是本期发生的生产费用
C.归集和分配的原则是“受益原则”
D.归集和分配的费用包括期间费用

14.下列项目中，不计入产品成本的有（　　）。

A.制造费用
B.利息费用
C.固定资产盘亏损失
D.流动资产盘亏损失

15.为了正确计算产品成本，必须正确划分以下几个方面的费用界限（　　）。

A.盈利产品和亏损产品
B.生产费用与期间费用
C.完工产品与在产品
D.可比产品和不可比产品以及各个会计期间

16.为了正确计算产品成本，必须做好的各项基础工作有（　　）。

A.定额的制定和修订
B.厂内计划价格的制定和修订
C.各项原始记录
D.材料物资的计量、收发、领退和盘点

17. 下列各项中属于费用要素的有（　　）。

A. 外购材料　B. 外购动力　C. 人工费用　D. 制造费用

18. 下列各项中，可以作为产品成本项目的有（　　）。

A. 废品损失　B. 制造费用　C. 直接材料　D. 工资

19. 下列各项中属于间接生产费用的有（　　）。

A. 车间厂房的折旧费　B. 车间管理人员的工资及福利费

C. 几种产品共同消耗的动力费用　D. 行政管理人员的工资及福利费

20. 下列各项中属于直接计入生产费用的有（　　）。

A. 几种产品共同消耗的辅助材料费用　B. 几种产品共同负担的制造费用

C. 一种产品消耗的原材料费用　D. 一种产品消耗的生产工人工资

三、判断题

1. 成本的经济实质，是企业在生产经营过程中所耗费的资金总和。（　　）

2. 在实际工作中，确定成本的开支范围应以成本的经济实质为理论依据。（　　）

3. 成本预测和计划是成本会计最基本的任务。（　　）

4. 一定时期的生产费用通常小于产品成本。（　　）

5. 以已经发生的各项费用为依据，为经济管理提供真实的、可以验证的成本信息资料，是成本会计反映职能的基本方面。（　　）

6. 企业主要应根据外部有关方面的需要来组织成本会计工作。（　　）

7. 无论在何种成本制度下，期间成本均不得计入产品成本。（　　）

8. 成本会计的最基本职能是进行成本核算。（　　）

9. 工业企业在一定时期内发生的，用货币表现的生产耗费，称为产品的生产成本。（　　）

10. 制造业成本核算的内容包括产品成本的核算和期间费用的核算。（　　）

11. 在成本核算中，应该正确划分完工产品与在产品的费用界限，防止任意提高或降低月末在产品费用，人为调节完工产品的成本。（　　）

12. 在只生产一种产品的企业或车间中，直接生产费用和间接生产费用都可以直接计入产品成本。（　　）

13. 所谓间接费用就是直接计入当期损益的费用。（　　）

14. 在只生产一种产品的企业（或车间）中，全部生产费用均属于直接计入费用。（　　）

15. 企业生产费用，都应直接计入各种产品成本。（　　）

16. 正确计算期末在产品成本，是正确计算本期完工产品成本的关键。（　　）

17. 期末，企业必须按成本项目，将生产费用合计数在本期完工产品和期末在产品之间进行划分。（　　）

18. 制定和修订定额，只是为了进行成本审核，与成本计算没有关系。（　　）

19. 成本是对象化的费用，所以确定成本计算对象是进行成本核算的前提。（　　）

20. 产品成本项目就是计入产品成本的费用按经济内容分类核算的项目。（　　）

四、实训题

目的：实训费用判断能力。

资料：宏远制造有限公司2023年9月发生的费用见表1-1。

表1-1 发生费用明细表

2023年9月

序号	发生费用的内容	费用性质
1	生产车间领用甲材料一批	
2	车间领用备用件一批	
3	分配生产车间生产工人的工资	
4	计提生产车间机器设备的折旧	
5	分配生产车间管理人员的养老保险等社保费用	
6	企业管理部门发生的电话费	
7	分配销售人员的工资	
8	分配给生产车间电费	
9	本月计提的短期借款利息	
10	公司总经理报销的出差费用	

要求：请根据提供的资料，确认公司发生费用的性质，明确发生的费用属于生产费用还是期间费用。

能力测评

在专业能力测评表内打“√”，A掌握，B基本掌握，C未掌握。

业务能力	评价指标	自测结果	要求
成本与费用区别	1.产品成本内涵	□A □B □C	思路清晰 表述准确
	2.费用的含义	□A □B □C	
	3.产品成本与生产费用关系	□A □B □C	
成本会计职能与工作组织	1.成本会计七大职能	□A □B □C	逻辑清晰 分析到位
	2.成本会计机构组织分工形式	□A □B □C	
成本核算要求	1.成本核算相关制度规定	□A □B □C	理解记忆 逻辑清晰
	2.产品成本费用界限划分	□A □B □C	
	3.成本核算的基础性工作	□A □B □C	

续表

<table>
<tr><th>业务能力</th><th>评价指标</th><th>自测结果</th><th>要求</th></tr>
<tr><td rowspan="3">成本费用分类</td><td>1.按经济内容划分</td><td>□A　□B　□C</td><td rowspan="3">对比记忆
熟悉账户</td></tr>
<tr><td>2.按经济用途划分</td><td>□A　□B　□C</td></tr>
<tr><td>3.账户设置</td><td>□A　□B　□C</td></tr>
<tr><td rowspan="4">成本核算一般程序</td><td>1.成本核算一般程序</td><td>□A　□B　□C</td><td rowspan="4">理解记忆
熟悉表达</td></tr>
<tr><td>2.成本核算相关账户</td><td>□A　□B　□C</td></tr>
<tr><td>3.成本计算基本步骤</td><td>□A　□B　□C</td></tr>
<tr><td>4.成本计算程序图</td><td>□A　□B　□C</td></tr>
<tr><td colspan="4">教师评语：</td></tr>
<tr><td colspan="2">成绩：</td><td colspan="2">教师签字：</td></tr>
</table>

项目二

要素费用的核算

职业能力目标

1. 知识目标

（1）了解要素费用归集的基本原则；

（2）熟悉要素费用的分配标准及分配程序。

2. 能力目标

（1）能够正确归集各受益对象的原材料费用；

（2）能够正确归集各受益对象的燃料及动力费用；

（3）能够正确计算各类人员的薪酬，并分配给各受益对象；

（4）能够正确确定折旧费用和摊销费用的计提范围及计算方法；

（5）能够正确编制要素费用核算的会计分录。

3. 素养目标

（1）通过精确的计算与分配，形成成本控制意识；

（2）通过多种分配标准的运用，养成严谨的职业态度。

4. 思政元素

（1）费用要素分配计算与科学严谨的工作态度和作风；

（2）受益分配原则与责任担当。

典型工作任务

1. 材料费用的归集和分配；
2. 燃料及动力费用的归集和分配；
3. 人工费用的归集和分配；
4. 折旧及其他费用的归集和分配。

任务一　要素费用核算概述

学习情境2-1

五君进餐三千三，需要合理来分摊。分配基础尤重要，贪吃贪喝款多担。

这首诗是一个故事，三男两女五位在酒店进餐，共花费了3 300元。每人各出多少钱？最简单的办法是按人头分摊，每人出660元。A君觉得这样不合适，提议按体重分摊。B君瘦骨嶙峋，体重不足40千克，窃喜。C君身高肥硕，体重150千克，不悦，坚决反对，并说："我这人有良（粮）心，喝凉水都长肉，进食量却有限，大家已经看到了。"D君又建议，干脆按吃饭前后的体重增加量来分配。有人说这样好；有人则反对，并指出某某一餐饭上了四次洗手间，说不定体重没有增加反而降低了。E君说："咱们每人一盅汤、一份鹅掌、一碗饭，这属于直接材料成本，由个人承担；两位女士各喝了两罐儿加多宝，由她们各自负担；三位男士每人喝了三小瓶二锅头，也由他们各自负担；至于菜，属于共同成本，可按每人下筷子的次数来分配。"其他各位由频频点头转而愕然。一人问道："如何知道每人各夹了几次菜?"E君答曰："大家抬头看，餐桌上方正好有一个摄像头，请老板调出监控录像，统计一下便可。"其他诸位无言以对。

资料来源：乔彦军．成本会计快记精讲［M］．大连：东北财经大学出版社，2008.

任务导入

工作任务	技能要点及任务成果	重要知识点	学时
阅读学习情境2-1资料，为五君聚餐费用分配提供合理可行的决策建议	1.明确进餐费用的具体成本项目构成及其分配范围 2.确定进餐费用不同成本项目各自的分配标准 3.计算进餐费用的分配结果，为五君进餐费用合理分摊提供合理建议	1.产品的成本构成 2.要素费用的归集原则 3.要素费用的分配程序 4.要素费用的分配标准	1

任务学习

一、知识准备

（一）产品成本构成

企业从事产品的生产，必定要有原材料的投入、人工费用的支出、辅助生产提供的服务，动力或燃料费用的开支、生产管理人员对产品生产进行管理而发生的费用等。这些为产品生产而发生的费用就是生产费用。生产费用是制造企业在一定期间归集的与产品生产有关的要素费用。制造企业需要将所有为产品生产而发生的要素费用按不同的成本计算对象进行归集并依据一定的标准进行分配，最终计算出产品成本。可见，产品成本是生产费用的最终归宿。要正确计算产品成本，就必须明确产品成本构成的内容，如前所述，材料费用、燃料和动力费用、人工费用及其他相关费用就构成了产品的成本。

1.材料费用

材料费用是指企业在产品生产过程中因消耗材料等而发生的费用。材料费用是构成产品成本的重要内容，包括企业在产品生产过程中所消耗的原材料、辅助材料、修理用备件、外购半成品、周转材料等所发生的费用。

原材料是指企业从外部采购或以其他方式取得的，用于产品生产并形成产品实体的原料及主要材料，如用于纺纱的棉花、用于纺织的棉纱、用于冶炼的矿石、用于加工机械的钢材等。

辅助材料是指从企业外部购进或通过其他方式取得的，用于产品生产但不形成产品实体，有助于产品形成的物品，如催化剂、润滑剂、染色剂等。

修理用备件是指企业为了维护生产设备的正常运行或日常修理而购入备用的各种零件与配件，如齿轮、轴承、三角皮带、螺丝螺帽等。

外购半成品是指企业从外部购入直接用于装配产品，成为产品组成部分的物品，如装配在洗衣机上的微型电动机等。

周转材料包括低值易耗品和包装物。

低值易耗品是指企业通过外部购入、自制或委托加工等方式形成，不能作为固定资产核算的各种用具物品，如工具、管理用具、玻璃器皿、在经营过程中周转使用的包装容器等。

包装物是指企业通过外部购入、自制或委托加工等方式形成，为了包装本企业产品而储备的各种包装容器，如桶、箱、瓶、坛、袋等。

2.燃料和动力费用

燃料是指企业从外部购入，能产生热能的各种固体、液体、气体燃料，如煤炭柴油、天然气等。

动力费用是指从企业外部购入的电力与蒸汽（热力）等。动力的购进与材料的购进类似，但不存在实物形态。在会计处理上，动力费用可以和燃料费用合并单设“燃料和动力”成本项目，如发生的燃料或动力费用较少，也可以不单设“燃料和动力”成本项目，而将发生的燃料费用记入“直接材料”成本项目，把发生的动力费用作为“制造费用”处理。

3.人工费用

人工费用又称薪酬费用，是指按一定标准支付给生产工人的工资总额、按工资总额的一定比例提取缴纳的职工社会保险费用及其他相关费用。工资总额是企业在一定时期内支付给全体职工的全部劳动报酬，包括计时工资、计件工资、奖金、津贴和补贴、加班加点工资和非劳动时间支付的工资。职工社会保险费是按工资总额的一定比例提取并缴纳的养老保险费、医疗保险费、失业保险费、工伤保险费、生育保险费等。其他相关费用是企业按生产工人工资总额的一定比例缴纳的住房公积金和按一定标准提取的工会经费、职工教育经费以及支付给职工的非货币性福利、辞退福利等支出。

（二）要素费用的归集

要素费用包括外购材料、外购燃料、外购动力、人工费用、折旧费、摊销费、利息费用以及不属于以上各要素费用的其他支出。企业发生的各种要素费用应该按其发生的部门（或地点）和用途进行合理的分配。

1.要素费用归集的基本原则

企业所发生的生产费用，能确定由某一成本核算对象负担的，应当按照所对应的产品成本项目类别，直接计入产品成本核算对象的生产成本；由几个成本核算对象共同负担的，应当选择合理的分配标准分配计入。

要素费用归集的基本原则是：

一是受益性原则，即谁受益、谁负担，负担多少视受益程度而定。

二是及时性原则，即要及时将各项成本费用分配给受益对象，不应将本应在上期或下期分配的成本费用分配给本期。

三是成本效益性原则，即成本分配所带来的效益要远大于分配成本。

四是基础性原则，即成本分配要以完整、准确的原始记录为依据。

五是管理性原则，即成本分配要有助于企业加强成本管理。

2. 要素费用成本的确定

企业应当按照权责发生制的原则，根据产品的生产特点和管理要求结转成本。企业不得以计划成本、标准成本、定额成本等代替实际成本。企业采用计划成本、标准成本、定额成本等类似成本进行直接材料日常核算的，期末，应当将耗用直接材料的计划成本或定额成本等类似成本调整为实际成本。

（三）要素费用的分配

企业应当根据生产经营特点，以正常生产能力水平为基础，按照资源耗费方式确定合理的分配标准。

具体可以体现为以下原则：

1. 选择恰当的分配标准

所谓分配方法恰当，就是指所选择的分配标准要与分配对象有比较密切的联系，资料比较容易取得，计算比较简便。常见的分配标准有：①成果类，如产品的产量、体积、重量、产值等；②消耗类，如生产工时、生产工资、机器工时、原材料消耗量等；③定额类，如定额消耗量、定额费用等。

2. 计算费用分配率

费用分配率的计算公式可以概括如下：

$$费用分配率 = \frac{待分配费用总额}{分配标准总额}$$

3. 计算某受益对象应负担的费用

$$某受益对象应分配的费用 = 该对象的分配标准额 \times 费用分配率$$

通过上述要素费用的分配和归集，在“基本生产成本”总账账户和所属各种产品成本明细账的各个成本项目中，就归集了应由本月基本生产各种产品负担的全部生产费用；将这些费用加上月初在产品成本，在完工产品和月末在产品之间进行分配，就可计算出各种完工产品和月末在产品的成本。

【小思考2-1】在各要素费用分配过程中，如果费用分配率计算的结果为近似数值，如何确定各受益对象应分配的费用？是否每个受益对象分配的费用都用该分配对象的分配标准额乘以费用分配率来进行计算？

二、任务导学

【工作实例2-1】某企业2023年9月份生产M、N两种产品，共同耗用甲材料4 900千克，每千克实际成本10元。本月完工M产品300件，完工N产品500件，M、N产品的甲材料单位定额消耗量分别为10千克和4千克。期初、期末均无在产品，按照定额耗用量比例分配法分配共同耗用的甲材料。请问：M、N两种产品各自应负担的材料费用是多少？

解析：

材料费用分配情况（见表2-1）如下：

M产品甲材料定额消耗量 = 300 × 10 = 3 000（千克）

N产品甲材料定额消耗量 = 500 × 4 = 2 000（千克）

需分配的甲材料费用 = 4 900 × 10 = 49 000（元）

$$甲材料费用分配率 = \frac{49\ 000}{3\ 000 + 2\ 000} = 9.8$$

M产品应负担的甲材料费用 = 3 000 × 9.8 = 29 400（元）

N产品应负担的甲材料费用 = 2 000 × 9.8 = 19 600（元）

表2-1　　甲材料费用分配表

2023年9月30日

应借账户		成本项目	定额消耗量（千克）	分配率（%）	分配金额（元）
总账账户	明细账户				
基本生产成本	M产品	直接材料	3 000	—	29 400
基本生产成本	N产品	直接材料	2 000	—	19 600
合计			5 000	9.8	49 000

三、任务实施

根据学习情境2-1和表2-2的资料，在老师指导下，完成下列任务：

（1）计算进餐费用各明细费用的分配率，以及男士和女士应承担的各明细费用金额；

（2）计算男士和女士各自应承担的进餐费用金额。

表2-2　　五君进餐费用分配标准

	菜金	酒钱	饮料费	合计
进餐费用明细	2 000	900	400	3 300
分配范围	3男 + 2女	3男	2女	
分配标准	平均分配	平均分配	平均分配	

四、拓展阅读：生产费用分配标准的确定

要素费用不同，分配标准也不同，同一要素费用也会有不同的分配标准。在确定各种费用的分配标准时，要考虑分配标准与所发生的生产费用之间的相关性，分配标准取得的难易程度和生产费用分配结果的正确性。

对几种产品共同消耗的原材料费用，通常以各种产品的实际材料消耗量或定额材料消耗量为分配标准。材料实际消耗量可从产品投料的原始记录中取得；材料定额消耗量可以利用企业的各种产品的单位材料消耗定量，结合各种产品的实际产量计算求得。在每种产

品的单位材料消耗量基本相同的条件下，也可以用各种产品的完工数量或总重量作为该项材料费用的分配标准。完工产品数量或重量可从有关原始记录中取得。

对几种产品共同负担的生产工人薪酬费用，应对计件工资和计时工资分别处理。计件工资直接按照实际生产量进行分配；计时工资通常以各种产品的实际耗用工时或定额耗用工时作为分配标准。各种产品的实际耗用工时可以从工时记录中取得。定额耗用工时根据企业核定的各种产品的单位工时消耗定额，结合完工产品的数量计算求得。

对外购的动力费用，应当直接根据仪表记录数据或马力机时作为分配标准。

综上所述，各种生产费用分配标准见表2-3。

表2-3 生产费用分配标准一览表

生产费用项目	分配标准	资料来源
材料费用	实际耗用量	每种产品的原材料投料记录
	定额耗用量	每种产品单位消耗定量 × 产品产量
	完工产品产量	完工产品入库记录
	完工产品重量	每种产品单位重量 × 产品产量
人工费用	实际工时	考勤记录、产量及工时记录
	定额工时	每种产品单位工时定额 × 产品产量
外购动力费用	仪表记录	分仪表记录
	马力机时	机器动力标准 × 机器工作小时

任务二　材料费用的核算

学习情境2-2

安奇公司属于增值税一般纳税人，原材料采用实际成本核算，发出材料采用月末一次加权平均法计算实际成本。12月初库存A材料1 000千克，单位成本为15元/千克。本月发生业务如下：

（1）5日购进A材料3 000千克，单位成本为15.20元，增值税专用发票上注明的材料价款为45 600元，增值税为5 928元；运输费用为600元，增值税为54元。

（2）15日购进A材料4 000千克，单位成本为15.50元，增值税专用发票上注明的材料价款为62 000元，增值税为8 060元；运输费用为820元，增值税为73.80元。

（3）本月共计领用材料6 800千克，用于生产甲、乙两产品，甲产品投产400件，每件定额消耗量为7千克；乙产品投产500件，每件定额消耗量为8.2千克。

请问：应该如何分配甲、乙两产品应负担的费用？

任务导入

工作任务	技能要点及任务成果	重要知识点	学时
阅读学习情境2-2的资料，计算甲乙两产品应负担的材料费用	1. 掌握月末一次加权平均法的计算原理 2. 掌握定额耗用量分配标准的运用 3. 计算本月材料发出成本以及各产品的材料定额耗用量，进而计算甲乙产品应负担的材料费用	1. 实际成本法发出材料成本计算 2. 计划成本法发出材料成本计算 3. 材料费用的分配，包括重量比例分配、定额耗用量比例分配、定额费用比例分配 4. 材料费用分配会计处理	2

任务学习

一、知识准备

材料费用包括企业生产经营过程中耗用原材料（原料及主要材料）、辅助材料、设备配件、外购半成品、燃料、周转材料等而发生的费用。企业在生产经营过程中耗用的各种材料，不论是外购材料还是自制材料，都应根据审核后的各种领、退料凭证，按照材料的具体用途归集，然后再采用适当的分配方法进行分配。

（一）原材料费用的归集

1. 确定发出材料的数量

微课2-1

发出材料的计价方法

确定发出（消耗）材料的数量有两种方法：永续盘存制和实地盘存制。

永续盘存制是指每次收入、发出材料时，都根据有关收发材料的原始凭证（限额领料单、领料单、退料单等）将材料收入和发出的数量记入原材料明细账，根据原材料明细账能够随时计算出收入、发出和结存材料的数量。材料消耗量计算公式为：

期末结存材料数量 = 期初结存材料数量 + 本期收入材料数量 − 本期消耗材料数量

实地盘存制是指每次材料收入时根据原始凭证将收入数量记入原材料明细账，材料发出时不做记录，期末根据实地盘点确定结存数量以后，倒挤出发出材料的数量。材料消耗量计算公式为：

本期消耗材料数量 = 期初结存材料数量 + 本期收入材料数量 − 期末结存材料数量

2. 确定发出材料的成本

实际工作中，有的企业按照实际成本计价组织原材料的核算，有的企业按照计划成本计价组织原材料的核算，无论采用哪种核算形式，生产经营过程中消耗的材料费用，都应该是材料的实际成本。

（1）在实际成本计价下发出材料成本的确定

采用实际成本计价组织材料核算时，由于材料取得的时间和来源地不同，即使是同一品种、同一规格的材料，各批材料采购的实际成本也可能是不同的，因此产生了用什么价格来计算发出材料成本的问题。《企业会计准则第1号——存货》规定，企业应当用先进先出法、加权平均法或者个别计价法确定发出存货的实际成本。

先进先出法假定先入库的材料先发出去，按先购入的各批材料的实际价格计价。其适用于材料价格变动不大的企业。

加权平均法是以数量为权数计算材料的实际平均单价，消耗材料和结存材料的价格相同。其适用于材料价格经常波动的企业。加权平均法又可分为月末一次加权平均法和移动加权平均法两种。

个别计价法是以实际取得的成本作为发出材料的成本。其仅适用于单独保管的贵重材料以及能分清批次并按批次分别入库、保管、领用的材料。

（2）在计划成本计价下发出材料成本的确定

采用计划成本计价组织材料核算时，消耗材料仍应当是其实际成本。发出材料的实际成本根据发出材料的计划成本与应分摊的材料成本差异求得。应分摊的材料成本差异为超支差异时，与计划成本相加；应分摊的材料成本差异为节约差异时，与计划成本相减。

为保证发出材料成本计算的正确性，企业应合理地制定材料的计划成本，正确计算发出材料应分摊的材料成本差异，将消耗材料的计划成本调整为实际成本。

3.材料费用归集的原则

发出材料成本计算出来后，企业应根据全部领、退料凭证汇总编制“发出（耗用）材料汇总表”，根据领料部门及用途以及受益对象将材料费用分别归集在相应的账户下。具体来说：

（1）基本生产车间耗用的材料按用途，可分为直接用于产品生产的材料和一般耗用的材料。直接用于产品生产的材料，应记入“基本生产成本”总账和相应产品的基本生产成本明细账的“直接材料”成本项目；基本生产车间一般耗用的材料，则记入“制造费用”总账和所属明细账进行归集。

（2）辅助生产车间耗用的材料，也可按用途分为直接用于辅助产品生产（或劳务提供）的材料和一般耗用材料两部分。直接用于辅助产品生产（或劳务提供）的材料，应记入“辅助生产成本”总账和相应产品或劳务明细账的“直接材料”成本项目；用于辅助生产车间一般耗用材料先记入“制造费用”总账和所属明细账进行归集。如果辅助生产不对外提供商品产品、而且辅助生产车间规模较小、辅助产品或劳务单一，为了简化核算工作，可不设“制造费用”账户，辅助生产车间耗用的材料全部记入“辅助生产成本”总账和相应的明细账。

（3）销售机构、行政管理部门耗用的材料，不计入产品成本，而应分别记入“销售费用”、“管理费用”总账和所属明细账，作为期间费用转入“本年利润”账户，冲减当期损益。

（4）在建工程、自行研发无形资产、履行合同等耗用的材料，分别记入“在建工程”“研发支出”“合同履约成本”等账户。

（二）原材料费用的分配

原材料费用的分配方法是费用分配基本方法在原材料费用分配中的具体运用。在多种产品共同消耗原材料的情况下，必须按一定的分配标准分配原材料费用。根据选择的分配标准不同，原材料费用的分配方法有产品重量比例分配法、定额耗用量比例分配法、定额费用比例分配法和实际耗用量分配法等。

微课2-2

材料费用的分配方法

1. 产品重量比例分配法

产品重量比例分配法，是以产品重量为分配标准，分配原材料费用的一种方法。这种方法一般在产品所耗用材料的多少与产品重量有着直接关系的情况下采用。其计算程序是：

（1）以产成品重量为分配标准，计算原材料费用分配率。

$$原材料费用分配率=\frac{各种产品共同耗用的材料费用总额}{各种产品的重量之和}$$

（2）计算各种产品应分配的原材料费用。

$$某种产品应分配的原材料费用=该种产品的重量\times原材料费用分配率$$

产品重量比例分配法的分配标准为产品重量，当分配标准为产品产量或产品的面积、体积、长度等时，可以分别称之为产量分配法、面积分配法、体积分配法等。其计算公式与重量分配法类似。

2. 定额耗用量比例分配法

原材料定额耗用量是指一定数量产品按事先核定的单位产品定额耗用量计算确定的原材料理论耗用数量。

原材料定额耗用量分配法是指以各受益产品的原材料定额耗用量为分配标准，以定额耗用量平均应负担的原材料费用为分配率，据以分配原材料费用的一种方法。这种方法适用于原材料消耗比较单一、单位产品定额耗用量比较准确的产品。

其计算程序是：

（1）计算各种产品原材料的定额耗用量；

（2）以原材料定额耗用量为分配标准，计算原材料费用分配率；

（3）计算各种产品应分配的原材料费用。

计算公式如下：

$$某受益产品的定额耗用量=该种产品的实际产量\times产品的单位消耗定额$$

$$材料费用分配率=\frac{应分配直接材料费用合计}{全部产品的定额耗用量}$$

$$某受益产品应负担的材料费用=该种产品定额耗用量\times分配率$$

3. 定额费用比例分配法

原材料定额费用是指企业为生产一定数量的产品，按事先核定的单位产品定额费用计算确定的理论原材料费用。原材料定额费用分配法是指以各受益产品的原材料定额费用为分配标准，以实际消耗的原材料费用占各受益产品定额费用之和的比例为分配率，据以分配原材料费用的方法。其适用于产品生产过程中消耗的原材料品种较多，不宜按品种确定原材料消耗定量，但有比较合理的材料费用消耗定额的产品。

其计算程序是：

（1）计算各种产品原材料的定额费用；

（2）以原材料定额费用为分配标准，计算原材料费用分配率；

（3）计算各种产品应分配的原材料费用。

计算公式如下：

$$\text{某受益产品的定额费用} = \text{该种产品的实际产量} \times \text{单位产品的原材料费用定额}$$

$$\text{材料费用分配率} = \frac{\text{应分配直接材料费用合计}}{\text{全部产品的定额费用之和}}$$

$$\text{某受益产品应负担的材料费用} = \text{该种产品定额费用} \times \text{材料费用分配率}$$

【小思考2-2】比较上述两种分配方法，它们各有什么优缺点？

（三）原材料费用分配的会计处理

原材料费用的分配是通过编制“材料费用分配表”进行的，该表也是进行会计核算的依据。在实务中，一般先由仓库保管人员依据原材料发料凭证（领料单、限额领料单、领料登记簿等）及余料退回凭证、废料交库凭证等确定实际的原材料发出数量，填制“发出材料明细表”；财会部门根据仓库部门提供的发出材料明细表，结合产量记录、定额资料或投料记录等分配原材料费用，编制“材料费用分配表”；根据材料费用分配表和发出材料明细表等原始凭证编制记账凭证，登记有关账簿。

（四）周转材料的归集和分配

企业在生产经营过程中因使用包装物品形成包装物费用。根据包装物品领用的发生环节及价值确认方式的不同，包装物费用的分配与核算也有所不同。

（1）生产过程中领用的包装物品，作为产品成本的构成部分，直接记入“基本生产成本”明细账户的“直接材料”成本项目。

（2）产品销售时领用随同产品出售单独计价的包装物，出售包装物取得的销售收入记入“其他业务收入”账户，结转的包装物成本记入“其他业务成本”账户。

（3）产品销售时领用随同产品出售的不单独计价包装物，其成本直接记入“销售费用”账户。

（4）低值易耗品摊销。由于低值易耗品的价值较低且容易磨损，应按期摊销。现行的低值易耗品摊销方法有两种：一次转销法和五五摊销法。企业可根据各种低值易耗品的实际情况，确定适用的摊销方法。采用一次转销法时，将领用的低值易耗品价值一次计入有关的成本费用，报废低值易耗品的残料价值作为当月低值易耗品摊销额的减少，冲减有关的成本费用。采用五五摊销法时，在领用低值易耗品时，先将一半的价值计入当月的成本费用；报废时，再将另一半价值扣除残值后计入报废当月的成本费用。低值易耗品摊销时，应按照使用部门和用途，分别记入“辅助生产成本”“制造费用”“销售费用”“管理费用”等账户。

二、任务导学

（一）产品重量比例分配法

【工作实例2-2】长城公司2023年12月生产A、B、C三种产品，三种产品共同耗用甲材料144 000元，本月三种产品的重量分别为1 200千克、2 400千克和3 600千克，采用重量比例分配法分配直接材料费用，A、B、C三种产品各自分配的材料费用是多少？

解析：

$$分配率=\frac{144\ 000}{1\ 200+2\ 400+3\ 600}=20（元/千克）$$

A产品应负担的原材料费用 = 1 200 × 20 = 24 000（元）

B产品应负担的原材料费用 = 2 400 × 20 = 48 000（元）

C产品应负担的原材料费用 = 3 600 × 20 = 72 000（元）

会计处理如下：

借：基本生产成本——A产品	24 000	
——B产品	48 000	
——C产品	72 000	
贷：原材料——甲材料		144 000

（二）定额耗用量比例分配法

【工作实例2-3】黄河公司生产甲、乙两种产品，共同耗用D材料费用1 330千克，每千克单价10元。本月产量及定额资料如下：

（1）甲产品生产200件，单位消耗定额5千克；

（2）乙产品生产100件，单位消耗定额4千克。

采用定额耗用量比例分配法进行分配，甲、乙两种产品各自分配的材料费用是多少？

解析：

甲产品的定额耗用量 = 200 × 5 = 1 000（千克）

乙产品的定额耗用量 = 100 × 4 = 400（千克）

$$分配率=\frac{1\ 330\times 10}{1\ 000+400}=9.5（元/千克）$$

甲产品应负担的原材料费用 = 1 000 × 9.5 = 9 500（元）

乙产品应负担的原材料费用 = 400 × 9.5 = 3 800（元）

会计处理如下：

借：基本生产成本——甲产品	9 500	
——乙产品	3 800	
贷：原材料——D材料		13 300

（三）定额费用比例分配法

【工作实例2-4】长江公司生产甲、乙两种产品，因消耗的原材料品种较多，分别核定甲、乙产品单位材料定额费用为180元、150元；本月甲、乙产品共同消耗E材料的实际成本为331 200元；本月甲产品完工1 000件，乙产品完工1 100件。采用定额费用比例分配法进行分配，甲、乙两种产品各自分配的材料费用是多少？

解析：

甲产品定额费用 = 1 000 × 180 = 180 000（元）

乙产品定额费用 = 1 100 × 150 = 165 000（元）

$$原材料费用分配率 = \frac{331\ 200}{180\ 000 + 165\ 000} = 0.96$$

甲产品应负担的材料费用 = 180 000 × 0.96 = 172 800（元）

乙产品应负担的材料费用 = 165 000 × 0.96 = 158 400（元）

会计处理如下：

借：基本生产成本——甲产品	172 800	
——乙产品	158 400	
贷：原材料——E材料		331 200

三、任务实施

根据学习情境2-2的资料，在老师指导下，完成下列任务：

（1）月末一次加权平均法下，登记原材料存货明细账（见表2-4）；

（2）计算发出材料成本；

（3）采用定额耗用量比例分配法分配甲乙产品耗用的A材料费用。

表2-4 原材料存货明细账

品名：　　规格：　　单位：　　最高存量：　　存放地点：

年		凭证		摘要	收入			发出			结存			
月	日	字	号		数量	单价	金额	数量	单价	金额	数量	单价	金额	

四、拓展阅读：原材料费用分配和低值易耗品摊销的会计处理

（一）原材料费用分配的会计处理

在直接材料费用核算中，应当将直接计入和分配计入的原材料费用合并编制会计分录。进行账务处理的依据是“发出（耗用）材料汇总表”汇集的全部材料和“材料费用分配表”的材料费用分配结果。

1.实际成本法下材料费用归集分配

【工作实例2-5】东海公司原材料采用实际成本法核算，2023年9月根据“发出材料汇总表”编制“原材料费用分配表”，见表2-5。

表2-5　　原材料费用分配表

2023年9月　　金额单位：元

应借账户		直接计入	分配计入			合　计
			分配标准	分配率	分配金额	
基本生产成本	A产品	10 000	1 200		24 000	34 000
	B产品	12 000	2 400		48 000	60 000
	C产品	8 000	3 600		72 000	80 000
	小计	30 000	7 200	20	144 000	174 000
辅助生产成本	供电车间	800				800
	供水车间	1 500				1 500
	小计	2 300				2 300
制造费用		600				600
管理费用		400				400
销售费用		200				200
合　计		33 500			144 000	177 500

要求：根据上述资料进行会计处理。

解析：

根据原材料费用分配表编制会计分录，然后据以登记有关总账和明细账。会计分录如下：

借：基本生产成本——A产品（直接材料）　34 000
　　　　　　　　——B产品（直接材料）　60 000
　　　　　　　　——C产品（直接材料）　80 000
　　辅助生产成本——供电车间　800
　　　　　　　　——供水车间　1 500
　　制造费用　600
　　管理费用　400
　　销售费用　200
　　贷：原材料　177 500

2. 计划成本法下材料费用归集分配

企业对原材料采用计划成本法核算时，发出材料的成本均应按计划单位成本计算。由于计划成本与实际成本之间通常会存在差异，要正确核算产品成本，就必须按月分配材料成本差异，将发出材料的计划成本调整为实际成本。按计划成本计价时，发出材料实际成本的确定程序是：

①发出材料时，按材料的计划单价计算发出材料的计划成本。

②月末计算出材料成本差异率，并确定发出材料应负担的材料成本差异额。其计算公

式如下：

$$本月材料成本差异率=\frac{月初材料成本差异+本期收入材料差异}{月初结存材料计划成本+本月收入材料计划成本}\times 100\%$$

注：如为节约差异，用“-”号表示。

发出材料应负担的材料成本差异额＝发出材料计划成本×本月材料成本差异率

③将发出材料的计划成本调整为实际成本。计算公式如下：

发出材料的实际成本＝发出材料的计划成本＋应负担的材料成本差异额

【工作实例2-6】沿用【工作实例2-5】的资料，假设东海公司对原材料采用计划成本计价，材料计划成本汇总见表2-5，经过计算，东海公司2023年9月材料成本差异率为－1%（节约差异）。

要求：计算发出材料应负担的材料成本差异并进行会计处理。

解析：

A产品应负担的材料成本差异额＝34 000×（－1%）＝－340（元）

B产品应负担的材料成本差异额＝60 000×（－1%）＝－600（元）

C产品应负担的材料成本差异额＝80 000×（－1%）＝－800（元）

供电车间应负担的材料成本差异额＝800×（－1%）＝－8（元）

供水车间应负担的材料成本差异额＝1 500×（－1%）＝－15（元）

生产车间应负担的材料成本差异额＝600×（－1%）＝－6（元）

管理部门应负担的材料成本差异额＝400×（－1%）＝－4（元）

销售部门应负担的材料成本差异额＝200×（－1%）＝－2（元）

应编制的会计分录如下：

借：材料成本差异	1 775	
贷：基本生产成本——A产品（直接材料）		340
——B产品（直接材料）		600
——C产品（直接材料）		800
辅助生产成本——供电车间		8
——供水车间		15
制造费用		6
管理费用		4
销售费用		2

（二）低值易耗品摊销的会计处理

【工作实例2-7】长江公司2023年12月一车间直接领用专用工具一批，实际成本900元，二车间领用专用工具一批，实际成本400元，采用一次转销法摊销。公司办公室领用文件柜5只，实际成本4 000元，采用五五摊销法摊销。

要求：根据上述资料进行会计处理。

解析：

（1）一次转销法

借：制造费用——第一车间	900
——第二车间	400

贷：周转材料——低值易耗品——专用工具 1 300

（2）五五摊销法

借：周转材料——低值易耗品——文件柜（在用） 4 000

贷：周转材料——低值易耗品——文件柜（在库） 4 000

借：管理费用 2 000

贷：周转材料——低值易耗品——文件柜（摊销） 2 000

【小思考2-3】【工作实例2-7】中，如果采用五五摊销法，低值易耗品报废的时候如何进行会计处理？如果报废时收到残值收入100元现金应如何处理？

任务三 外购燃料及动力费用的核算

学习情境2-3

鑫鑫电子是一家电子产品生产企业，每月产品产量稳定，各月发生的电费相差不大。该企业对外购动力费用的会计处理方法是：收到本月电力公司开具的增值税专用发票及相关付款凭证时，按照上月各受益单位耗电记录直接进行分配，借记有关成本、费用账户，借记“应交税费——应交增值税（进项税额）”账户，贷记“银行存款”“应付账款”等账户。

星海公司是一家饮料生产企业，每年11月到次年3月为淡季，其他月份为旺季，且各月产量相差较大，各月支付的电费也相差很大。该企业对外购动力费用的会计处理方法是：收到本月电力公司开具的增值税专用发票及相关付款凭证，借记“应付账款”和“应交税费——应交增值税（进项税额）”账户，贷记“银行存款”账户；月末，按照本月各受益单位耗电记录进行分配，借记有关成本、费用账户，贷记“应付账款”账户。

要求：请你评价鑫鑫电子和星海公司对外购动力费用会计处理是否恰当？为什么？

任务导入

工作任务	技能要点及任务成果	重要知识点	学时
阅读学习情境2-3的资料，分析两家公司电费处理的差异，并回答星海公司每个月电费业务会计处理中的借贷方“应付账款”金额是否相等	1.掌握费用的受益分配原则及重要性信息质量要求的灵活运用 2.掌握实际工时、定额消耗工时、机器工时、定额动力耗用量等分配标准的运用 3.在了解业务流程的基础上，掌握财务核算前后各期的关联性	1.产品成本项目设置 2.动力费用分配标准选择 3.动力费用两种会计处理模式的适用范围 4.动力费用两种会计处理模式的会计处理	2

任务学习

一、知识准备

（一）外购燃料费用的归集和分配

燃料实际也是材料，更是一项能源。在当今环境保护措施日益强化的今天，加强燃料管理，减少碳排放，留住绿水青山，是每一个企业应尽的责任。如果燃料费在产品成本中比重较大，可以与动力费用一起专设“燃料和动力”成本项目，还应增设“燃料”账户，以便单独核算燃料的增、减变动和结存，以及燃料费用的分配情况；燃料费在产品成本中所占比重不大时，也可记入“原材料”账户。

燃料费用分配的程序和方法，与上述原材料费用分配的程序和方法相同。直接用于产品生产的燃料费用，应记入“基本生产成本”总账和所属明细账借方的“燃料及动力”成本项目。如果燃料分产品领用，应根据领退料凭证直接记入各该产品成本的“燃料及动力”成本项目；如果不能分产品领用，应采用适当的分配方法，分配记入各有关产品成本的这一成本项目。分配标准一般有产品的重量、体积、所耗原材料的数量或费用，以及燃料的定额消耗量或定额费用。

车间管理消耗的燃料费用、辅助生产消耗的燃料费用、厂部进行生产经营管理消耗的燃料费用、销售部门进行产品销售消耗的燃料费用等，应分别记入“制造费用”、“辅助生产成本”、“管理费用”和“销售费用”等账户。已领用的燃料总额，应记入“原材料”账户的贷方。

（二）外购动力费用的归集和分配

直接用于产品生产工艺动力用电，属于直接燃料及动力，应记入“基本生产成本”总账和相应产品的基本生产成本明细账的“燃料及动力”成本项目，不单独设置“燃料及动力”成本项目的，先记入“制造费用”总账和所属明细账。基本生产车间照明等用电，则先记入“制造费用”总账和所属明细账进行归集，月末分配记入“基本生产成本”总账和相应产品的基本生产成本明细账的“制造费用”成本项目。

直接用于辅助产品生产工艺动力用电及照明用电，应记入“辅助生产成本”总账和相应产品或劳务的明细账的“燃料及动力”成本项目。

销售部门、行政管理部门耗用的动力，不计入产品成本，而应分别记入“销售费用”“管理费用”总账和所属明细账，作为期间费用转入“本年利润”账户。

在建工程、无形资产研发耗用的动力，记入“在建工程”“研发支出”等账户。

企业各车间、部门通常都装有动力仪表。在有仪表记录的情况下，应根据仪表所示耗电量及单价计算应分配的外购动力费用；但是，车间内的生产工艺动力用电，一般无法按产品分别安装电表，因而生产工艺动力用电的费用属于间接计入费用，需要在各种产品之间进行分配。分配动力费用的标准通常有：生产工时、机器工时、机器功率时数和定额耗电量等。下面仅以生产工时分配法为例说明动力费用的分配。

生产工时分配法是以各种产品实际耗用的生产工时为标准来分配外购动力费用的方

法，其计算公式如下：

$$\text{费用分配率}=\frac{\text{各种产品共同耗用的动力费用}}{\text{各种产品的生产工时之和}}$$

$$\text{某种产品应分配费用}=\text{该种产品实际生产工时}\times\text{费用分配率}$$

外购动力费用分配的会计处理是依据有关付款凭证（应付账款凭证）和动力费用分配表进行的。企业发生的外购动力费用一般在下月支付，对于当月确认的动力费用应通过“应付账款”账户核算，借记有关成本费用账户，贷记“应付账款”账户；待下月实际支付时，借记“应付账款”“应交税费——应交增值税（进项税额）”等账户，贷记“银行存款”账户。如果企业每月发生的外购动力费用相差不大，可以不通过“应付账款”账户核算，而在实际支付时，借记有关成本费用账户、“应交税费——应交增值税（进项税额）”等账户，贷记“银行存款”账户。

【小思考2-4】外购动力费用每月相差不大时，不通过“应付账款”账户核算，而在实际支付上月费用时，借记有关成本费用账户，贷记“银行存款”账户，该处理是否违反了配比原则？

二、任务导学

（一）燃料费定额费用比例法分配

【工作实例2-8】某企业生产甲、乙两种产品，2023年12月共同耗用燃料24 000元，按定额费用比例分配燃料费。甲产品定额燃料费为12 000元，乙产品定额燃料费为8 000元。

要求：分配燃料费用，并进行会计处理。

解析：（1）$\text{燃料费用分配率}=\frac{24\ 000}{12\ 000+8\ 000}=1.2$

甲产品燃料费 = 12 000 × 1.2 = 14 400（元）

乙产品燃料费 = 8 000 × 1.2 = 9 600（元）

（2）根据燃料费用分配表（表2-6）编制及会计分录如下：

表2-6　燃料费用分配表

2023年12月　　金额单位：元

应借账户		成本或费用项目	直接计入	分配计入			合　计
				定额费用	分配率	分配金额	
基本生产成本	甲产品	燃料及动力		12 000		14 400	14 400
	乙产品	燃料及动力		8 000		9 600	9 600
	小　计			20 000	1.2	24 000	24 000
辅助生产成本	运输车间	燃料及动力	2 000				2 000
制造费用		燃料及动力	1 200				1 200
管理费用			800				800
销售费用			600				600
合　计			4 600			24 000	28 600

借：基本生产成本——甲产品——燃料及动力　　14 400
　　　　　　　　——乙产品——燃料及动力　　9 600
　　辅助生产成本——运输车间　　2 000
　　制造费用　　1 200
　　管理费用　　800
　　销售费用　　600
　　贷：原材料　　28 600

（二）动力费用生产工时比例法分配

【工作实例2-9】凯帆公司生产A、B、C三种产品，2023年12月三种产品共同消耗外购电力费用360 000元，实际生产工时分别为12 000小时、5 000小时和7 000小时。采用生产工时比例分配法分配外购电力费。

要求：编制外购电力费用分配表。

解析：外购电力费用分配表见表2-7。

表2-7　外购电力费用分配表

2023年12月　　金额单位：元

产品名称	生产工时（小时）	费用分配率	应分配金额
A产品	12 000		180 000
B产品	5 000		75 000
C产品	7 000		105 000
合计	24 000	15	360 000

（三）动力费用归集分配、支付的会计处理

【工作实例2-10】华晨公司2023年12月电力费用相关业务如下：

（1）12月15日，支付上月电费，取得增值税专用发票，发票中注明价款80 000元，税款10 400元，款项已通过银行转账支付。

（2）12月31日，根据电表计量和合同规定的电价计算，本月应支付电力费用86 800元，外购电力费用分配表见表2-8。

表2-8　外购电力费用分配表

2023年12月　　金额单位：元

应借账户		费用项目	用电度数	金额	生产工时	分配率	合计
基本生产成本	A产品	燃料及动力			3 600		36 000
	B产品	燃料及动力			3 000		30 000
	小计		66 000	66 000	6 600	10	66 000
辅助生产成本	供水车间	电费	10 000	10 000			10 000
	运输车间	电费	5 000	5 000			5 000
	小计		15 000	15 000			15 000
制造费用		电费	800	800			800
管理费用		电费	5 000	5 000			5 000
合计			86 800	86 800			86 800

要求：编制外购电力费用分配的会计分录。

解析：

（1）根据增值税专用发票和付款凭证编制会计分录如下：

借：应付账款　　80 000

　　应交税费——应交增值税（进项税额）　　10 400

　　贷：银行存款　　90 400

（2）根据外购电力费用分配表（见表2-8）编制会计分录如下：

借：基本生产成本——甲产品　　36 000

　　　　　　　　——乙产品　　30 000

　　辅助生产成本——供水车间　　10 000

　　　　　　　　——运输车间　　5 000

　　制造费用　　800

　　管理费用　　5 000

　　贷：应付账款　　86 800

三、任务实施

根据学习情境2-3的资料，并辅助以下资料：

辅助资料一：鑫鑫电子本月收到电力公司开具的增值税专用发票及相关付款凭证，增值税专用发票中注明价款12 000元，增值税1 560元，按照上月各受益单位耗电记录直接进行分配，其中A产品生产耗电4 200度，B产品生产耗电2 300度，车间一般耗电200度，管理部门耗电800度，销售部门耗电500度，共计耗电8 000度。

辅助资料二：星海公司本月收到电力公司开具的上月电力费用的增值税专用发票及相关付款凭证，增值税专用发票中注明价款为120 000元，增值税为15 600元。根据电表计量和合同规定的电价计算，本月应支付电力费用为135 000元，电力费用分配表见表2-9。

表2-9　外购电力费用分配表

2023年12月　　金额单位：元

应借账户		费用项目	用电度数	金额	生产工时	分配率	合计
基本生产成本	A产品	燃料及动力			6 000		75 000
	B产品	燃料及动力			3 000		37 500
	小计		75 000	112 500	9 000	12.5	112 500
制造费用		电费	8 000	12 000			12 000
管理费用		电费	4 000	6 000			6 000
销售费用		电费	3 000	4 500			4 500
合计			90 000	135 000			135 000

在老师指导下，完成下列任务：

（1）鑫鑫电子电力费用如何进行会计处理？

（2）星海公司电力费用如何进行会计处理？

（3）分析两家公司电力费用会计处理的差异。

任务四 人工费用的核算

学习情境2-4

鑫鑫电子一车间第1小组采用流水线作业，并采用集体计件工资制度。本月产品完工情况及工资资料如下：

（1）本月加工甲产品5 000件，其中合格品4 750件，料废品50件，工废品200件，每件产品的计件工资为4元。

（2）第1小组共有三位工人甲、乙、丙，级别分别为6级工、5级工和4级工。他们的日标准工资分别为300元、250元和200元；出勤天数分别为19天、22天和24天。

要求：请你计算分配每人应得的计件工资。

任务导入

工作任务	技能要点及任务成果	重要知识点	学时
阅读学习情境2-4的资料，根据班组成员的工资标准和实际工时比例对集体计件工资进行分配	1.掌握计件工资计算中工废品和料废品的影响 2.掌握集体计件工资的分配标准 3.在掌握集体计件工资分配流程的基础上，准确计算每个人的计件工资	1.工废品和料废品的概念 2.工废品和料废品对计件工资的影响 3.集体计件工资的分配流程	2

任务学习

一、知识准备

（一）人工费用的归集

1.人工费用的组成

微课2-3

职工薪酬的概念和内容

人工费用即应付职工薪酬，是指企业为获得职工提供的服务而给予各种形式的报酬以及其他相关支出，包括职工在职期间和离职后提供给职工的全部货币性薪酬和非货币性福利。企业提供给职工配偶、子女或其他被赡养人的福利等，也属于职工薪酬。

职工薪酬包括：①职工工资、奖金、津贴和补贴；②职工福利费；③医疗保险费、养老保险费、失业保险费、工伤保险费和生育保险费等社会保险费；④住房公积金；⑤工会经费和职工教育经费；⑥非货币性福利；⑦因解除与职工的劳动关系给予的补偿；⑧其他与获得职工提供的服务相关的支出。企业以商业保险形式提供给职工的各种保险待遇、以现金结算的股份支付也属于职工薪酬；以权益工具结算的股份支付也属于职工薪酬。

以上所指“职工”，包括与企业订立劳动合同的所有人员，含全职、兼职和临时职工；也包括虽未与企业订立劳动合同但由企业正式任命的人员，如董事会成员、监事会成员等。在企业的计划和控制下，虽与企业未订立劳动合同或企业未正式任命，但为企业提供与职工类似服务的人员，也纳入职工范畴，如劳务用工合同人员等。

2.人工费用核算的原始记录

要正确核算产品成本中的人工费用，首先要做好人工费用核算的基础工作，建立完整、正确的原始记录，主要包括工资卡、考勤记录、产量和工时记录等。

（1）工资卡

为了便于掌握企业职工增减变动情况，企业的劳资部门要按职工人数设置工资卡片，详细记载职工的姓名、职务、工资等级、工资标准、转移工作单位日期、原单位工资发放截止日期和本企业开始计算工资日期等。

（2）考勤记录

考勤记录是登记职工出勤和缺勤情况的记录。它是计算职工工资的重要原始记录。考勤记录一般有考勤簿、考勤卡和打卡机三种。

（3）产量记录

产量记录是登记班组或工人出勤时间内完成产品产量、质量和生产产品耗用工时数量的原始记录。产量记录是统计产量和工时、计算计件工资的依据，也是监督生产计划完成情况和考核劳动生产率的依据。产量记录的格式和登记程序，在不同的行业、不同生产类型和不同劳动组织的企业各不相同，制造企业采用的产量记录一般有工作通知单、工序进程单、工作班产量记录、个人工作台账等。

（4）各种代支代扣款通知单

在实际工作中，为了减少现金收付工作，方便职工，企业在向职工发放工资时，扣除职工应交的住房公积金、水电费和应缴纳的个人所得税等代扣款项。这些代扣、代发款的原始记录，应由企业有关部门在发放工资之前送交财会部门，以便计算职工的工资净额。

3.职工薪酬的计算和结算

在各项应付职工薪酬计算中，生产工人的工资计算最复杂。目前，生产工人工资的计算主要有两种方式，一种是按计时工资计算，另一种按计件工资计算。

（1）计时工资

微课2-4

计时工资的计算

计时工资是按工资标准和工作时间支付给职工个人的劳动报酬。在实行计时工资的企业，职工的计时工资计算有月薪制和日薪制两种。

①月薪制。

采用月薪制，无论各月日历天数多少，职工每月的全勤工资相同。若发生因病、因事或旷工缺勤，将缺勤工资从全勤工资中扣除。计算公式为：

应付职工薪酬 = 月标准工资 + 奖金 + 津贴补贴 − 缺勤工资

缺勤工资 = 缺勤天数 × 日工资率 + 病假天数 × 日工资率 × 病假扣发率

日工资率是指平均每日工资额。目前有两种计算方法：

一种是按每月固定30天计算。采用这种方法，连续缺勤时间内的节假日也算缺勤，照扣工资。

另一种是每月都按21天计算（即按全年365天减去104个双休日和11个法定节假日后再除以12个月计算得21天）。采用这种方法，连续缺勤时间内的节假日不算缺勤，不扣工资。

②日薪制。

采用日薪制计算计时工资时，按职工的实际出勤天数和日工资率计算应付工资。若发生因病缺勤，按病假期间应发工资比例加计应付工资。计算公式为：

应付职工薪酬 = 出勤天数 × 日工资率 + 奖金 + 津贴补贴 + 病假天数 × 日工资率 × 病假发放率

日工资率也有两种计算方法：一种是按每月固定30天计算，另一种是每月都按21天计算。

（2）计件工资

微课2-5

计件工资的计算

计件工资是用产量记录中产品的产量乘以规定的计件单价计算的应付工资。对于废品，应区分料废品和工废品，料废品工资照付，工废品不但不能支付工资，有的还应根据具体情况由生产工人赔偿损失。

计件工资的计算分为个人计件和集体计件两种。

个人计件工资的计算公式为：

应付计件工资 =（合格品数量 + 料废品数量）× 计件单价

集体计件工资一般以班组为计算对象，先按班组产量和计件单价计算出班组计件工资总额，再根据班组成员的工资标准和实际工时比例进行分配，从而计算出班组成员个人应得的工资。

（3）职工薪酬的结算

企业采用不同的工资结算制度计算出应付给职工的职工薪酬总额后，需要按其用途和发生地点进行汇总。企业应付给职工的薪酬，分别按所生产的产品进行归类汇总。因有些产品要经过不同的车间或工序才能完成，所以，对直接人工费用也应按车间或工序分类汇总，然后再按所生产的产品汇总，以汇总各车间或各工序生产各种产品应付的工资，最后将生产该产品的各车间或各工序的生产工人工资按产品类别作进一步汇总，即可将本月各产品生产所耗用的直接工资费用归集在一起。企业应付给管理人员的工资，按车间、部门进行归集。

企业对职工的薪酬结算是通过职工薪酬结算单和职工薪酬结算卡两种形式进行的。

职工薪酬结算单，是职工薪酬结算的原始凭证，一般按车间或部门根据考勤记录、工资标准等分别编制工资卡，按每一职工每年设置一张，用以反映企业与每一职工的工资结算情况。职工薪酬结算单通常是一式三份，一份由劳资部门备案；一份交开户银行作为付款的原始凭证；一份经单位领导签章，连同开户银行电子回单作为会计账务处理的依据。职工薪酬结算单也是企业工资费用汇总的原始凭证。其一般格式见表2-10。

表2-10　　职工薪酬结算单

车间　　年　　月　　金额单位：元

工号	姓名	标准工资	绩效工资	奖金	津贴补贴		应扣缺勤工资				应付薪酬总额	代扣款项				实发职工薪酬
					津贴	补贴	事假		病假			住房公积金	社保费	所得税	小计	
							天数	金额	天数	金额						

职工薪酬结算汇总表是为了总括反映整个企业工资的结算情况，由财会部门按月根据各车间、部门编制的职工薪酬结算单汇总编制的。它既可以提供按职工薪酬类别反映的应付职工薪酬总额又可以提供按车间、部门反映的全厂应付职工薪酬总额、各种代扣代缴总额和实发职工薪酬总额。职工薪酬结算汇总表是职工薪酬分配计入成本的依据。职工薪酬结算汇总表的一般格式见表2-11。

表2-11　　职工薪酬结算汇总表

户名：鑫鑫电子　　2023年12月　　单位：元

车间部门		基本工资	奖金	工资性津贴		应扣工资		应付薪酬总额	代扣款项			实发薪酬总额
				津贴	补贴	事假	病假		社保费	所得税	小计	
一车间	生产工人	50 600	6 000		600	300		56 900	300	240	540	56 360
	管理人员	10 000	2 800		680			13 480	280	300	580	12 900
	合　计	60 600	8 800		1 280	300		70 380	580	540	1 120	69 260
二车间	生产工人	14 680	1 200		150			16 030	330	70	400	15 630
	管理人员	8 000	600		200			8 800	1 000	300	1 300	7 500
	合　计	22 680	1 800		350			24 830	1 330	370	1 700	23 130
供电车间		11 188	2 105		260			13 553	368	70	438	13 115
销售机构人员		43 000	5 200		45			48 245	62	48	110	48 135
企业管理人员		58 000	6 700		45			64 745	80	43	123	64 622
合计		195 468	24 605		1 980	300		221 753	2 420	1 071	3 491	218 262

4.职工薪酬的归集

《企业会计准则第9号——职工薪酬》规定，企业应当在职工为其提供服务的会计期间，将应付的职工薪酬确认为负债，除因解除与职工的劳动关系给予的补偿外，应当根据职工提供服务的受益对象，分别下列情况处理：

（1）应由生产产品、提供劳务负担的职工薪酬，计入产品成本或劳务成本。

（2）应由在建工程、无形资产负担的职工薪酬，计入建造固定资产或无形资产成本。

（3）上述（1）和（2）之外的其他职工薪酬，计入当期损益。

根据企业会计准则规定，企业算出的职工薪酬总额，应按职工提供服务的受益对象进行归集。产品生产人员薪酬记入“基本生产成本”账户，辅助生产车间人员薪酬记入“辅助生产成本”账户；生产车间管理人员的薪酬记入“制造费用”账户；企业行政管理人员的薪酬记入“管理费用”账户；销售人员的薪酬记入“销售费用”账户；专项工程人员的薪酬借记“在建工程”账户；研发人员的薪酬记入“研发支出”账户。以上分配的职工薪酬费用贷记“应付职工薪酬”账户。

对于除工资总额以外的社会保险费、工会经费和职工教育经费等其他人工费用，国家规定了计提基础和计提比例的，应当按照国家规定的标准计提，没有规定计提基础和计提比例的，企业应当根据历史经验数据和实际情况合理预计，按照职工提供服务的受益对象，计入相关资产的成本或计入当期损益。职工福利费按照实际发生额列入成本费用。

（二）人工费用的分配

微课2-6

职工薪酬的分配

采用计件工资形式支付的产品生产工人薪酬，一般可以直接计入所生产产品的成本，不需要在各成本核算对象之间进行分配。采用计时工资形式支付的生产工人薪酬，如果生产车间（班组）或工人只生产一种产品，可以将生产工人薪酬直接计入该种产品成本；如果生产车间（班组）或工人生产多种产品，则需要选用合理的分配方法，在所生产的各种产品之间进行分配。

生产工人薪酬分配方法主要有实际生产工时比例法、定额工时比例法等。实际生产工时比例法能够将产品分配的生产工人薪酬与劳动生产率联系起来，因此，较为合理。但如果取得实际生产工时数据比较困难，在产品工时定额比较准确的情况下，也可以按产品的定额工时比例分配工资费用。计算公式如下：

$$\text{工资费用分配率}=\frac{\text{应分配的工资费用}}{\text{各种产品的生产工时（或定额工时）之和}}$$

某种产品应分配的工资费用 = 该种产品实际生产工时（或定额工时）× 费用分配率

（三）人工费用分配的会计处理

会计部门应根据计算出的职工工资编制“职工薪酬结算单”和“职工薪酬结算汇总表”作为进行账务处理的依据，对于“五险一金”、工会经费和职工教育经费等，则可编制其他人工费用分配（提取）表进行账务处理。

二、任务导学

（一）月薪制计算

【工作实例2-11】某工人月标准工资为3 780元。其5月份考勤情况为：病假2天，事假1天，星期休假8天，法定节假日1天，该月日历天数为31天，实际出勤19天。该职工病、事假期间没有法定休假日和节假日，其病假工资按标准工资的90%计发。

要求：根据上述资料进行工资核算。

解析：

（1）按30天计算日工资率，按缺勤天数扣除缺勤工资

日工资率 = 3 780 ÷ 30 = 126（元/天）

计时工资 = 3 780 –（126 × 1 + 126 × 2 × 10%）= 3 628.80（元）

（2）按21天计算日工资率，按缺勤天数扣除缺勤工资

日工资率 = 3 780 ÷ 21 = 180（元/天）

计时工资 = 3 780 –（180 × 1 + 180 × 2 × 10%）= 3 564（元）

（二）日薪制计算

【工作实例2–12】某工人月标准工资为3 780元。其5月份考勤情况为：病假2天，事假1天，星期休假8天，法定节假日1天，该月日历天数为31天，实际出勤19天。该职工病、事假期间没有法定休假日和节假日，其病假工资按标准工资的90%计发。

要求：根据上述资料进行工资核算。

解析：

（1）按30天计算

日工资率 = 3 780 ÷ 30 = 126（元/天）

计时工资 =（19 + 8 + 1）× 126 + 126 × 2 × 90% = 3 754.80（元）

（2）按21天计算

日工资率 = 3 780 ÷ 21 = 180（元/天）

计时工资 = 19 × 180 + 2 × 180 × 90% = 3 744（元）

（三）个人计件工资计算

【工作实例2–13】某工人本月加工完成甲产品100件，其中合格品93件，料废品4件，工废品3件，其计件单价为20元；本月加工完成乙产品90件，其中合格品85件，料废品2件，工废品3件，其计件单价为26元。

要求：根据上述资料进行工资核算。

解析：该工人计件工资 =（93 + 4）× 20 +（85 + 2）× 26 = 4 202（元）

（四）集体计件工资计算

【工作实例2–14】某企业第1小组是流水线作业，采用集体计件工资制度。有关资料如下：

（1）本月加工完成A产品1 571件，其中合格品1 500件，料废品68件，工废品3件，其计件单价为8元。

（2）第1小组有三位工人，级别分别为6级工、5级工和4级工。有关日工资率和出勤天数见表2–12。

表2–12　集体计件工资分配表

2023年12月　　金额单位：元

姓名	等级	日工资率	出勤日数	标准工资额	分配率	应付工资
周平	6	150	24	3 600		4 845.24
何军	5	120	26	3 120		4 199.21
孙凯	4	100	26	2 600		3 499.55
合计	—	—	—	9 320	1.345 9	12 544

要求：根据上述资料进行工资核算。

解析：

（1）计算第1小组集体计件工资

集体计件工资 =（1 500 + 68）× 8 = 12 544（元）

（2）计算分配每人工资额（见表2-12）。

（五）人工费用分配的会计处理

【工作实例2-15】承表2-11，鑫鑫电子2023年12月第一车间生产甲、乙两种产品，第二车间生产丙产品。甲、乙产品的计时工资共计56 900元，甲产品的生产工时为30 000小时，乙产品的生产工时为20 000小时。按生产工时比例分配计算。

要求：根据上述资料进行工资核算。

解析：

$$工资费用分配率 = \frac{56\ 900}{30\ 000 + 20\ 000} = 1.138（元/小时）$$

甲产品分配工资费用 = 30 000 × 1.138 = 34 140（元）

乙产品分配工资费用 = 20 000 × 1.138 = 22 760（元）

（六）人工费用的分配

【工作实例2-16】沿用表2-11的资料，鑫鑫电子2023年12月根据各车间、部门的“职工薪酬结算单”，按人员类别和工资性质分别汇总后，编制的“职工薪酬费用分配表”见表2-13。

表2-13　　职工薪酬费用分配表

2023年12月　　金额单位：元

应贷账户 / 应借账户	应付职工薪酬		
	定额工时	分配率	金额
基本生产成本（甲产品）	30 000		34 140
基本生产成本（乙产品）	20 000		22 760
小　计	50 000	1.138	56 900
基本生产成本（丙产品）			16 030
辅助生产成本（供电车间）			13 553
制造费用——一车间			13 480
制造费用——二车间			8 800
销售费用			48 245
管理费用			64 745
合　计			221 753

要求：根据上述资料编制会计分录。

解析：编制会计分录如下：

借：基本生产成本——甲产品　34 140
　　　　　　　　——乙产品　22 760
　　　　　　　　——丙产品　16 030
　　辅助生产成本——供电车间　13 553
　　制造费用——一车间　13 480
　　　　　　——二车间　8 800
　　销售费用　48 245
　　管理费用　64 745
　　贷：应付职工薪酬　221 753

三、任务实施

根据学习情境2-4的资料，在老师指导下，完成下列任务：
（1）计算第1小组集体计件工资总额；
（2）计算分配第1小组每人工资额，并填入表2-14。

表2-14　集体计件工资分配表

2023年12月　金额单位：元

姓名	等级	日工资率	出勤日数	标准工资额	分配率	应付工资
甲	6					
乙	5					
丙	4					
合计	—					

任务五　折旧及其他费用的核算

学习情境2-5

星海公司固定资产分为房屋建筑物、机器设备、办公设备、运输设备等大类，各类固定资产折旧信息及2023年12月期初余额见表2-15。

表2-15　各类固定资产折旧信息及2023年12月期初余额

固定资产类别	使用寿命（年）	净残值率（%）	月折旧率（%）	12月期初余额（元）
房屋建筑物	20	4	0.4	10 000 000
机器设备	10	4	0.8	5 000 000
办公设备	5	4	1.6	1 200 000
运输设备	10	4	0.8	3 800 000

星海公司2023年12月发生两笔固定资产相关业务：

（1）12月15日，外购运输卡车一辆，外购成本为500 000元，已办理入账手续；

（2）12月20日，出售不再使用的机器设备一台，原值800 000元。

要求：计算星海公司2023年12月固定资产折旧金额。

任务导入

工作任务	技能要点及任务成果	重要知识点	学时
阅读学习情境2-5的资料，根据各类固定资产折旧政策，计算2023年12月星海公司固定资产折旧金额	1.掌握直线法折旧率的计算 2.掌握固定资产折旧开始和结束的时间规定 3.根据固定资产余额和折旧率准确计算折旧额	1.折旧影响因素 2.折旧时间 3.折旧金额计算	1

任务学习

一、知识准备

（一）折旧费用的归集与分配

1.固定资产折旧的计算

（1）固定资产折旧的计提范围

折旧，是指在固定资产使用寿命内，按照确定的方法对应计折旧额进行系统分摊。企业会计准则规定：除已提足折旧仍继续使用的固定资产和单独计价入账的土地除外，企业应当对所有固定资产计提折旧。已达到预定可使用状态但尚未办理竣工决算的固定资产，应当按照估计价值确定其成本，并计提折旧；待办理竣工决算后，再按实际成本调整原来的暂估价值，但不需要调整原已计提的折旧额。

（2）计提折旧的起止时间

《企业会计准则第4号——固定资产》规定，固定资产应当按月计提折旧，当月增加的固定资产，当月不计提折旧，从下月起计提折旧；当月减少的固定资产，当月仍计提折旧，从下月起不计提折旧。

固定资产提足折旧后，不论能否继续使用，均不再计提折旧；提前报废的固定资产，也不再补提折旧。提足折旧，是指已经提足该项固定资产的应计折旧额。应计折旧额，是指应当计提折旧的固定资产的原价扣除其预计净残值后的金额。已计提减值准备的固定资产，还应当扣除已计提的固定资产减值准备累计金额。

【小思考2-5】固定资产当月折旧额可否用月初固定资产余额和月折旧率直接计算得出？

（3）固定资产折旧的计提方法

可选用的折旧方法包括年限平均法、工作量法、双倍余额递减法和年数总和法等。不同的折旧方法计算出的某一会计期间的折旧费用存在着一定的差异，从而会影响到该会计期间的产品成本以及固定资产的账面净值，企业应当根据与固定资产有关的经济利益的预期实现方式，合理选择固定资产折旧方法。同一企业，由于固定资产的用途、性能不同，可以采用不同的折旧计算方法。固定资产的折旧方法一经确定，不得随意变更。

2. 折旧费用的归集

固定资产应当按月计提折旧，并根据用途计入相关资产的成本或者当期损益。

（1）基本生产车间固定资产的折旧费用，记入“制造费用”账户。

（2）辅助生产部门固定资产的折旧费用记入“辅助生产成本”账户。

（3）企业行政管理部门和专设销售机构固定资产的折旧费用，分别记入“管理费用”和“销售费用”账户。

3. 折旧费用的分配

折旧费用的分配是通过编制折旧费用分配表进行的。每月月末，财会部门根据固定资产的使用部门编制折旧费用分配表并据此编制会计分录，登记有关总账及所属明细账。

（二）摊销费用的归集与分配

无形资产的应摊销金额为其成本扣除预计残值后的金额，已计提减值准备的无形资产还应扣除已计提的无形资产减值准备累计金额。使用寿命有限的无形资产其残值应当视为零。

无形资产的摊销方法包括直线法、生产总量法等。企业选择的无形资产摊销方法应当反映与该项无形资产有关的经济利益的预期实现方式，无法可靠确定预期实现方式的，应采用直线法摊销。企业应当按月对无形资产进行摊销。无形资产的摊销额一般应当计入当期损益，并记入“累计摊销”账户。

（1）对于企业自用的无形资产，其摊销金额计入管理费用，记入“管理费用”账户。

（2）对于出租的无形资产，其摊销金额计入其他业务成本，记入“其他业务成本”账户。

（3）某项无形资产包含的经济利益通过所生产的产品或其他资产实现的，其摊销金额应当计入相关资产成本，列入“制造费用”“研发支出”等账户。

（三）其他费用的归集和分配

1. 利息费用

利息费用属于经营管理费用中的财务费用，一般按季支付，季末结算或到期还本时一并支付付息。采用预提利息费用的办法分月按计划预提，实际支付时冲减应付利息。

每月预提利息时，应借记“财务费用”总账账户及所属明细账的“利息支出”费用项目，贷记“应付利息”账户。

季末实际支付利息费用时，应借记“应付利息”账户，贷记“银行存款”账户。

2. 税金及附加

要素费用中的税金及附加包括资源税、教育费附加、房产税、车船税、城镇土地使用税和印花税等。

企业发生资源税、教育费附加、房产税、车船税、城镇土地使用税和印花税等税金及附加时，均通过“税金及附加”账户核算。计提相关税费时，借记“税金及附加”账户，贷记“应交税费”账户；在缴纳税费时，借记“应交税费”账户，贷记“银行存款”

账户。

对于印花税，如果购买的印花税票金额较小，购买时可以直接借记“税金及附加”贷记“银行存款”账户；如果印花税票是一次购买、分期使用，并且金额较大时，可作为预付账款处理。购买印花税票时，借记“预付账款”账户，贷记“银行存款”账户；分月摊销时，借记“税金及附加”账户，贷记“预付账款”账户。需要指出，对印花税的核算不通过“应交税费”账户。

3.其他费用

其他费用，是指除前面所述各要素费用以外的费用，包括邮电费、租赁费、印刷费、图书资料报刊订阅费、排污费、差旅费等。企业应在发生时，按照发生的车间、部门和用途进行归集和分配。

（1）属于基本生产车间发生的，应记入“制造费用”总账及所属明细账的有关项目。

（2）属于辅助生产车间发生的，应记入“辅助生产成本”总账及所属明细账的有关项目。

（3）属于行政管理部门发生的，应记入“管理费用”总账及所属明细账的有关项目。

（4）属于销售机构发生的，应记入“销售费用”总账及所属明细账的有关项目。

二、任务导学

【工作实例2-17】海川公司2023年12月的折旧费用分配表见表2-16。

表2-16　折旧费用分配表

2023年12月　　金额单位：元

车间部门	11月固定资产折旧额	11月增加固定资产折旧额	11月减少固定资产折旧额	本月固定资产折旧额
基本生产车间	120 000	30 000	20 000	130 000
行政管理部门	48 000	2 000		50 000
专设销售机构	9 000	3 000		12 000
合计	177 000	35 000	20 000	192 000

要求：编制相关会计分录。

解析：

编制会计分录如下：

借：制造费用　　130 000

　　管理费用　　50 000

　　销售费用　　12 000

　　贷：累计折旧　　192 000

三、任务实施

根据学习情境2-5的资料，在老师指导下，完成下列任务：

（1）判断购入和出售固定资产业务对当月固定资产折旧金额的影响；

（2）计算星海公司2023年12月固定资产折旧金额。

成本会计与中国经济

海尔的低成本管理战略决策

【关键词】海尔集团；采购成本；低成本战略；“三部同行”

海尔集团（以下简称“海尔”）创立于1984年，兴起于改革开放的浪潮中，在引进德国利勃海尔冰箱生产技术的基础上发展起来。2004年，海尔经过20年的发展和不断的革新，全球销售额达到1 020亿元，全球市场占有率达到6%，一举上升为世界上的白色家电的第一品牌，这在中国白色家电行业还是首次。

海尔之所以能够在短时间内取得骄人成绩，频频掀起一轮又一轮的价格战，使竞争对手的神经处于紧张状态，原因就在于海尔低成本战略的成本决策手段。低成本决策的内涵就是通过有效控制内部成本，达到在各个阶段和领域成本降低，使企业的总成本远远低于同行业竞争对手，从而获得更为持久的竞争优势，在这一决策的指领下，要使低成本成为企业的长远目标，也就是在与竞争对手提供的产品和服务相仿，并且质量差别不大的条件下，努力降低成本来取得竞争优势。

海尔在采购管理上把低成本的战略决策体现得淋漓尽致。企业全部经营成本的75%以上是采购成本，已经成为制造型企业的常态。如果企业抓住了采购这个环节，对于降低成本而言就把好了第一关，就有可能提高产品的毛利率，进而可以制定出比竞争对手更灵活、更具有吸引力的销售政策。海尔的采购管理制度有着独有的特点，由采购供应部、管理部、校准部“三部同行”构建了采购管理体制，使采购的前期计划、中期执行和后期监督环节有了保障，既可分工明确，又能互动约束，并且建立了“亲友回避制”，严密防范腐败行为。在采购决策上，自制和外购一切以成本最低为原则。

资料来源：知乎．海尔集团是如何通过集中采购降低采购成本的？[EB/OL]［2023-08-31］. https：//zhuanlan.zhihu.com/p/157443950.

【启示】在家用电器、汽车制造、工程机械、造纸等大多数生产企业中，直接材料成本在总成本中的比重都较大。而直接材料成本主要是原材料的采购成本。如何控制材料采购成本，降低材料消耗，是很多企业成本管理的重点。海尔公司的“三部同行”采购管理机制，使采购的前期计划、中期执行和后期监督环节有了保障。这种机制使得海尔的产品成本远低于同行业竞争对手，从而获得更为持久的竞争优势，提高了企业核心竞争力，保持企业可持续发展。这一点与党的二十大提出的新发展理念一脉相承，也为我国经济实力实现历史性跃升做出了积极贡献。

习题与实训

一、单项选择题

1. 确定消耗材料的数量，一般应采用（　　）。

A.加权平均法　　B.先进先出法
C.永续盘存制　　D.实地盘存制

2.实际成本计价时，使期末结存材料价值接近市价的材料发出的计价方法是（　　）。
A.先进先出法　　B.移动加权平均法
C.加权平均法　　D.个别计价法

3.下列分配方法中，不宜作为原材料费用分配方法的是（　　）。
A.定额费用比例分配法　　B.重量分配法
C.产量分配法　　D.生产工人工时比例分配法

4.下列各项中，不计入直接人工成本项目的是（　　）。
A.产品生产工人工资　　B.按产品生产工人工资比例提取的社保费
C.产品生产工人的津贴　　D.生产车间管理人员的工资

5.下列单据中，不应作为记录材料消耗数量原始依据的是（　　）。
A.领料单　　B.限额领料单
C.退料单　　D.账存实存对比单

6.“材料成本差异”账户的贷方余额表示（　　）。
A.节约差异　　B.超支差异　　C.节约净差异　　D.超支净差异

7.以下税金中，不属于要素费用的税金是（　　）。
A.房产税　　B.车船税　　C.印花税　　D.增值税

8.基本生产车间直接用于产品生产、构成产品实体的原材料和主要材料，应通过（　　）成本项目反映。
A.直接材料　　B.原材料
C.原料及主要材料　　D.外购材料

9.燃料费用不多的企业可以将燃料费用计入的成本项目是（　　）。
A.直接人工　　B.直接材料　　C.制造费用　　D.辅助生产成本

10.下列说法错误的是（　　）。
A.职工薪酬包括医疗保险费、养老保险费、失业保险费、工伤保险费和生育保险费等社会保险费
B.职工薪酬包括工会经费和职工教育经费
C.职工薪酬包括因解除与职工的劳动关系给予的补偿
D.职工薪酬不包括因解除与职工的劳动关系给予的补偿

11.辞退福利全部计入当期（　　）。
A.生产成本　　B.制造费用　　C.管理费用　　D.营业外支出

12.王某去年8月参加工作，月标准工资1 248元，本月份的日历天数为31天，出勤19天，双休日8天，病假4天（含双休日1天）。若按月薪制计算，月工作天数按21天计算，则本月应付王某的计时工资为（　　）元。
A.1 152　　B.1 176　　C.1 182　　D.1 248

13.李某本月生产甲零件2 000只，其中合格品1 950只，工废品30只，料废品20只。本月李某计算计件工资的甲零件数量是（　　）只。
A.2 000　　B.1 980　　C.1 970　　D.1 950

14. 下列不得计入产品成本的费用是（ ）。

A. 车间厂房折旧费　　B. 车间机物料消耗

C. 有助于产品实体形成的辅助材料　　D. 房产税、车船税

15. 企业行政管理人员工资应记入的会计账户是（ ）。

A. “管理费用”　B. “生产成本”　C. “制造费用”　D. “销售费用”

16. 企业为筹集资金而发生（支付）的手续费等，应借记（ ）。

A. “制造费用”账户　　B. “财务费用”账户

C. “管理费用”账户　　D. “销售费用”账户

17. 下列计价方法中，不属于消耗材料计价方法的是（ ）。

A. 先进先出法　　B. 定额成本法

C. 个别计价法　　D. 加权平均法

18. 企业发生的印花税、房产税、车船税、城镇土地使用税应该记入的会计账户是（ ）。

A. 管理费用”　B. “税金及附加”　C. “制造费用”　D. 销售费用”

二、多项选择题

1. 我国现行采用的发出原材料计价方法有（ ）。

A. 先进先出法　B. 后进先出法　C. 加权平均法　D. 个别计价法

2. 对于几种产品共同耗用的原材料，应采用一定的方法分配计入各种产品。常用的分配方法有（ ）。

A. 定额耗用量比例法　　B. 定额费用比例法

C. 产量比例分配法　　D. 定额工时比例法

3. 计入产品成本的各项材料费用，按其用途不同，应记入（ ）账户的借方。

A. “基本生产成本”　　B. “制造费用”

C. “辅助生产成本”　　D. “管理费用”

4. 企业职工包括（ ）。

A. 全职职工　B. 兼职职工　C. 临时职工　D. 董事会成员

5. 职工薪酬包括（ ）。

A. 职工工资、奖金、津贴和补贴

B. 失业保险费

C. 住房公积金

D. 因解除与职工的劳动关系给予的补偿

6. 用来核算生产过程中发生的费用，计算产品成本的账户主要有（ ）。

A. “基本生产成本”　　B. “制造费用”

C. “销售费用”　　D. “管理费用”

7. 某基本生产车间发生下列费用，应记入“制造费用”的有（ ）。

A. 车间管理人员工资　　B. 车间设备折旧费用

C. 车间机物料消耗　　D. 车间产品生产用原材料

8. 几种产品共同耗用的外购动力费用，常用的分配标准有（ ）。

A. 生产工时　B. 机器工时　C. 产品重量　D. 生产工人工资

9.产品生产成本中的直接材料费用包括（　　）。

A.生产工艺过程中耗用的燃料费用　　B.车间管理耗用的材料费用

C.构成产品实体的材料费用　　D.与产品实体相结合的辅助材料费用

10.分配结转人工费用时，会计分录中借方账户主要有（　　）。

A.“基本生产成本”　　B.“管理费用”

C.“制造费用”　　D.“财务费用”

11.下列固定资产中，应计提折旧的有（　　）。

A.生产用机器设备　　B.房屋建筑物

C.已提足折旧继续使用的机器设备　　D.出租的设备

12.下列固定资产在当期不计提折旧的是（　　）。

A.未使用的固定资产　　B.当期增加的固定资产

C.当期减少的固定资产　　D.超龄使用的固定资产

13.直接人工费用成本项目包括的内容主要有（　　）。

A.产品生产工人的计时工资　　B.产品生产工人的奖金、津贴和补贴

C.产品生产工人的加班工资　　D.产品生产工人的计件工资

14.根据“工资结算汇总表”和“直接人工费用分配表”进行分配结转工资费用的账务处理时，会计分录中对应的借方账户主要有（　　）等。

A.“生产成本”　　B.“制造费用”

C.“财务费用”　　D.“管理费用”

15.其他费用的内容包括（　　）。

A.折旧费　　B.修理费　　C.办公费　　D.差旅费

三、判断题

1.直接费用是指可以分清哪种产品所耗用，可以直接计入某种产品成本的费用。（　　）

2.比例分配法的基本公式适用于各种间接计入费用的分配。（　　）

3.产品成本是生产费用的最终归宿是指生产费用最终会形成产品的成本。（　　）

4.用于企业生产、照明的电费，应记入“基本生产成本”明细账的“燃料和动力”成本项目。（　　）

5.在计件工资下，不合格产品不计算工资。（　　）

6.固定资产折旧费是产品成本的重要组成部分。因此，企业发生的折旧费用应全部计入产品成本。（　　）

7.为了简化折旧的计算工作，月份内开始使用的固定资产，当月开始计提折旧。（　　）

8.当燃料费用在产品成本中所占比重较大时，应单独设立成本项目或与动力费用合并设立“燃料与动力”成本项目。（　　）

9.材料按计划成本核算的企业，计入产品成本的材料费用，也应按计划成本计算。（　　）

10.因为加工原因而导致的废品，应照付计件工资。（　　）

11.无论是计时工资形式还是计件工资形式，人工费用的分配相同。（　　）

12. 外购动力费用的核算，一般应通过“应付账款”账户。（　　）

13. 采用计件工资制时，产品生产工人工资属于直接计入费用。（　　）

14. 基本生产车间固定资产的修理费用是产品成本的组成部分，应与企业行政管理部门、专设销售机构固定资产修理费一起间接计入产品成本。（　　）

15. 采用盘存计算法能够准确地计算出消耗材料的数量。（　　）

四、实训题

实训一

目的：实训原材料费用的归集和分配。

资料：宏远制造有限公司生产甲、乙、丙三种产品。2023年6月三种产品共同耗用A材料52 000千克，每千克6元，总金额为312 000元。三种产品本月投产量分别为4 000件、2 000件和1 000件，三种产品A材料消耗定额分别为6千克、8千克和10千克。该公司本月发出材料汇总表见表2-17。

表2-17　发出材料汇总表

2023年6月　金额单位：元

领料部门及用途		A材料	B材料	C材料	合计
基本生产车间	甲产品生产		320 000		320 000
	乙产品生产		240 000		240 000
	丙产品生产		165 000		165 000
	产品生产共同耗用	312 000			312 000
	车间一般耗用			68 000	68 000
企业管理部门耗用				35 000	35 000
专设销售机构耗用				20 000	20 000
合计		312 000	725 000	123 000	1 160 000

要求：

（1）采用定额耗用量比例分配A材料费用，见表2-18。

表2-18　共同耗用材料费用分配表

2023年6月　金额单位：元

产品	产量	单位消耗定额	定额耗用量	分配率	分配金额
甲产品					
乙产品					
丙产品					
合　计					

（2）编制本月发出材料的会计分录。

实训二

目的：实训外购电力费用的分配。

资料：江南制造有限公司各月电力费用相差较大，会计上通过“应付账款”核算电费。2023年6月电力费用有关业务资料如下：

（1）6月15日收到银行转来的电力公司开具的增值税专用发票，每度电单价1.025元，价款41 000元，增值税5 330元。经审核无误后予以支付。

（2）月末，后勤部门报来本月用电明细表，本月共耗电65 000度电，其中产品生产用电48 000度，车间管理部门用电8 000度，厂部管理部门用电9 000度。本月该公司生产的甲、乙、丙三种产品实际生产工时分别为6 000小时、4 000小时和2 000小时。

要求：

（1）编制支付电费的会计分录。

（2）采用生产工时分配法分配外购电费，见表2-19。

表2-19 外购电力费用分配表

2023年6月 金额单位：元

产　品	实际生产工时	分配率	分配金额
甲产品			
乙产品			
丙产品			
合　计			

（3）编制分配结转应付电费的会计分录。

实训三

目的：实训计时工资和计件工资的计算及分配。

资料：

（1）赵鸣工龄5年零4个月，基本工资1 872元/月。2023年5月份工作17天，法定节假日1天，双休日7天，病假6天（其中双休日1天），根据规定，该员工病假按照80%的比例发放基本工资。

（2）李慧本月生产A零件2 300个，其中工废品20个，料废品12个，每个A零件的加工费为0.8元。

（3）陈刚、李斌、张洪三人共同加工甲零件，本月生产合格品5 000件，工废品30件，料废品50件，每件加工费1元。三人本月计时工资分别为1 400元、1 600元、1 040元。

要求：

（1）根据资料1，分别以30天和21天为月工作日，按月薪制和日薪制计算赵鸣当月的应付工资；

（2）根据资料2，计算李慧当月的计件工资；

（3）根据资料3，计算陈刚等三人应得计件工资。

实训四

目的：实训人工费用的归集和分配。

资料：

（1）广发制造有限公司本月应付职工薪酬及代扣个人所得税等有关资料见表2-20。

表2-20　职工薪酬结算汇总表

2023年6月　单位：元

部门名称		基本工资	其他	应付工资	个人所得税	实发工资
一车间	生产工人	230 000	70 000	300 000	9 000	291 000
	管理人员	35 000	8 000	43 000	1 200	41 800
二车间	生产工人	210 000	40 000	250 000	7 000	243 000
	管理人员	30 000	5 000	35 000	650	34 350
修理车间人员		34 000	5 000	39 000	120	38 880
供电车间人员		26 000	6 000	32 000	180	31 820
行政管理部门人员		210 000	45 000	255 000	6 800	248 200
销售部门人员		75 000	36 000	111 000	2 800	108 200
合　计		850 000	215 000	1 065 000	27 750	1 037 250

（2）一车间生产的A、B两种产品，实际生产工时分别为9 000小时和6 000小时；二车间生产C、D两种产品，实际生产工时分别为4 800小时和5 200小时。按生产工时比例分配生产工人工资。

（3）按职工薪酬的12%、10%、2%和8%分别计提职工社会保险费、住房公积金、工会经费和职工教育经费。

要求：

（1）编制发放职工薪酬的会计分录；

（2）采用生产工时比例分配生产工人工资，见表2-21。

表2-21　生产工人薪酬费用分配表

2023年6月　金额单位：元

产　品	实际生产工时	分配率	分配金额
A产品			
B产品			
小　计			
C产品			
D产品			

续表

产　品	实际生产工时	分配率	分配金额
小 计			

（3）根据“职工薪酬结算汇总表”和“生产工人薪酬费用分配表”，编制职工薪酬分配会计分录；

（4）计算提取相关费用，编制职工薪酬分配表（见表2-22）。

表2-22　　职工薪酬分配表

2023年6月　　单位：元

项目		应付职工薪酬总额	社保费12%	住房公积金10%	工会经费2%	职工教育经费8%	合　计
总账	二级明细账						
基本生产成本	A产品						
	B产品						
	小计						
	C产品						
	D产品						
	小计						
制造费用	一车间						
	二车间						
辅助生产成本	修理车间						
	供电车间						
管理费用							
销售费用							
合　计							

能力测评

在专业能力测评表内打“√”，A掌握，B基本掌握，C未掌握。

业务能力	评价指标	自测结果	要求
材料费用分配计算	1.产品重量比例法分配材料费用	□A　□B　□C	思路清晰，结果准确，并能够借助EXCEL进行快速准确计算
	2.定额耗用量比例法分配材料费用	□A　□B　□C	
	3.定额费用比例法分配材料费用	□A　□B　□C	

续表

业务能力	评价指标	自测结果	要求
	4.实际耗用量比例法分配材料费用	□A　□B　□C	
燃料及动力费用分配计算	1.生产工时/机器工时比例分配法	□A　□B　□C	思路清晰 结果准确
	2.定额耗用量比例分配法	□A　□B　□C	
人工费用分配计算	1.计时工资计算	□A　□B　□C	理解记忆 计算准确
	2.计件工资计算	□A　□B　□C	
	3.生产工时比例分配法	□A　□B　□C	
	4.定额工时比例分配法	□A　□B　□C	
折旧摊销费用分配计算	1.固定资产折旧的计算	□A　□B　□C	对比记忆 计算准确
	2.无形资产摊销的计算	□A　□B　□C	
	3.折旧摊销费用的分配方法	□A　□B　□C	
要素费用分配会计处理	1.受益分配原则运用	□A　□B　□C	归类整理记忆
	2.材料费用分配会计处理	□A　□B　□C	
	3.燃料及动力费用分配会计处理	□A　□B　□C	
	4.人工费用分配会计处理	□A　□B　□C	
	5.折旧及其他费用分配会计处理	□A　□B　□C	
教师评语：			
成绩：		教师签字：	

项目三

辅助生产费用的核算

职业能力目标

1.知识目标

（1）了解辅助生产、辅助生产车间和辅助生产费用的概念；

（2）熟悉辅助生产费用归集的账户设置和核算程序。

2.能力目标

（1）能够正确归集各辅助车间发生的辅助生产费用；

（2）掌握直接分配法分配思路并能准确计算；

（3）掌握交互分配法分配思路并能准确计算；

（4）掌握计划成本分配法分配思路并能准确计算；

（5）掌握代数分配法分配思路并能准确计算；

（6）掌握顺序分配法分配思路并能准确计算；

（7）掌握不同辅助生产费用分配的会计处理。

3.素养目标

（1）通过精确的计算与分配，提升信息化素养；

（2）能够根据企业管理要求和成本管理水平，正确选择辅助生产费用的分配方法，准确提供成本分配信息。

4.思政元素

（1）直接分配法“团结一致、共同对外”的特点与家国情怀；

（2）交互分配法“协同发展、利益共享”的特点与可持续发展；

（3）顺序分配法“弱势优先，共同发展”的特点与大局意识；

（4）代数分配法“精益求精，臻于至善”的特点与工匠精神；

（5）计划成本分配法“标准不变，管理兜底”的特点与总体观点。

典型工作任务

1.辅助生产费用的归集；

2.直接分配法计算及账务处理；

3.交互分配法计算及账务处理；

4.计划成本分配法计算及账务处理；

5.代数分配法计算及账务处理；

6.顺序分配法计算及账务处理。

任务一 辅助生产费用的归集

学习情境3-1

鑫鑫电子是生产小型电机的企业，除了生产电机的几个基本生产车间外，企业还设有供电车间和运输车间两个辅助生产部门。供电车间主要为产品生产车间、运输车间及行政管理部门提供电力服务；运输车间为企业接送员工、采购材料及送货服务等。两个辅助生产车间共同的特点是只为企业内部提供服务，不提供外部服务。该企业成本会计人员设置“辅助生产成本”账户归集和分配辅助生产车间发生的机物料消耗、人工费、折旧费等各项费用。

请问：辅助生产车间在什么情况下可以开设“制造费用”账户单独核算辅助生产车间发生的间接生产费用？为什么？

任务导入

工作任务	技能要点及任务成果	重要知识点	学时
阅读学习情境3-1的资料，分析辅助生产车间开设的“制造费用”账户的核算流程，并用流程图来展示	1.掌握辅助生产费用核算的内容 2.掌握辅助生产费用的归集方法和程序 3.掌握“辅助生产成本”账户设置的原理	1.制造费用账户结构和用途 2.辅助生产成本账户 3.辅助生产成本核算程序 4.辅助生产成本归集	1

任务学习

一、知识准备

（一）辅助生产及辅助生产费用

工业企业的生产按生产职能的不同可分为基本生产和辅助生产。基本生产以直接生产各种对外销售的产品为主要任务；辅助生产是指为基本生产车间、企业管理部门和其他部门等单位服务而进行的产品生产和劳务供应。其中，有的辅助生产只生产一种产品或提供一种劳务，如供电、供水、供汽、供风、运输等；有的则生产多种产品或提供多种劳务，如从事工具、模具、修理用备件的制造，以及机器设备的修理等。辅助生产提供的产品和劳务，有的也对外销售，但主要是为本企业服务。

工业企业的辅助生产单位，即辅助生产车间。辅助生产车间在产品生产和劳务供应过程中所耗费的各种生产费用是以产品或劳务为对象来归集的，这些生产费用构成了辅助生产产品和劳务的成本，即辅助生产成本；但对于耗用这些产品或劳务的基本生产车间和企业管理部门和其他部门来说，辅助生产车间所提供的产品或劳务又是一种费用，即辅助生产费用。

辅助生产费用的高低，对于基本生产产品成本和经营管理费用的水平有很大的影响。同时，只有辅助生产产品和劳务的成本确定以后，才能计算基本生产成本和经营管理费用。因此，及时、准确地进行辅助生产费用的核算，对于企业降低辅助生产费用的开支，加强辅助生产成本的成本管理；对于正确、及时地计算企业基本生产产品的成本，以及节约费用、降低成本，都有着重要的意义。

（二）辅助生产费用核算的账户设置及程序

1.“辅助生产成本”账户

“辅助生产成本”账户核算企业辅助生产车间为完成辅助生产而发生的一切耗费，包括辅助生产车间发生的材料费、动力费、职工薪酬、折旧费、办公费、水电费、劳动保护费等，还包括在辅助生产车间相互提供劳务的情况下，各受益的辅助生产车间从供应劳务的辅助生产车间分配转入的劳务成本。“辅助生产成本”账户一般应按车间以及产品或劳务的种类设置明细账，账内按照成本项目或费用项目设置专栏，进行明细核算，期末一般无余额。

2.核算程序

在不设置“制造费用”账户核算辅助生产车间费用的情况下，辅助生产费用核算程序如下：

（1）辅助生产车间或部门发生的各项费用，应直接记入或间接记入“辅助生产成本”明细账户的费用项目专栏。

（2）月度终了，汇总计算辅助生产车间发生的生产费用。

（3）将辅助生产费用在各受益对象间按照一定的分配标准进行分配，并分别记入“基本生产成本”、“管理费用”、“销售费用”、“其他业务成本”、“在建工程”和“周转材料”等账户。

（三）辅助生产费用的归集

辅助生产费用的归集，是指对各辅助生产车间发生的各项生产费用进行会计处理，并将辅助生产费用登记在“辅助生产成本”明细账户中，最终计算出本期借方发生额。

微课3-1

辅助生产费用的归集

二、任务导学

【工作实例3-1】长虹电子设有供电和运输两个辅助生产车间，主要为本企业基本生产车间和行政管理部门等服务。由于辅助生产车间规模较小，产品或劳务单一，制造费用很少，在会计上不单设“制造费用”账户核算辅助生产车间发生的制造费用，而直接登记在辅助生产成本明细账中。2023年12月供电、运输车间发生的生产费用资料如下：

（1）根据“原材料费用分配表”，供电车间分配原材料费用3 000元，运输车间分配原材料费用2 000元。

（2）根据“外购动力费用分配表”，供电车间应分配动力费用1 200元，运输车间应分配动力费用800元。

（3）根据“职工薪酬分配表”，供电车间职工薪酬11 400元，运输车间职工薪酬5 700元。

（4）根据“折旧费用分配表”，供电车间本月应提取折旧费6 000元，运输车间应提取折旧费4 000元。

（5）根据“社会保险费分配表”，提取养老保险费1 500元，其中供电车间1 000元，运输车间500元。

（6）本月用银行存款支付其他费用如下：供电车间办公费160元、劳动保护费140元、其他费用100元；运输车间办公费200元、劳动保护费120元、其他费用180元。

要求：根据上述资料编制会计分录。

解析：根据以上资料，编制会计分录如下：

（1）借：辅助生产成本——供电车间　　3 000
　　　　　　　　　——运输车间　　2 000
　　贷：原材料　　5 000

（2）借：辅助生产成本——供电车间　　1 200
　　　　　　　　　——运输车间　　800
　　贷：应付账款　　2 000

（3）借：辅助生产成本——供电车间　　11 400
　　　　　　　　　——运输车间　　5 700
　　贷：应付职工薪酬　　17 100

（4）借：辅助生产成本——供电车间　　6 000
　　　　　　　　　——运输车间　　4 000
　　贷：累计折旧　　10 000

（5）借：辅助生产成本——供电车间　　1 000
　　　　　　　　　——运输车间　　500
　　贷：应付职工薪酬　　1 500

（6）借：辅助生产成本——供电车间　　400
　　　　　　　　　——运输车间　　500
　　贷：银行存款　　900

（7）根据上述资料，登记“辅助生产成本明细账”，见表3-1和表3-2。

表3-1　辅助生产成本明细账

辅助车间：供电车间　　单位：元

2023年		凭证字号	摘　　要	原材料	外购动力	职工薪酬	折旧费	劳保费	办公费	其他	合计
月	日										
12	31	略	原材料费用分配表	3 000							3 000
12	31		动力费用分配表		1 200						1 200
12	31		职工薪酬分配表			11 400					11 400
12	31		折旧费用分配表				6 000				6 000

续表

2023年		凭证字号	摘　要	原材料	外购动力	职工薪酬	折旧费	劳保费	办公费	其他	合计
月	日										
12	31		社保费用分配表			1 000					1 000
12	31		付款凭证					160	140	100	400
12	31		合　计	3 000	1 200	12 400	6 000	160	140	100	23 000
12	31		分配转出	3 000	1 200	12 400	6 000	160	140	100	23 000

表3-2　　辅助生产成本明细账

辅助车间：运输车间　　单位：元

2023年		凭证字号	摘　要	原材料	外购动力	职工薪酬	折旧费	劳保费	办公费	其他	合计
月	日										
12	31	略	原材料费用分配表	2 000							2 000
12	31		动力费用分配表		800						800
12	31		职工薪酬分配表			5 700					5 700
12	31		折旧费用分配表				4 000				4 000
12	31		社保费用分配表			500					500
12	31		付款凭证					200	120	180	500
12	31		合　计	2 000	800	6 200	4 000	200	120	180	13 500
12	31		分配转出	2 000	800	6 200	4 000	200	120	180	13 500

三、任务实施

根据学习情境3-1的资料，在老师指导下，完成下列任务：

（1）清晰描述辅助生产车间不设置“制造费用”账户的情况下，辅助生产费用的核算程序；

（2）通过流程图展示辅助生产费用核算程序。

任务二　辅助生产费用的分配

学习情境3-2

鑫鑫电子有供电车间和运输车间两个辅助生产车间。本月有关资料如下：

（1）供电车间本月共提供12 000度电，其中为产品生产车间提供9 000度电，为行政部门提供2 000度电，为运输车间提供1 000度电，共发生费用6 000元。

（2）运输车间本月运输总量为30 000吨千米，其中为供销科运输26 000吨千米，为修理车间运输400吨千米，为行政部门运输3 600吨千米，共发生运输费用25 200元。

月末，成本核算员小王将供电车间发生的6 000元费用按每小时0.5元的价格全部分配出去，将运输车间发生的25 200元费用按每吨千米0.84元的价格也全部分配出去。但他把分配的结果登记到辅助生产成本明细账中发现：供电车间明细账上又回来了800元，运输车间明细账中也回来了1 000元。他又把这两个费用按原先的劳务量又分配出去，但记账后发现两个辅助生产成本明细账中仍有余额，只是数字变小了点。他如此循环地分配了10次，辅助生产成本明细账中仍有余额。他彻底泄气了！第二天早晨，熬红了双眼的小王只好拿着账簿去问财务科长。科长一听，哈哈大笑，并拿出一本成本会计教材送给小王，说道："书到用时方恨少啊！小伙子，回去看看书吧！"

请问：小王可以采用哪些方法进行辅助生产费用的分配？

任务导入

工作任务	技能要点及任务成果	重要知识点	学时
阅读学习情境3-2的资料，分析小王分配出现余额的原因，并采用直接分配法和交互分配法进行分配	1.掌握辅助生产费用分配的特点 2.掌握直接分配法、交互分配法和计划成本分配法的基本思路及特点，并完成会计核算 3.熟悉代数分配法、顺序分配法的基本思路及特点，并完成会计核算	1.辅助生产费用常用的5种分配方法 2.直接分配法的计算与账务处理 3.交互分配法的计算与账务处理 4.计划成本分配法的计算与账务处理 5.顺序分配法的计算与账务处理	4

任务学习

一、知识准备

（一）辅助生产费用分配的特点

辅助生产车间提供的产品和劳务，主要是为基本生产车间、企业管理部门及其他相关部门服务，但在为这些车间和部门提供产品和劳务的过程中，某些辅助生产车间之间，也存在着相互提供产品和劳务的情况，如供电车间为运输车间提供动力和照明，运输车间为供电车间提供材料运输等。这样，为了真实计算运输车间的生产成本必须分摊供电车间的生产成本；为了计算供电车间的生产成本又要分摊运输车间的生产成本。因此，为了正确计算辅助生产车间发生的生产成本，在分配辅助生产费用时，还应在各辅助生产车间之间进行费用的交互分配，这就是辅助生产费用分配的特点。

按受益原则分配辅助生产费用时，基本计算公式为：

$$\text{辅助生产费用分配率}=\frac{\text{待分配的辅助生产费用}}{\text{负担费用的各受益对象的受益总量}}$$

某受益对象应负担的辅助生产费用 = 该受益对象的受益数量 × 辅助生产费用分配率

（二）辅助生产费用分配的方法

辅助生产之间存在着相互制约、相互影响的特点，这使辅助生产费用的分配产生了困难。因此，辅助生产费用的分配采用了一些特殊的分配方法，主要有直接分配法、交互分配法、代数分配法、计划成本分配法和顺序分配法等。

1. 直接分配法

微课3-2

直接分配法

直接分配法是一种“团结一致，共同对外”的分配方法，指各辅助生产车间发生的费用，直接分配给辅助生产车间以外的各受益对象，而不考虑各辅助生产车间之间相互提供产品或劳务的情况。

分配原则：对外不对内。其中，“外”指辅助生产车间以外的各受益对象；“内”指各辅助生产车间之间。

其计算公式为：

$$\text{辅助生产费用分配率}=\frac{\text{辅助生产车间发生的费用}}{\text{辅助生产车间以外的各受益对象的受益总量}}$$

$$\begin{array}{c}\text{辅助生产车间以外的各受益}\\\text{对象应负担的辅助生产费用}\end{array}=\begin{array}{c}\text{该受益对象的}\\\text{受益数量}\end{array}\times\begin{array}{c}\text{辅助生产}\\\text{费用分配率}\end{array}$$

采用直接分配法分配辅助生产费用，计算方法比较简单，但这一方法没有考虑各辅助生产车间之间相互提供劳务的情况，因而其分配结果的准确度不高。一般适宜在辅助生产车间内部相互提供产品或劳务不多、不进行费用的交互分配对辅助生产成本和基本生产车间的产品成本影响不大的情况下采用。

2. 交互分配法

微课3-3

一次交互分配法

交互分配法是一种“亲兄弟，明算账；算账后，再对外”的分配方法，即对各辅助生产车间的成本费用进行两次分配。首先，根据各辅助生产车间、部门相互提供的产品或劳务的数量和交互分配前的单位成本（费用分配率），在各辅助生产车间之间进行一次交互分配，即对内分配；然后，将各辅助生产车间、部门交互分配后的实际费用（交互分配前的费用加上交互分配转入的费用，减去交互分配转出的费用），再按提供产品和劳务的数量和交互分配后的单位成本（费用分配率），在辅助生产车间、部门以外的各受益单位进行分配，即对外分配。

分配原则：先对内，后对外。

（1）交互分配的计算公式：

$$\text{交互分配费用分配率}=\frac{\text{辅助生产车间发生的费用}}{\text{辅助生产车间提供的劳务总量}}$$

$$\begin{array}{c}\text{某辅助生产车间应}\\\text{负担的辅助生产费用}\end{array}=\begin{array}{c}\text{该辅助生产车间}\\\text{受益的劳务数量}\end{array}\times\begin{array}{c}\text{交互分配}\\\text{费用分配率}\end{array}$$

（2）对外分配的计算公式：

$$\text{辅助生产费用分配率}=\frac{\text{交互分配后的费用}}{\text{辅助生产车间以外的各受益对象的受益总量}}$$

$$\frac{\text{辅助生产车间以外的各受益}}{\text{对象应负担的辅助生产费用}}=\frac{\text{该受益对象的}}{\text{受益数量}}\times\frac{\text{辅助生产}}{\text{费用分配率}}$$

其中：$\frac{\text{交互分配}}{\text{后的费用}}=\frac{\text{辅助生产车间}}{\text{发生的费用}}+\frac{\text{交互分配}}{\text{转入的费用}}-\frac{\text{交互分配}}{\text{转出的费用}}$

采用交互分配法分配辅助生产费用，在各辅助生产车间之间进行一次交互分配，提高了计算分配结果的准确性，但计算工作量比直接分配法有所增加。由于交互分配、对外分配的分配率（单位成本）不等，因此，交互分配法计算分配结果也不很准确。在各月辅助生产费用水平相差不大的情况下，为了简化计算工作，也可用上月的辅助生产单位成本作为本月交互分配的费用分配率。

3. 代数分配法

代数分配法是一种“运用数学方法，准确分配费用”的分配方法，即根据数学中解多元一次联立方程的原理，对辅助生产费用进行分配。采用这种方法，首先计算出各辅助生产车间提供产品或劳务的实际单位成本，再依据各受益对象（包括各辅助生产单位之间相互提供产品或劳务）的受益数量或实际单位成本，计算确定各受益对象应负担的费用。

分配原则：按实际单位成本同时对全部受益对象分配费用。

其分配公式为：

各受益对象应分配的辅助生产费用 = 各该受益对象的受益数量 × 实际单位成本

其中：劳务的实际单位成本列方程式求得。

方程式为：

$$\frac{\text{辅助生产车间}}{\text{直接发生的费用}}+\frac{\text{受益的}}{\text{劳务数量}}\times\frac{\text{受益劳务的}}{\text{实际单位成本}}=\frac{\text{提供的}}{\text{劳务总量}}\times\frac{\text{提供劳务的}}{\text{实际单位成本}}$$

代数分配法是所有辅助生产费用分配方法中计算结果最准确的一种，但在辅助生产车间较多的企业中，计算工作比较繁琐复杂，因此，这种方法在已经实现电算化的企业中采用比较适宜。

4. 计划成本分配法

微课 3-4

计划成本分配法

计划成本分配法是一种“先分配费用，再调整差额”的分配方法。采用计划成本分配法分配辅助生产费用，分两步处理：第一步，各辅助生产车间按计划单位成本对全部受益对象进行费用分配；第二步，计算辅助生产实际成本与计划成本之间的差异，并将差异全部记入“管理费用”账户。

分配原则：（1）按计划成本对全部受益对象分配费用；（2）结转成本差异。

其计算公式为：

各受益对象应负担的辅助生产费用 = 该受益对象的受益数量 × 单位计划成本

$$\frac{\text{辅助生产车}}{\text{间成本差异}}=\frac{\text{辅助生产车}}{\text{间发生的费用}}+\frac{\text{交互分配}}{\text{转入的费用}}-\frac{\text{按计划单位成本分}}{\text{配转出的总计划费用}}$$

$$=\text{辅助生产车间实际总成本}-\text{辅助生产车间计划总成本}$$

采用计划成本分配法，各辅助生产车间提供产品或劳务的计划单位成本是事先计算确定的，只要统计出辅助生产车间向各受益对象提供的产品或劳务数量，便可依据计划单位成本进行费用分配，而不必等到各辅助生产车间本期实际成本的计算确定，从而加快了成本计算工作。按计划成本分配辅助生产费用，排除了辅助生产实际费用对各受益对象成本的影响，便于考核和分析各受益对象成本计划的执行情况。但采用这种分配方法，各辅助生产车间提供产品或劳务确定的计划单位成本必须比较准确，否则会影响各受益对象成本的准确计算。

5. 顺序分配法

顺序分配法是一种“排列小到大，顾后不顾前”的分配方法，指各辅助生产车间之间的费用分配是按照受益多少的顺序依次排列，受益少的排在前，先将费用分配出去，受益多的排在后，后将费用分配出去。顺序分配法的辅助生产费用分配表的下线呈梯形，因而这种方法也称为梯形分配法。在上例中，供电车间受益费用较少，而运输车间受益费用较多，这就可以按照供电、运输的顺序排列，先分配供电费用，后分配运输费用。

采用这种方法，辅助生产费用既要分配给辅助生产以外的受益单位，又要分配给排列在后面的其他辅助生产车间、部门，因而增加了计算工作量，但较之交互分配法有所简化。由于是单向分配，即排列在前面的辅助生产车间不负担排列在后面的辅助生产车间的费用，因而，分配的结果不够准确。这种方法只适用于各辅助生产车间之间相互受益程度有着明显顺序的企业。

二、任务导学

（一）直接分配法的应用

【工作实例3-2】接【工作实例3-1】资料，长虹电子2023年12月各辅助生产车间发生的费用为：供电车间23 000元，运输车间13 500元。其供应对象和数量的有关资料见表3-3。

表3-3　辅助生产车间劳务量一览表

供应对象	供电车间（度）	运输车间（吨千米）
供电车间		600
运输车间	500	
基本生产车间：		
A产品耗用	16 000	3 000
车间一般耗用	4 000	1 000
行政管理部门	3 000	1 400
合　　计	23 500	6 000

要求：根据上述资料编制辅助生产费用分配表，并进行账务处理。

解析：编制直接分配法下的辅助生产费用分配表（见表3-4）。

表3-4 辅助生产费用分配表（直接分配法）

2023年12月 金额单位：元

辅助生产名称			供电	运输	合计
待分配费用			23 000	13 500	36 500
辅助生产车间以外受益对象的劳务总量			23 000	5 400	
费用分配率			1	2.5	
基本生产车间耗用	A产品耗用	数量	16 000	3 000	
		金额	16 000	7 500	23 500
	车间一般耗用	数量	4 000	1 000	
		金额	4 000	2 500	6 500
行政管理部门耗用		数量	3 000	1 400	
		金额	3 000	3 500	6 500
分配总额合计			23 000	13 500	36 500

根据辅助生产费用分配表，编制会计分录如下：

借：基本生产成本——A产品 23 500

　　制造费用 6 500

　　管理费用 6 500

　　贷：辅助生产成本——供电车间 23 000

　　　　　　　　　——运输车间 13 500

（二）交互分配法的应用

【工作实例3-3】根据【工作实例3-2】资料，按交互分配法分配辅助生产费用，见表3-5。

表3-5 辅助生产费用分配表（交互分配法）

2023年12月 金额单位：元

项　目			交互分配			对外分配		
辅助生产车间名称			供电车间	运输车间	合计	供电车间	运输车间	合计
待分配费用			23 000	13 500	36 500	23 860.65	12 639.35	36 500
劳务数量			23 500	6 000		23 000	5 400	
费用分配率			0.978 7	2.25		1.0374	2.3406	
辅助生产车间耗用	供电车间	数量		600				
		金额		1 350	1 350			1 350
	运输车间	数量	500					
		金额	489.35		489.35			1 840
基本生产车间耗用	A产品耗用	数量				16 000	3 000	
		金额				16 598.40	7 021.80	23 620.20
	一般耗用	数量				4 000	1 000	
		金额				4 149.60	2 340.60	6 490.20
行政管理部门耗用		数量				3 000	1 400	
		金额				3 112.65*	3 276.95*	6 389.60
分配金额合计						23 860.65	12 639.35	36 500

*计算结果尾差进行调整。

要求：根据上述资料分配辅助生产费用，并编制会计分录。

解析：在辅助生产费用分配表中，对外分配的待分配费用计算结果如下：

供电车间：23 000 − 489.35 + 1 350 = 23 860.65（元）

运输车间：13 500 − 1 350 + 489.35 = 12 639.35（元）

对外分配的劳务数量计算结果如下：

供电车间：23 500 − 300 = 23 000（度）

运输车间：6 000 − 600 = 5 400（吨千米）

根据辅助生产费用分配表，编制会计分录如下：

（1）交互分配的会计分录：

借：辅助生产成本——供电车间　　1 350
　　　　　　　　——运输车间　　489.35
　贷：辅助生产成本——运输车间　　1 350
　　　　　　　　　——供电车间　　489.35

（2）对外分配的会计分录：

借：基本生产成本——A产品　　23 620.20
　　制造费用　　6 490.20
　　管理费用　　6 389.60
　贷：辅助生产成本——供电车间　　23 860.65
　　　　　　　　　——运输车间　　12 639.35

（三）代数分配法的应用

【工作实例3-4】沿用【工作实例3-2】的资料，按代数分配法分配辅助生产费用。假定供电车间每度电的实际单位成本为x，运输车间每吨千米的实际单位成本为y，则可联立下列二元一次方程组：

$$\begin{cases} 23\,000 + 600y = 23\,500x \\ 13\,500 + 500x = 6\,000y \end{cases}$$

解之得：

$$\begin{cases} x \approx 1.0384 \\ y \approx 2.3365 \end{cases}$$

编制辅助生产费用分配表（见表3-6）。

表3-6　辅助生产费用分配表（代数分配法）

2023年12月　　金额单位：元

项目			供电	运输	合　计
待分配费用			23 000	13 500	36 500
劳务数量			23 500	6 000	
实际单位成本			1.038 4	2.336 5	
辅助生产车间耗用	供电车间	数量		600	
		金额		1 401.90	1 401.90
	运输车间	数量	500		
		金额	519.20		519.20

续表

项目			供电	运输	合　计
基本生产车间耗用	A产品耗用	数量	16 000	3 000	
		金额	16 614.40	7 009.50	23 623.90
	车间一般耗用	数量	4 000	1 000	
		金额	4 153.60	2 336.50	6 490.10
行政管理部门耗用		数量	3 000	1 400	
		金额	3 114.70*	3 271.30*	6 386.00
分配金额合计			24 401.90	14 019.20	38 421.10

*尾差计入管理费用项目。

行政管理部门应分配的供电费用 = 23 000 + 1 401.90 − 519.20 − 16 614.40 − 4 153.60
= 3 114.70（元）

行政管理部门应分配的运输费用 = 13 500 + 519.20 − 1 401.90 − 7 009.50 − 2 336.50
= 3 271.30（元）

根据辅助生产费用分配表，编制会计分录如下：

借：辅助生产成本——供电车间　　1 401.90
　　　　　　　——运输车间　　519.20
　基本生产成本——A产品　　23 623.90
　制造费用　　6 490.10
　管理费用　　6 386.00
　贷：辅助生产成本——供电车间　　24 401.90
　　　　　　　　——运输车间　　14 019.20

（四）计划成本分配法的应用

【工作实例3-5】根据【工作实例3-2】的资料，假设供电车间和运输车间的计划单位成本分别为1元/度电和2.55元/吨千米。按计划成本分配法分配辅助生产费用（见表3-7）。

表3-7　辅助生产费用分配表（计划成本分配法）

2023年12月　金额单位：元

项　目		供电		运输		合　计
		数量	金额	数量	金额	
待分配的费用和数量		23 500	23 000	6 000	13 500	36 500
计划单位成本			1		2.55	
辅助生产车间	供电车间			600	1 530	1 530
	运输车间	500	500			500
基本生产车间	A产品耗用	16 000	16 000	3 000	7 650	23 650
	车间一般耗用	4 000	4 000	1 000	2 550	6 550
行政管理部门		3 000	3 000	1 400	3 570	6 570
按计划单位成本分配合计		23 500		15 300		38 800
辅助生产实际成本		24 530		14 000		38 530
成本差异		1 030		− 1 300		− 270

注：在辅助生产费用分配表中，辅助生产实际成本的计算过程为：

供电车间实际成本：23 000 + 1 530 = 24 530（元）

运输车间实际成本：13 500 + 500 = 14 000（元）

辅助生产成本差异的计算过程为：

供电车间成本差异：24 530 − 23 500 = 1 030（元）

运输车间成本差异：14 000 − 15 300 =− 1 300（元）

根据辅助生产费用分配表，编制会计分录如下：

（1）按计划成本分配：

借：辅助生产成本——供电车间　　1 530

　　　　　　　　——运输车间　　500

　　基本生产成本——A产品　　23 650

　　制造费用　　6 550

　　管理费用　　6 570

　　贷：辅助生产成本——供电车间　　23 500

　　　　　　　　　　——运输车间　　15 300

（2）结转成本差异：

借：管理费用　　270

　　贷：辅助生产成本——供电车间　　1 030

　　　　　　　　　　——运输车间　　1 300

（五）顺序分配法的应用

【工作实例3-6】根据【工作实例3-2】的资料，按顺序分配法分配辅助生产费用（见表3-8）。

表3-8　　辅助生产费用分配表（顺序分配法）

2023年12月　　金额单位：元

分配顺序	辅助生产车间						基本生产				行政部门		分配金额合计
	供电车间			运输车间			A产品		生产车间				
	数量	待分配费用	分配率	数量	待分配费用	分配率	数量	金额	数量	金额	数量	金额	
	6 000	13 500		23 500	23 000								36 500
分配运输费用	6 000	−13 500	2.25	600	1 350		3 000	6 750	1 000	2 250	1 400	3 150	—
	分配供电费用			23 000	−24 350	1.0587	16 000	16 939.2	4 000	4 234.8	3 000	3 176	—
				分配金额合计				23 689.2		6 484.8		6 326	36 500

（1）分配运输费用：

借：辅助生产成本——供电车间　　1 350

　　基本生产成本——A产品　　6 750

　　制造费用　　2 250

　　管理费用　　3 150

贷：辅助生产成本——运输车间 13 500

（2）分配供电费用：

借：基本生产成本——A产品 16 939.2

制造费用 4 234.8

管理费用 3 176

贷：辅助生产成本——供电车间 24 350

三、任务实施

根据学习情境3-2的资料，辅助以下资料，在老师指导下，完成下列任务：

（1）利用直接分配法分配辅助生产费用，填写表3-9。

（2）利用交互分配法分配辅助生产费用，填写表3-10。

表3-9 辅助生产费用分配表（直接分配法）

2023年12月 金额单位：元

辅助生产名称			修理	运输	合计
待分配费用					
辅助生产车间以外受益对象的劳务总量					
费用分配率					
基本生产车间耗用	产品生产耗用	数量			
		金额			
供销科		数量			
		金额			
行政管理部门耗用		数量			
		金额			
分配总额合计					

表3-10 辅助生产费用分配表（交互分配法）

2023年12月 金额单位：元

项　　目	交互分配			对外分配		
辅助生产名称	修理	运输	合计	修理	运输	合计
待分配费用						
劳务数量						
费用分配率						

续表

项　　目			交互分配			对外分配		
辅助生产名称			修理	运输	合计	修理	运输	合计
辅助生产车间耗用	修理车间	数量						
		金额						
	运输车间	数量						
		金额						
生产车间产品耗用		数量						
		金额						
供销科耗用		数量						
		金额						
行政管理部门耗用		数量						
		金额						
分配金额合计								

成本会计与中国经济

拼多多的成本管理——用更低的价格买到更好的东西

【关键词】拼多多；拼团购买；低成本；百姓获得感

拼多多是国内主流手机购物APP之一。公司于2015年9月成立，采取C2B的模式，用户可以和朋友、家人等一起用更低的价格拼团购买商品。拼多多致力于凝聚更多人的力量，用更低的价格买到更好的东西，体会更多的实惠和乐趣。通过沟通进行分享的社交理念，形成了拼多多独特的新社交电商思维。2018年，拼多多成功在美国正式上市。

（1）拼多多的资源分析

拼多多关键资源优势就是利用微信平台建立了庞大的消费群体。微信如今已成为人们社交必不可少的一个软件，是中国活跃用户最多的APP，拼多多就很好地把握了这个机会，让微信成为各商家的一个营销手段，引导买家将商品链接分享到朋友圈、微信群，一传十、十传百、得到大量的免费宣传，这不仅吸引了新顾客，还提高了销量。

（2）拼多多的产品竞争能力

拼多多一直采用低价策略来吸引消费群体，提高市场占有率。采用2~3人更加低价的拼团形式来进行营销。通过在低端消费市场站稳脚步，大量吸引新用户，拼团的主要用户群体在3线及以下城市，且女性用户占比达到70.1%，年龄都相对比较大，以30~50岁之间的用户为主，这个年龄段的女性用户面临上有老下有小的局面，对于商品的价格是最为敏感的。而拼多多的迅速崛起也是凭借了微信在所有群体都广泛使用，找到了电商在三四线及以下城市的低覆盖率的空缺，采取“农村包围城市”低价策略，高额补贴，烧钱抢市场，再拿流量去变现，提高了市场占有率和市场覆盖率。

（3）拼多多的销售策略

拼多多采用病毒营销方式，广告词为“拼多多，拼多多，我和你，拼多多，拼就要就要拼多多，每天随时随地拼多多，拼多多。”广告内容本身大量重复关键词，并且在广告词韵律上朗朗上口，会加强人们的感知，达到洗脑的魔性效果，即使没使用过拼多多的人，也多半听过这句洗脑广告词。广告达到让人群加深印象，固化拼多多产品品牌的效果。

（4）拼多多的市场决策

拼多多独创拼团购物模式，采用“社交”+“电商”形式，开辟了一条独特的市场道路，并且真正完成了农村市场边界扩充，让原来买不起的用户买得起，提供高“性价比”的“够用”的产品。2019年6月拼多多正式启动了“百亿补贴计划”，并将补贴的重点放在了数码、母婴、美妆这些客单价较高的品类，大举进攻“城市”，市场由“下沉”转为“上浮”，覆盖的用户范围更广。

资料来源：①橙汁儿．拼多多公司战略分析［EB/OL］．［2023-08-31］．https：//zhuanlan.zhihu.com/p/408731551.②蓝鲸财经．拼多多推“百亿补贴节”，覆盖家电数码等上万款商品［EB/OL］．［2023-08-31］．https：//finance.ifeng.com/c/7yghSUUpE7T.

【启示】党的二十大指出：构建优质高效的服务业新体系，推动现代服务业同先进制造业、现代农业深度融合。加快发展物联网，建设高效顺畅的流通体系，降低物流成本。拼多多利用我国现代信息技术和新社交电商思维，践行“更低的价格买到更好的东西，体会更多的实惠和乐趣”的经营理念和创新的营销策略，将现代服务业和现代农业深度融合，提高了商品的销售量，促进农民丰产增收，满足广大城乡消费者的生产生活需求，增强百姓获得感和幸福感。

习题与实训

一、单项选择题

1.辅助生产车间发生的费用，应按（　　）进行归集。

A.辅助生产车间　　B.辅助生产的成本项目

C.全部辅助生产成本车间汇总　　D.辅助生产与基本生产车间汇总

2.下列方法中，不属于辅助生产费用分配方法的有（　　）。

A.直接分配法　　B.约当产量法

C.顺序分配法　　D.一次交互分配法

3.辅助生产车间为产品生产而完工的模具在入库时，应借记的会计账户是（　　）。

A.基本生产成本　　B.辅助生产成本　　C.原材料　　D.周转材料

4.“辅助生产成本”账户月末（　　）。

A.一定有余额　　B.如果有余额，余额一定在借方

C.如果有余额，余额一定在贷方　　D.可能有借方余额，也可能有贷方余额

5.直接分配法的特点是将辅助生产费用（　　）。

A. 直接计入辅助生产提供的劳务成本
B. 直接分配给所有受益的车间、部门
C. 直接记入“辅助生产成本”账户
D. 直接分配给辅助生产以外的各受益单位

6. 采用辅助生产费用分配的交互分配法，对外分配的费用总额是（　　）。
A. 交互分配前的费用
B. 交互分配前的费用加上交互分配转入的费用
C. 交互分配前的费用减去交互分配转出的费用
D. 交互分配前的费用加上交互分配转入的费用减去交互分配转出的费用

7. 采用计划成本分配法，辅助车间实际发生的费用应该是（　　）。
A. 该车间待分配费用减去分配转出的费用
B. 该车间待分配费用加上分配转入的费用
C. 该车间待分配费用加上分配转入的费用，减去分配转出的费用
D. 该车间待分配费用加上分配转出的费用，减去分配转入的费用

8. 采用计划成本分配法，为了简化辅助生产费用的分配，辅助生产成本计划成本与实际成本差异一般全部记入（　　）账户。
A. “基本生产成本”　　B. “辅助生产成本”
C. “制造费用”　　D. “管理费用”

9. 在各辅助生产车间相互提供劳务很少的情况下，适宜采用的辅助生产费用分配方法是（　　）。
A. 直接分配法　　B. 交互分配法
C. 计划成本分配法　　D. 代数分配法

10. 分配辅助生产成本时，分配结果最准确的方法是（　　）。
A. 直接分配法　　B. 交互分配法
C. 代数分配法　　D. 计划成本分配法

11. 在下列辅助生产费用的分配方法中，最为简便的是（　　）。
A. 直接分配法　　B. 顺序分配法
C. 交互分配法　　D. 计划成本分配法

12. 辅助生产费用分配的一次交互分配法是在（　　）。
A. 辅助生产车间以外的受益单位之间进行分配
B. 各受益单位之间进行分配
C. 各受益的基本生产车间之间进行分配
D. 各受益的辅助生产车间之间进行分配

13. 辅助生产费用的顺序分配法，基本要求是（　　）。
A. 受益少的分配在前，受益多的分配在后
B. 费用少的分配在前，费用多的分配在后
C. 受益多的分配在前，受益少的分配在后
D. 费用多的分配在前，费用少的分配在后

14. 辅助生产费用的各种分配方法中，便于考核和分析各受益单位的成本，有利于分

清企业内部各单位的经济责任的是（ ）。

A.直接分配法　　B.交互分配法

C.代数分配法　　D.计划成本分配法

15.采用一次交互分配法，各种辅助生产费用（ ）。

A.都要计算一个费用分配率　　B.都要计算两个费用分配率

C.不需要计算费用分配率　　D.费用分配率的计算视情况而定

二、多项选择题

1.企业进行辅助生产费用分配时，可能借记的会计账户有（ ）。

A.“基本生产成本”账户　　B.“辅助生产成本”账户

C.“制造费用”账户　　D.“管理费用”账户

2.下列方法中，不属于辅助生产费用分配方法的有（ ）。

A.直接分配法　　B.约当产量法

C.分步法　　D.计划成本分配法

3.下列条件中，属于辅助生产车间的制造费用可以直接记入“辅助生产成本”账户的条件的有（ ）。

A.制造费用较少　　B.辅助生产车间规模很小

C.辅助生产车间数量很少　　D.辅助生产车间不对外单位提供产品或劳务

4.辅助生产费用分配的一次交互分配法，具有下列特点（ ）。

A.核算工作十分简便　　B.核算工作量大

C.核算结果较正确　　D.需要计算2个费用分配率

5.采用代数分配法分配辅助生产费用，（ ）。

A.能够提供准确的分配计算结果　　B.能够简化费用的分配计算工作

C.便于分析考核各受益单位的成本　　D.适用于实行电算化的企业

6.下列费用在发生时，可以记入“辅助生产成本”账户的有（ ）。

A.辅助生产车间领用的材料　　B.辅助生产车间发生的办公费

C.辅助生产车间发生的维修费　　D.辅助生产车间发生的业务招待费

7.采用顺序分配法分配辅助生产费用时，辅助生产应该（ ）。

A.按车间规模大小顺序排列　　B.按车间受益多少顺序排列

C.按车间规模大小或受益多少顺序排列　　D.受益少的车间先将费用分配出去

8.辅助生产费用分配的直接分配法，具有下列特点（ ）。

A.核算工作简便　　B.核算工作量最大

C.核算结果最准确　　D.是辅助生产费用分配最基本的分配方法

9.在辅助生产费用分配方法中，考虑了辅助生产单位之间交互分配费用的方法有（ ）。

A.直接分配法　　B.一次交互分配法

C.代数分配法　　D.计划成本分配法

10.采用直接分配法分配辅助生产费用时，分配结转辅助生产费用的会计分录中对应的借方账户主要有（ ）。

A.基本生产成本　　B.辅助生产成本

C.制造费用　　　　　　　　　　D.管理费用

三、判断题

1.直接分配法也需要考虑各辅助生产车间相互提供产品或劳务的情况。（　）

2.如果辅助生产车间不生产产品仅提供劳务，则本期发生的费用应于期末全部分配转出。（　）

3.采用计划成本分配法分配辅助生产费用，辅助生产的成本差异可全部记入“管理费用”账户。（　）

4.采用直接分配法分配辅助生产费用，就是“只对外不对内”。（　）

5.顺序分配法也被称为阶梯分配法，在该分配方法下，各辅助生产车间按照相互之间提供劳务受益额的多少进行排序。（　）

6.代数分配法是指运用多元一次方程组分配辅助生产费用的方法。（　）

7.在辅助生产费用分配方法中，计算结果最准确的方法是交互分配法。（　）

8.在企业只有一个辅助生产车间的情况下，才能采用辅助生产费用分配的直接分配法。（　）

9.辅助生产车间提供的产品或劳务，都是为基本生产服务的。（　）

10.采用计划成本分配法分配辅助生产费用，不必在辅助生产车间之间进行交互分配。（　）

11.辅助生产费用的交互分配法核算简便，有利于考核辅助生产费用计划的完成情况。（　）

12.采用计划成本分配法分配辅助生产费用时，发生的成本差异应等于本期分配前的实际成本减去分配出去的计划成本的差额。（　）

四、实训题

实训一

目的：实训辅助生产费用的归集和分配。

资料：宏远制造有限公司设有供电和机修两个辅助生产车间，主要为基本生产车间（机械加工车间、冲床车间）和行政管理等部门提供服务。

供电和修理两个辅助生产车间发生的制造费用不通过“制造费用”账户核算。2023年6月发生生产费用如下：

（1）根据“原材料费用分配表”，供电车间分配原材料费用4 500元，机修车间分配原材料费用3 800元。

（2）根据“外购动力费用分配表”，本月应付外购动力费用16 800元，其中供电车间应分配8 800元，机修车间应分配8 000元。

（3）根据“职工薪酬分配表”，供电车间生产工人工资为57 000元，机修车间生产工人工资为43 000元。

（4）根据“折旧费用分配表”，供电车间本月应提取折旧费8 550元，机修车间应提取折旧费6 750元。

（5）本月用银行存款支付其他费用如下：供电车间办公费3 850元、劳动保护费3 000元、其他费用2 300元；机修车间办公费1 750元、劳动保护费1 400元、其他费用1 520元。

（6）各辅助生产车间提供的劳务及受益对象见表3-11。

表3-11 各辅助生产车间提供的劳务及受益对象情况

受益对象	供电车间（度）	机修车间（小时）
供电车间		200
机修车间	15 000	
基本生产车间——甲产品	65 000	
基本生产车间——乙产品	55 000	
基本生产车间——一般耗用	26 000	1 600
行政管理部门	6 000	320
销售部门	8 000	280
合　计	175 000	2 400

要求：

（1）根据以上资料，逐题编制记账凭证。

（2）登记辅助生产成本明细账（见表3-12和表3-13）。

表3-12 辅助生产成本明细账

车间：供电车间　　年　　月　　单位：元

年		凭证字号	摘　要	材料费	燃料和动力	职工薪酬	折旧费	其他费	合计
月	日								
			领料费用						
			外购动力费用						
			职工薪酬						
			折旧费						
			其他费用						
			本月合计						

表3-13 辅助生产成本明细账

车间：机修车间　　年　　月　　单位：元

年		凭证字号	摘　要	材料费	燃料和动力	职工薪酬	折旧费	其他费	合计
月	日								
			领料费用						
			外购动力费用						
			职工薪酬						
			折旧费						
			其他费用						
			本月合计						

(3) 采用直接分配法，分配辅助生产费用，登记辅助生产费用分配表（见表3-14）。

表3-14 辅助生产费用分配表（直接分配法）

年 月 金额单位：元

辅助生产车间名称			供电车间	机修车间	合 计
待分配费用					
劳务数量					
费用分配率					
基本生产车间	甲产品	数量			
		金额			
	乙产品	数量			
		金额			
	一般耗用	数量			
		金额			
行政管理部门耗用		数量			
		金额			
销售部门耗用		数量			
		金额			
分配金额合计					

(4) 编制辅助生产费用分配的会计分录。

实训二

目的：实训辅助生产费用分配方法的运用。

资料：华东远航设备制造有限公司设有供汽、供电两个辅助生产车间，主要为基本生产车间和行政管理部门服务。根据辅助生产成本明细账资料，2023年6月供汽车间发生费用21 600元，供电车间发生费用176 800元。该企业辅助生产车间的制造费用不通过"制造费用"账户核算，各辅助生产车间提供劳务数量见表3-15。

表3-15 辅助生产车间劳务供应汇总表

受益单位	供汽数量（立方米）	供电数量（度）
辅助生产车间：		
其中：供汽车间		10 000
供电车间	1 000	
基本生产车间：		
其中：甲产品	2 800	75 000
乙产品	3 000	55 000
一般耗用	600	22 000
行政管理部门	1 600	8 000
合 计	9 000	170 000

要求：

（1）用直接分配法分配辅助生产费用（见表3-16），并编制有关会计分录。

表3-16 辅助生产费用分配表（直接分配法）

年 月 金额单位：元

辅助生产车间名称			供汽	供电	合计
待分配费用					
辅助生产车间以外受益对象的劳务总量					
费用分配率					
基本生产车间耗用	甲产品耗用	数量			
		金额			
	乙产品耗用	数量			
		金额			
	车间一般耗用	数量			
		金额			
行政管理部门耗用		数量			
		金额			
分配金额合计					

（2）用一次交互分配法分配辅助生产费用（见表3-17），并编制有关会计分录。

表3-17 辅助生产费用分配表（一次交互分配法）

年 月 金额单位：元

项　目			交互分配			对外分配		
辅助生产车间名称			供汽	供电	合计	供汽	供电	合计
待分配费用								
劳务数量								
费用分配率								
辅助生产车间耗用	供汽车间	数量						
		金额						
	供电车间	数量						
		金额						
	小 计							
基本生产车间耗用	甲产品	数量						
		金额						
	乙产品	数量						
		金额						
	一般耗用	数量						
		金额						
行政管理部门耗用		数量						
		金额						
分配金额合计								

（3）用计划成本分配法分配辅助生产费用（见表3-18），并编制有关会计分录。已知：每吨蒸汽计划成本3.6元，每度电计划成本1元。

表3-18　　　　　　辅助生产费用分配表（计划成本分配法）

年　月　　　　　　　　　　　　金额单位：元

项　目		供汽车间		供电车间		合　计
		数量	金额	数量	金额	
待分配的费用和数量						
计划单位成本						
辅助生产车间	供汽车间					
	供电车间					
基本生产车间	甲产品耗用					
	乙产品耗用					
	车间一般耗用					
行政管理部门						
按计划单位成本分配合计						
辅助生产实际成本						
成本差异						

能力测评

在专业能力测评表内打“√”，A掌握，B基本掌握，C未掌握。

业务能力	评价指标	自测结果	要求
辅助生产费用的归集	1.账户体系设置	□A　□B　□C	思路清晰 表述准确 登记规范
	2.核算程序	□A　□B　□C	
	3.多栏式账户登记规范	□A　□B　□C	
直接分配法	1.理解分配特点	□A　□B　□C	思路清晰 结果准确
	2.分配计算准确	□A　□B　□C	
交互分配法	1.理解分配特点	□A　□B　□C	理解记忆 计算准确
	2.分配计算准确	□A　□B　□C	
	3.熟悉会计账务处理	□A　□B　□C	

续表

业务能力	评价指标	自测结果	要求
代数分配法	1.理解分配特点	□A □B □C	理解记忆 计算准确
	2.分配计算准确	□A □B □C	
	3.熟悉会计账务处理	□A □B □C	
计划成本 分配法	1.理解分配特点	□A □B □C	理解记忆 计算准确
	2.分配计算准确	□A □B □C	
	3.熟悉会计账务处理	□A □B □C	
顺序分配法	1.理解分配特点	□A □B □C	理解记忆 计算准确
	2.分配计算准确	□A □B □C	
	3.熟悉会计账务处理	□A □B □C	
教师评语：			
成绩：		教师签字：	

项目四

制造费用的核算

职业能力目标

1. 知识目标

（1）了解制造费用的概念及核算内容；

（2）熟悉制造费用的分配标准及分配程序。

2. 能力目标

（1）能区别制造费用与管理费用、销售费用的核算内容；

（2）能够设置制造费用明细账，正确归集会计期间发生的制造费用总额；

（3）能够针对不同生产车间选择恰当的制造费用分配方法；

（4）能够熟练运用制造费用分配方法进行制造费用的分配，提供成本核算信息。

3. 素养目标

（1）通过不同分配标准的采用，养成费用分配的逻辑思维；

（2）通过不同分配方法的运用，树立成本管理意识，提供准确的成本管理信息。

4. 思政元素

（1）精益求精的工匠精神；

（2）管理者使命与职业操守。

典型工作任务

1. 制造费用的归集；

2. 制造费用的分配。

任务一　制造费用的归集

学习情境4-1

小王是某财经大学会计专业的优秀毕业生，在企业做会计工作多年，有一定的工作经验。最近，他应聘到新风有限责任公司（以下简称新风公司），专门负责组织和开展成本会计工作。新风公司是一家刚刚筹建完成的中型企业，主要生产A、B两种产品。该公司的组织机构主要分三大部分：第一部分为公司的行政管理部门（又称企管部门），负责整个公司的经营管理工作；第二部分为生产部门，负责完成公司的生产任务；第三部分为公司销售部门，负责公司的产品销售业务。

公司的生产部门设有一个基本生产车间和两个辅助生产车间和部门。基本生产车间对外购的原材料和零部件进行加工、装配、组装。两个辅助生产车间和部门是供汽车间和运输部门，供汽车间从事蒸汽生产，以满足公司内部各车间、部门对动力和采暖的需要；运输部门负责提供运输劳务，满足公司内部各车间、部门运输的需要。

由于刚刚筹建完成，公司的成本核算工作需要逐步建立完善。小王负责对公司的成本进行核算。他根据公司组织机构的具体设置，依据各车间、部门发生综合辅助基础任务和要素费用核算岗位，根据各车间、部门费用发生的实际情况，结合公司管理的具体要求，需要解决基本生产车间发生的、在基本生产成本明细账中未专设成本项目的各项生产费用，应如何计入产品成本的问题。

比如当月，新风公司的基本生产车间发生机物料消耗2 350元，车间管理人员薪酬25 380元，折旧费42 000元，一般耗材费800元，保险费180元，低值易耗品摊销1 320元，水电费1 280元，劳动保护费3 070元，差旅费2 610元，办公费2 010元，共计81 000元。那么：如何对基本生产车间发生的上述费用进行归集？

经过深思熟虑，小王感到要解决这些问题，必须设置相应的会计岗位，配备相应的会计人员来进行核算。

请问：如果你是这些岗位配备的会计人员，将如何进行相应的会计核算呢？

任务导入

工作任务	技能要点及任务成果	重要知识点	学时
阅读学习情境4-1的资料，思考如何对新风企业生产过程中各类型的制造费用进行归集	1.熟悉制造费用的核算内容 2.掌握制造费用的账户设置及账户登记 3.掌握制造费用分配方法的具体运用	1.制造费用的内容 2.制造费用的归集 3.制造费用的分配	2

任务学习

一、知识准备

（一）制造费用的含义和特点

制造费用是企业生产车间（部门）为生产产品和提供劳务而发生的各项间接费用，包括各个生产车间发生的机物料消耗，生产车间（部门）管理人员的工资、福利费、社会保险费等职工薪酬，车间管理用房屋和设备的折旧费、租赁费和保险费，车间管理工具摊销，车间管理用的照明费、水费、取暖费、劳动保护费、设计制图费、试验检验费、差旅费、办公费以及季节性及修理期间的停工损失等。为了减少费用项目，简化核算工作，可将性质相同的费用合并设立相应的费用项目，也可根据费用比重大小和管理上的要求另行设立制造费用项目。但是，为了使各期成本、费用资料可比，制造费用项目一经确定，不应随意变更。

制造费用属于应计入产品成本但不专设成本项目的各项成本，一般是间接计入成本。当制造费用发生时，如果无法直接判定它所归属的成本计算对象，就不能直接计入所生产的产品成本中去，而必须按费用发生的生产车间、部门和费用项目先进行归集，月末再采用一定的方法在各成本计算对象之间进行分配，计入各成本计算对象的成本中。因此，正确归集和分配制造费用，对于产品成本计算及成本管理和控制具有非常重要的意义。

（二）制造费用的内容

制造费用包括的内容很多，具体包括：

（1）间接用于产品生产的费用。

例如机物料消耗，生产车间用房屋、建筑物的折旧费保险费或租赁费，车间生产用的照明费、取暖费、降温费、运输费、劳动保护费以及季节性及修理期间的停工损失等。

（2）直接用于产品生产，但管理上不要求或核算上不便于单独核算，因而未专设成本项目的费用。

如生产用机器设备的折旧费、保险费或租赁费，生产用低值易耗品的摊销设计制图费和试验检验费等。生产工艺用动力如果没有专设成本项目，也列入制造费用。

（3）生产部门用于组织和管理生产而发生的费用。

如生产部门管理人员的职工薪酬，生产部门管理用房屋及设备的折旧费、保险费或租赁费，生产部门管理用具摊销，以及生产管理部门的照明费、取暖费、差旅费和办公费等。

因为制造费用大多与产品的生产工艺没有直接联系，而且一般间接计入费用，当制造费用发生时一般无法直接判定它所归属的成本计算对象，因而不能直接计入所生产的产品成本中去，而须按费用发生的地点先行归集，月终时再采用一定的方法在各成本计算对象间进行分配，计入各成本计算对象的成本中。

（三）制造费用归集

微课4-1

制造费用的归集

制造费用的归集是通过设置“制造费用”账户进行的，该账户借方登记实际发生的各项制造费用，贷方登记期末分配计入各种产品成本的制造费用，除季节性生产的企业以外，该账户期末无余额。

“制造费用”账户按不同的生产单位设立明细账户，账内按照费用项目设立专栏。制造费用明细项目一般包括：机物料消耗、职工薪酬、折旧费、租赁费、差旅费、办公费、在产品盘亏、毁损，以及季节性及修理期间停工损失等。

生产车间发生的生产费用，属于基本生产车间发生的，月末分配记入“制造费用”账户；应由辅助生产车间负担的，分配记入“辅助生产成本”账户。

二、任务导学

【工作实例4-1】在制造费用发生时，应根据有关的凭证、费用分配表，借记“制造费用”账户，贷记有关账户。

2023年6月企业第一生产车间发生如下经济业务：

（1）10日，第一生产车间为机器领用机物料800元。

（2）15日，以银行存款支付第一生产车间办公费用1 500元。

（3）30日，第一生产车间主任报销水电费1 200元。

（4）30日，根据工资费用分配表计算第一生产车间管理人员工资为4 000元。

（5）30日，计提第一生产车间管理人员的社会保险费500元。

（6）30日，计提第一生产车间机器设备、房屋的折旧费3 000元。

（7）30日，以银行存款支付由第一生产车间承担的财产保险费1 000元。

要求：编制不同费用发生时的相关会计分录。

解析：

（1）借：制造费用——第一生产车间（机物料消耗）　800
　　　贷：原材料——机物料　800

（2）借：制造费用——第一生产车间（办公费）　1 500
　　　贷：银行存款　1 500

（3）借：制造费用——第一生产车间（水电费）　1 200
　　　贷：其他应收款——车间主任　1 200

（4）借：制造费用——第一生产车间（职工薪酬）　4 000
　　　贷：应付职工薪酬——工资　4 000

（5）借：制造费用——第一生产车间（职工薪酬）　500
　　　贷：应付职工薪酬——社会保险费　500

（6）借：制造费用——第一生产车间（折旧费）　3 000
　　　贷：累计折旧　3 000

（7）借：制造费用——第一生产车间（财产保险费）　1 000
　　　贷：银行存款　1 000

【工作实例4-2】根据【工作实例4-1】的会计分录进行“制造费用”明细账登记（见表4-1）。

表4-1　制造费用明细账

生产车间：第一车间　2023年6月30日　单位：元

2023年		凭证		摘要	机物料	办公费	水电费	职工薪酬	折旧费	保险费	其他	合计
月	日	字	号									
6	10			领用材料	800							
6	15			支付办公费		1 500						
6	30			报销水电费			1 200					
6	30			支付工资				4 000				
6	30			计提社保费				500				
6	30			计提折旧费					3 000			
6	30			支付财产保险费						1 000		
6	30			本月合计	800	1 500	1 200	4 500	3 000	1 000		12 000
6	30			月末结转	800	1 500	1 200	4 500	3 000	1 000		12 000

三、任务实施

根据学习情境4–1的资料，在老师指导下，完成制造费用明细账的填列（见表4–2）。

表4–2　　制造费用明细账

生产车间：基本生产车间　　2023年6月30日　　单位：元

2023年		凭证		摘　要	机物料	办公费	水电费	职工薪酬	折旧费	保险费	其他	合计
月	日	字	号									

任务二　制造费用的分配

学习情境4-2

引用学习情境4–1的相关资料。新风公司本月基本生产车间生产A、B两种产品发生的生产工时分别为14 500小时和12 500小时。请问：小王如何对基本生产车间归集的上述费用进行分配？

任务导入

工作任务	技能要点及任务成果	重要知识点	学时
阅读学习情境4-2的资料，完成A、B两种产品的制造费用分配	1.掌握制造费用分配标准的内容 2.掌握分配标准的选择方法 3.培养学生掌握生产工人工时比例法、生产工人工资比例法、机器工时比例法的逻辑思路及计算方法的能力 4.熟练掌握年度计划分配率分配法	1.运用生产工人工时比例分配法进行制造费用的分配 2.运用生产工人工资比例分配法进行制造费用的分配 3.运用机器工时比例分配法进行制造费用的分配 4.运用年度计划分配率分配法进行制造费用的分配	3

任务学习

一、知识准备

（一）制造费用的分配标准

微课4-2

制造费用的分配（一）

如果某基本生产车间只生产一种产品或只提供一种劳务，那么该生产车间归集的制造费用全部由该产品或劳务负担，计入该产品或劳务的成本。

如果某基本生产车间生产多种产品或提供多种劳务，归集的制造费用就应采用适当的分配方法分配给本车间生产的各种产品或劳务。

由于各基本生产车间制造费用水平不同，所以制造费用应该按照各车间分别进行分配，而不得将各车间的制造费用统一起来在整个企业范围内进行分配，也就是说制造费用的分配一般应按生产车间或部门进行。制造业企业可以根据自身经营管理特点和条件，利用现代信息技术，采用作业成本法对不能直接归属于成本核算对象的成本进行归集和核算。

制造费用分配的关键是要选择合适的分配标准。一般情况下，应选择与制造费用有密切的关系，资料比较容易取得，易于正确计量的分配标准。企业应根据各生产车间和分厂组织和管理生产活动的特点、性质，选择合理的分配标准和恰当的分配方法。

制造费用分配标准的选择应遵循以下原则：

（1）相关性原则，即被选择的分配标准应该是各分配对象所共同相关的主要因素，以便各分配对象都能分配到这种费用，以免发生遗漏现象。

（2）受益原则，被选择的分配标准应当与被分配的费用之间存在因果关系。即发生的制造费用，谁受益谁负担，多受益多负担，少受益少负担。这样可以使费用在各受益对象之间得到合理的分配。

（3）相对稳定性原则，由于制造费用是一种混合费用，任何一种分配标准都不可能与制造费用保持正比例或反比例关系，所以任何分配标准的选择都具有主观随意性，选择不同的分配标准将产生不同的分配结果，因此，分配标准一经选用，不得随意变更，以便同各期成本进行比较。

（二）制造费用的分配方法

在生产一种产品的车间、部门中，发生的制造费用应直接计入该种产品的成本。在生产多种产品的车间、部门中，发生的制造费用则属于间接计入费用，应采用适当的分配方法，分配计入各产品生产成本中。

分配的计算公式为：

某种产品应分配的制造费用 = 该种产品所用分配标准 × 制造费用分配率

分配制造费用，需要选择一定的标准进行，常用的标准有生产工人工时、生产工人工资、机器工时和年度计划分配率等。由此产生了生产工人工时比例法、生产工人工资比例法、机器工时比例法和按年度计划分配率分配法等制造费用的分配方法。分配方法一经确定，不宜任意变更。

1. 生产工人工时比例分配法

生产工人工时比例分配法，是按照各种产品所用生产工人实际工时的比例分配费用的方法。这里的生产工时一般是实际工时，也可以是定额工时。其计算公式为：

制造费用分配率 = 制造费用总额 ÷ 生产工时总数

某产品应负担的制造费用 = 该产品的生产工时数 × 制造费用分配率

按生产工时比例分配制造费用，能将劳动生产率与产品负担的制造费用结合起来，使分配结果比较合理。如果劳动生产率提高，则单位产品生产工时减少，所负担的制造费用也就降低，因此，它是一种较好的分配方法，在实际工作中应用得也较多。

2. 生产工人工资比例分配法

生产工人工资比例分配法，是按照计入各种产品成本的生产工人实际工资的比例分配制造费用的方法。其计算公式是：

制造费用分配率 = 制造费用总额 ÷ 生产工人工资总额

某产品应负担的制造费用 = 该产品的生产工人工资 × 制造费用分配率

由于生产工人工资的资料在工资费用分配表中是现成的，因而采用这种方法，核算工作很简便。但采用这种方法，各种产品生产的机械化程度应该相差不多，否则，机械化程度高的产品，由于工资费用少，分配负担的制造费用也少，就会影响费用分配的合理性。如果生产工人工资是按照生产工时比例分配计入各种产品成本的，那么，按照生产工人工资比例分配制造费用，实际上也就是按照生产工时比例分配制造费用。

采用以上两种方法能使劳动生产率与产品负担的费用水平联系起来，合理地反映了劳动生产率与产品成本的关系。但是机器设备使用与修理费在制造费用中占有较大比重，如果车间各种产品生产的机械化程度不同，用生产工时分配制造费用，会使机械化程度较低的产品负担了较多的设备使用与维护费用，这是不合理的。

3. 机器工时比例分配法

机器工时比例分配法是按照各种产品生产所用机器设备运转时间（工作时间）的比例分配制造费用的一种方法。其计算公式为：

制造费用分配率 = 制造费用总额 ÷ 机器工时总数

某产品应负担的制造费用 = 该产品的机器工时 × 制造费用分配率

这种方法适用于产品生产的机械化程度较高的生产单位。因为在这种生产单位的制造费用中，与机械设备使用有关的费用比重较大，而这一部分费用与机械设备运转的时间有密切的关系。采用这种方法必须具备各种产品所用机器工时的原始记录。

4. 年度计划分配率分配法

微课4-3　制造费用的分配（二）

年度计划分配率分配法是按照年度开始前确定的全年适用的计划分配率分配制造费用的一种方法。假定以定额工时为分配标准，其计算公式为：

$$\text{年度计划分配率} = \text{年度制造费用计划总额} \div \text{年度各种产品计划产量的定额工时总数}$$

$$\text{某月某种产品应分摊的制造费用} = \text{该月该产品实际产量的定额工时数} \times \text{年度计划分配率}$$

采用年度计划分配率分配法分配，“制造费用”账户月末一般都有余额，并且可能出现贷方余额。年度计划分配率分配法比较简便，特别适用于季节性的生产企业，可以使企业旺季与淡季的制造费用比较均衡地计入产品生产成本，避免受到生产季节影响。

【小思考4-1】比较上述4种分配方法，它们各适用于什么类型的生产企业？请结合现实中的企业进行分析。

二、任务导学

（一）生产工人工时比例分配法

【工作实例4-3】根据“制造费用”明细账，发生额共计66 000元。按甲、乙两种产品生产工时的比例分配计入各种产品的成本，甲、乙产品的生产工时分别为10 000工时和20 000工时，编制“基本生产车间制造费用分配表”（见表4-3），并做出会计分录。

表4-3　制造费用分配表

生产车间：基本生产车间　　2023年8月　　金额单位：元

产品名称	生产工时（小时）	分配率	分配额
甲产品	10 000		22 000
乙产品	20 000	2.2	44 000
合计	30 000		66 000

会计分录：

借：基本生产成本——A产品　　22 000

　　　　　　　　——B产品　　44 000

　贷：制造费用　　66 000

（二）年度计划分配率分配法

【工作实例4-4】基本生产车间全年制造费用计划发生额为400 000元；全年各种产品的计划产量为：甲产品2 500件，乙产品1 000件。单件产品工时定额为：甲产品6小时，乙产品5小时。本月实际产量为：甲产品200件，乙产品80件；本月实际发生制造费用33 000元。

计算过程：

甲产品年度计划产量的定额工时 = 2 500 × 6 = 15 000（小时）

乙产品年度计划产量的定额工时 = 1 000 × 5 = 5 000（小时）

年度计划分配率 = 400 000 ÷（15 000 + 5 000）= 20

本月甲产品实际产量的定额工时 = 200 × 6 = 1 200（小时）

本月乙产品实际产量的定额工时 = 80 × 5 = 400（小时）

本月甲产品应分配的制造费用 = 1 200 × 20 = 24 000（元）

本月乙产品应分配的制造费用 = 400 × 20 = 8 000（元）

会计分录：

借：基本生产成本——甲产品　　24 000
　　　　　　　　——乙产品　　8 000
　贷：制造费用　　32 000

采用年度计划分配率分配法，不管各月实际发生的制造费用是多少，每月各种产品中的制造费用都按年度计划分配率分配。如果年度内发现全年的制造费用实际数和用产品的实际产量与计划分配率计算的分配数之间存在差额，一般就在年末调整计入12月份的产品成本中，借记“基本生产成本”账户，贷记“制造费用”账户。如果实际发生额大于计划分配额，用蓝字补加，否则用红字冲减。

差异额分配率 = 差异额 ÷ 按年度计划分配率分配的制造费用

某产品应分配的差异额 = 该产品按年度计划分配率分配的制造费用 × 差异额分配率

在分配中如果发现年内分配的计划数与实际数差额较大时，应及时调整计划分配率，以便使分配额相对准确。

【工作实例4-5】沿用【工作实例4-4】的资料，假定本年度实际发生制造费用408 360元，至年末累计已分配制造费用415 000（其中甲产品已分配311 250元，乙产品已分配103 750元），试将“制造费用”账户的差额进行调整。

调整过程：

年末，“制造费用”账户有贷方余额6 640元，应按已分配比例调整冲回。

差异额分配率 = 6 640 ÷ 415 000 = 0.016

甲产品应调减制造费用 = 0.016 × 311 250 = 4 980（元）

乙产品应调减制造费用 = 0.016 × 103 750 = 1 660（元）

会计分录：

借：基本生产成本——甲产品　　4 980
　　　　　　　　——乙产品　　1 660
　贷：制造费用　　6 640

采用年度计划分配率分配法，可随时结算已完工产品应负担的制造费用，简化分配手续，最适用于季节性生产企业。因为在季节性生产企业中，淡季与旺季的产量相差悬殊，而制造费用中有许多费用具有相对固定的性质，如果各月按实际费用进行分配，就会导致单位产品成本中的制造费用数额将随着产量的变化而变化，影响成本的可比性，不利于进行成本分析。采用年度计划分配率分配法来分配制造费用可以很好地避免这个问题的发生。

三、任务实施

根据学习情境4-2的资料，在老师指导下，完成下列任务：

（1）选择适合的制造费用分配方法；

（2）计算制造费用分配率；

（3）进行制造费用的分配（见表4-4），并进行相应的账务处理。

表4-4　制造费用分配表

生产车间：基本生产车间　　2023年6月　　金额单位：元

产品名称	生产工时	分配率	分配额
A产品			
B产品			
合计			

成本会计与中国经济

基于价值链的全方位成本管理

【关键词】京东集团；零售成本；物流成本；物美价廉；百姓幸福感

京东是我国知名的综合网络零售商，在线销售计算机、手机及其他数码产品、家电、汽车配件、服装与鞋类、奢侈品、家居与家庭用品、化妆品与其他个人护理用品、食品与营养品、书籍与其他媒体产品、母婴用品与玩具、体育与健身器材以及虚拟商品等，共13大类3 150万种SKU的商品。2014年5月，京东成功在美国纳斯达克挂牌上市，同时进入2015年中国互联网百强榜前十，2016年进入全球财富500强榜单，成为中国首家且唯一入选财富500强的互联网企业，2022年入选中国服务业民营企业100强榜首。京东成功的重要原因之一就是其基于价值链的全方位成本管理。

从京东发送商品到客户收货，需要经过采购、销售、配送、支付及反馈五个环节。这也包括了京东的两大主要业务，即京东零售和京东物流。

1.零售成本管理

（1）采购环节：形成供应链壁垒，降低成本

京东有5.81亿活跃买家，而且京东长期受益于消费升级优势。由于其流量优势明显，在与供应商的交易中越来越占据上风，提高了与供应商议价能力，降低了采购成本，构筑了强大的供应链壁垒。

（2）销售环节：降低客户维护成本，增强客户黏性

京东有着内容丰富、版面漂亮又人性化的网站和移动客户端，让消费者“足不出户就可应有尽有”，大大节省了经营成本。同时京东始终坚持客户第一的经营理念，与客户建立卓越的战略伙伴关系，逐渐培养了一批专属忠实客户，降低了客户维护成本，增强了客户黏性。

2.物流成本管理

近年来，随着营业规模的扩大，京东物流通过云计算和大数据等智能化手段，在全国各地拥有20万名自由末端配送员工，以及智能的跨仓管理能力。京东的仓库网络覆盖中国几乎所有区县，在全国93%的区县具备当/次日达能力，合理的物流网络布局，大大减少配送环节成本。

资料来源：马林芳，乔新欢. 京东集团基于价值链的全方位成本管理［J］. 财务与会计，2015（7）.

【启示】党的二十大报告指出：建设现代化产业体系……加快发展物联网，建设高效顺畅的流通体系，降低物流成本。京东的成功经验告诉我们，电商企业每天都拥有大量的订单，以及以顾客满意为导向的需求，这就要求企业运用大数据、互联网、财务机器人以及云信息等新技术手段来处理交易信息，及时取得客户反馈并且建立自身对于客户的偏好资料库，以拥有庞大业务背景下的应变能力。为此，新零售模式下，需要电商企业不断进行科技创新，合理布局物流网络，建立快速配送渠道，提高存货周转速度，降低商品成本，让利于广大消费者，使老百姓的幸福指数不断提高。

习题与实训

一、单项选择题

1.车间生产领用的一般性工具、用具，应记入（　　）账户。

A.“销售费用”　　B.“制造费用”

C.“生产成本 ”　　D.“管理费用”

2.车间厂房的折旧应记入（　　）账户。

A.“生产成本”　　B.“辅助生产成本 ”

C.“制造费用”　　D.“管理费用”

3.按生产工人工资比例分配法分配制造费用，适用于（　　）的企业。

A.各种产品的机械化程度都很低

B.各种产品的机械化程度都很高

C.各种产品的机械化程度相差不大

D.各种产品的机械化程度相差较大

4.基本生产车间耗用的机物料费用，应记入的会计账户是（　　）。

A.“基本生产成本”　　B.“长期待摊费用 ”

C.“辅助生产成本”　　D.“制造费用”

5.季节性生产的车间分配制造费用适用的方法是（　　）。

A.生产工时比例分配法　　B.生产工人工资比例分配法

C.机器工时比例分配法　　D.按年度计划分配率分配法

6.期间费用核算内容不应包括（　　）。

A.财务费用　　B.管理费用　　C.销售费用　　D.制造费用

7.下列应记入“制造费用”账户的职工薪酬是（　　）。

A.车间管理人员的薪酬　　B.行政管理人员的薪酬

C.辅助生产车间工人的薪酬　　D.生活福利部门人员的薪酬

8.基本生产车间机器设备的折旧费应记入（　　）账户的借方。

A.“累计折旧”　　B.“管理费用”

C.“制造费用”　　D.“基本生产成本”

9.制造费用是指生产过程中发生的（　　）。

A.间接生产费用

B.间接计入费用

C.应计入产品成本的各项生产费用

D.应计入产品成本但未专设成本项目的各项生产费用

10.企业因生产产品、提供劳务而发生的各项间接费用，包括工资、福利费、折旧费等，属于（　　）成本项目。

A.管理费用　　B.制造费用　　C.直接人工　　D.直接材料

11.下列各项中，不属于制造费用项目的有（　　）。

A.生产车间的办公费　　B.生产车间管理用具的摊销

C.自然灾害引起的停工损失　　D.生产车间管理人员的工资

12.某企业本月生产A产品耗用机器工时3 000小时，生产B产品耗用机器工时2 000小时。本月发生车间管理人员工资100 000元，产品生产人员工资300 000元。该企业按机器工时比例分配制造费用。假设不考虑其他因素，本月B产品应分配的制造费用为（　　）元。

A.160 000　　B.60 000　　C.40 000　　D.140 000

13.某企业的制造费用采用生产工人工时比例法进行分配。其基本生产车间本月归集制造费用15 000元，本月该车间生产了A、B两种产品，产量分别为200件和300件。本月该车间为生产A、B产品共耗用生产工时8 000小时。其中A产品3 000小时，B产品5 000小时。则该车间制造费用的分配率为（　　）。

A.30　　B.5　　C.3　　D.1.875

14.制造费用按年度计划分配率分配特别适用于（　　）。

A.各项消耗和费用定额较为准确的企业

B.各项消耗和费用定额较为稳定的企业

C.季节性的生产企业

D.辅助生产较多的企业

15.除了按年度计划分配率分配制造费用以外，“制造费用”账户月末（　　）。

A.没有余额　　B.一定有借方余额

C.一定有贷方余额　　D.有借方或贷方余额

16.下列制造费用分配方法中，使制造费用账户可能出现余额的是（　　）。

A.生产工人工时比例分配法　　B.生产工人工资比例分配法

C.机器工时比例分配法　　D.按年度计划分配率分配法

17.某工业企业本期归集的制造费用应在（　　）。

A.整个企业进行分配　　B.所有生产的产品之间进行分配

C.本车间生产的产品之间进行分配　　D.全年生产的产品之间进行分配

18. 在实现机器人自动化生产线的企业，制造费用项目金额最大的是（　　）。
A. 机物料消耗　　B. 固定资产折旧费
C. 车间管理人员的薪酬　　D. 动力费用

二、多项选择题

1. 下列各项费用中，应计入制造费用的有（　　）。
A. 车间管理人员工资及福利费　　B. 销售人员的工资及福利费
C. 生产车间固定资产折旧　　D. 基本生产车间的办公费

2. 基本生产车间发生的下列费用中，应记入“制造费用”账户的有（　　）。
A. 车间管理人员的工资　　B. 机器设备折旧费
C. 车间机物料消耗　　D. 劳动保护费

3. 采用按年度计划分配率分配法，“制造费用”账户可能（　　）。
A. 有月末余额　　B. 有年末余额
C. 有月末贷方余额　　D. 有月末借方余额

4. 制造费用的分配方法有（　　）。
A. 生产工人工时比例分配法　　B. 机器工时比例分配法
C. 按年度计划分配率分配法　　D. 直接分配法

5. 下列各项中，应该记入“制造费用”账户的有（　　）。
A. 生产车间的管理人员的工资　　B. 厂部管理人员的工资
C. 生产车间的办公费　　D. 厂部的办公费

6. 下列账户中，月末既可能有借方余额，也可能有贷方余额的是（　　）。
A. 制造费用　　B. 基本生产成本
C. 材料成本差异　　D. 管理费用

7. 下列关于“制造费用”账户说法正确的有（　　）。
A. 该账户核算企业生产车间为生产产品和提供劳务而发生的各项间接费用
B. 该账户核算直接用于产品生产但管理上不要求或不便于单独核算的费用
C. 该账户可以按照不同的生产车间和费用项目进行明细核算
D. 该账户期末分配记入各成本核算对象，除季节性生产外，期末无余额

8. 下列各项中，不应在“制造费用”账户中列支的有（　　）。
A. 生产人员工资　　B. 车间管理人员工资
C. 行政管理人员工资　　D. 业务招待费

9. 下列各项中，应当计入制造费用的有（　　）。
A. 生产车间设备租赁费　　B. 生产工人劳动保护费
C. 生产车间财产保险费　　D. 生产车间耗用直接材料

10. 工业企业的制造费用分配不应该（　　）。
A. 在企业范围内统一分配　　B. 按车间分别进行分配
C. 在所有生产车间分配　　D. 按班组进行分配

三、判断题

1. 企业发生的制造费用可以在全厂范围内进行分配。（　　）

2. 制造费用账户不核算企业发生的产品研究开发费用。（　　）

3. 基本生产车间发生的费用必须设置“制造费用”账户核算。（　　）

4. 制造费用分配计入产品成本可以采用成本法。（　　）

5. 在按年度计划分配率分配法分配制造费用的车间中，年末“制造费用”账户一般无余额。（　　）

6. 车间管理人员工资应计入制造费用。（　　）

7. 分配制造费用采用的所有分配方法，分配结果都是“制造费用”账户期末没有余额。（　　）

8. 企业各生产车间的制造费用应该加以汇总，在整个企业的各种产品间统一分配。（　　）

9. 制造费用分配方法中的机器工时比例分配法，适用于各种产品生产的机械化程度较高的车间。（　　）

10. 制造费用分配法中的按年度计划分配率分配法，适用于季节性生产企业。（　　）

11. 制造费用与产品的生产工艺没有直接联系，因而都是间接计入费用。（　　）

12. 机器设备的折旧费、修理费是直接生产费用，应直接计入产品成本。（　　）

四、实训题

实训一

目的：实训制造费用的分配。

资料：宏远制造有限公司基本生产车间生产A、B两种产品，2023年8月发生的制造费用总额为84 000元。已知两种产品共耗用生产工时20 000小时，其中，A产品耗用8 000小时，B产品耗用12 000小时。

要求：

（1）编制制造费用分配表（见表4-5）。

表4-5　制造费用分配表

2023年8月

借方账户	生产工时（小时）	分配率	分配金额（元）
基本生产成本——A产品			
基本生产成本——B产品			
合　　计			

（2）编制制造费用分配的会计分录。

实训二

目的：实训制造费用的归集和分配。

资料：江南制造有限公司设有一个基本生产车间，生产A、B两种产品。2023年9月发生的有关制造费用资料如下：

（1）根据“原材料费用分配表”，本月领用辅助材料2 000元用于车间一般性消耗。

（2）根据“外购动力费分配表”，车间照明及动力用电应付外购动力费6 000元。

（3）根据“职工薪酬计算分配表”，车间管理人员工资为40 000元，按工资总额计提10%的住房公积金、10%的社会保险费、8%的职工教育经费和2%的工会经费。

（4）根据“折旧费用分配表”，本月应提折旧5 000元。

（5）根据“长期待摊费用分配表”，本月应摊销的经营租入固定资产的租赁费3 000元。

（6）根据“辅助生产费用分配表”，应负担运输车间分配转入的费用5 000元。

（7）本月用银行存款支付其他费用：办公费1 600元、劳动保护费1 400元、其他支出1 200元。

（8）按生产工时比例分配制造费用，其中，A产品耗用800小时，B产品耗用1 200小时。

要求：

（1）根据以上资料，逐题编制记账凭证。

（2）登记“制造费用明细账”（见表4-6）。

表4-6　制造费用明细账

户名：　　2023年9月　　单位：元

日期	凭证字号	摘　要	材料费	动力费	职工薪酬	折旧费	办公费	劳保费	其他	小计
		领材料								
		外购动力								
		职工薪酬								
		折旧费								
		租赁费								
		运输费								
		劳保费								
		办公费								
		其他支出								
		合　计								

（3）编制“制造费用分配表”（见表4-7）。

表4-7　制造费用分配表

2023年9月

借方账户	生产工时（小时）	分配率	分配金额（元）
基本生产成本——A产品			
基本生产成本——B产品			
合　计			

实训三

目的：实训年度计划分配率法分配制造费用。

资料：宏远制造有限公司基本生产车间2023年的有关资料见表4-8。

表4-8　　基本生产车间的产量及定额资料

产品名称	年度预算产量（件）	单件产品定额工时（小时）	11月份实际产量（件）	12月份实际产量（件）
A产品	2 000	3	180	190
B产品	1 000	2	90	80

该年度制造费用预算总额为164 000元，11月份、12月份实际制造费用分别为14 000元、14 200元。11月初制造费用的期初余额为借方1 674.65元。

要求：

（1）计算年度计划分配率。

（2）计算11月份A、B产品负担的制造费用。

（3）计算12月份A、B产品负担的制造费用，并将本年度的制造费用差异额分配给A、B两产品。

（4）作出年末调整制造费用差异的会计分录。

能力测评

在专业能力测评表内打“√”，A掌握，B基本掌握，C未掌握。

业务能力	评价指标	自测结果	要求
制造费用的归集	1.制造费用的构成内容	□A　□B　□C	观点正确 理解透彻 表达清晰
	2.制造费用账户设置	□A　□B　□C	
	3.制造费用明细账登记	□A　□B　□C	
	4.制造费用的账务处理	□A　□B　□C	
制造费用的分配	1.制造费用的分配标准	□A　□B　□C	思维清晰 条理清楚 计算准确 结合实际选择 适合计算方法
	2.生产工人工时比例分配法	□A　□B　□C	
	3.生产工人工资比例分配法	□A　□B　□C	
	4.机器工时比例分配法	□A　□B　□C	
	5.年度计划分配率分配	□A　□B　□C	
教师评语：			
成绩：		教师签字：	

项目五

生产损失的核算

职业能力目标

1. 知识目标

（1）了解废品的种类、废品损失的含义；

（2）了解停工损失的内容。

2. 能力目标

（1）能够正确归集和计算废品损失；

（2）能够正确进行可修复废品的修复费用的处理；

（3）能够正确进行不可修复废品生产成本的处理；

（4）能够正确进行废品损失的核算；

（5）能够正确掌握停工损失的核算方法；

（6）能够正确编制生产损失核算的会计分录。

3. 素养目标

（1）通过废品损失的归集与核算，形成企业管理的大局意识；

（2）通过对停工损失核算的掌握，养成决策意识。

4. 思政元素

（1）树立底线思维习惯；

（2）团队协作与社会责任。

典型工作任务

1. 废品损失的核算；

2. 停工损失的核算。

任务一 废品损失的核算

学习情境 5-1

2022 年 4 月，工业和信息化部办公厅印发《关于做好 2022 年工业质量提升和品牌建设工作的通知》，部署提升制造业关键过程质量控制能力等方面的重点工作。在国家高质量发展战略背景下，成本核算将最终服务于企业高质量发展的经营目标管理。废品损失是质量成本管理中的内部失败成本，其核算意义在于为企业质量控制提供决策数据。

举例：某电器制造公司生产一批电风扇，电风扇型号有 A、B、C 三种。其中由小王负责生产管理，由小李负责对生产费用进行核算。一天，小王匆匆找到小李，说：“快帮我出出主意，这次我肯定要挨罚，你是会计，能否让损失降到最低？”

原来，由小王负责生产的电风扇，在完工检测时没有一台是合格品，而且故障现象一致。经技术员反复检查，故障原因是电风扇线路板中有一个电阻全部被错误焊接。公司有规定，出现废品要追究责任人的责任。

请问：作为会计，小李有什么妙计可将损失降到最低呢？

任务导入

工作任务	技能要点及任务成果	重要知识点	学时
阅读学习情境5-1的资料，思考采用什么妙计可以将损失降到最低	1.明确废品及废品损失的构成内容 2.确定哪些费用能够计入废品损失 3.计算废品损失，进行废品损失核算，为将损失降到最低提供合理建议	1.废品的概念 2.废品损失的概念 3.废品损失的核算 4.停工损失的财务处理	2

任务学习

一、知识准备

（一）废品

生产中的废品，是指不符合规定的技术标准，不能按照原定用途使用，或者需要加工修理才能使用的在产品、半成品或者产成品。不论是在生产过程中发现的废品，还是入库后发现的废品，都应包括在内。

废品分为可修复废品和不可修复废品两种。可修复废品，是指经过修理可以使用，而且所花费的修复费用在经济上合算的废品（必须同时具备这两个条件）。不可修复废品，是指不能修复，或者所花费的修复费用在经济上不合算的废品（只须具备一个条件）。

（二）废品损失

在管理上要求单独反映和控制废品损失的工业企业中，在进行成本核算时，还应进行废品损失的核算。

正确组织废品损失的核算，对于改进生产技术、提高产品质量、降低产品成本，都具有重要意义。

废品损失是指在生产过程中发现的和入库后发现的不可修复废品的生产成本，以及可修复废品的修复费用，扣除回收的废品残料价值和应由过失单位或个人赔偿的金额以后的损失。经过质量检验部门鉴定不需要返修、可以降价出售的不合格品的成本与合格品的成本相同；其降价损失，应在计算销售损益时体现，不应作为废品损失处理。产成品入库后，由于保管不善等原因而损坏变质的损失，属于管理上的问题，应作为管理费用处理，也不作为废品损失处理。实行包退、包修、包换“三包”的企业，在产品出售以后发现的废品所发生的一切损失，应计入销售费用，不包括在废品损失内。

【小思考5-1】产品过季出售时，相对于原价格之间出现的差额，是否计入废品损失？

（三）废品损失的处理程序

质量检验部门发现废品时，应该填制“废品通知单”，列明废品的种类、数量、产生废品的原因和过失人等。废品分为工废和料废两类。工废是由于工人操作上的原因造成的废品，属于操作工人的责任；料废是由于送来的加工原材料或半成品的质量不符合要求所造成的废品，不属于操作工人的责任。成本会计人员应该会同检验人员对废品通知单所列废品产生的原因和过失人等项目加强审核，只有经过审核的废品通知单，才能作为废品损失核算的依据。

（四）设置“废品损失”科目

为了单独核算废品损失，应设置“废品损失”科目，在成本项目中应增设“废品损失”项目。

“废品损失”科目是为了归集和分配废品损失而设立的。该科目应按车间设立明细账，账内按产品品种分设专户，并按成本项目分设专栏或专行，进行明细核算。不可修复废品的生产成本和可修复废品的修复费用，都应在“废品损失”科目的借方进行归集。

转出不可修复废品的生产成本时，借记“废品损失”科目，贷记“基本生产成本”科目；支付可修复废品修复费用时，借记“废品损失”科目，贷记“原材料”“应付职工薪酬”“制造费用”等科目。确认废品残料的回收价值和应收的赔款时，借记“原材料”“其他应收款”等科目，贷记“废品损失”科目。如果“废品损失”科目借方发生额大于贷方发生额的差额，就是废品损失，应分配转由本月同种产品的成本负担，借记“基本生产成本”科目，贷记“废品损失”科目。通过上述归集和分配，“废品损失”科目月末没有余额。

不可修复废品损失的核算流程图如图5-1所示。

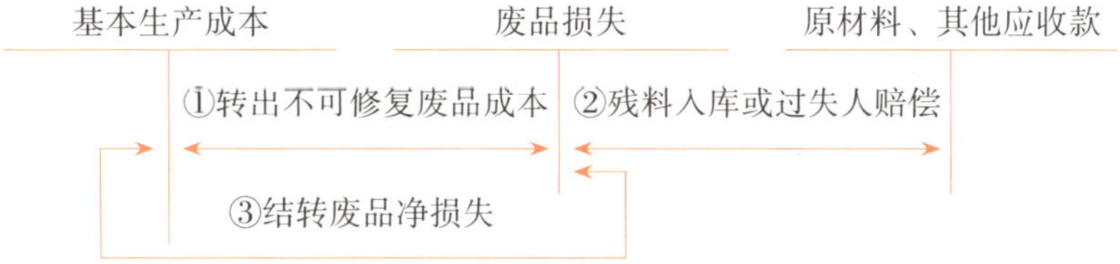

图5-1　不可修复废品损失核算流程图

二、任务导学

（一）不可修复废品损失的核算

不可修复废品的损失是该废品已耗的成本，由于不可修复废品的成本是与合格产品的成本捆在一起的，即不可修复废品的成本包括在合格产品成本之内，因此计算不可修复废品的成本，并将其成本从合格产品成本中转出，确定了不可修复废品的成本后，再减去不可修复废品的残值和应向责任人索赔的金额，即可计算出不可修复废品的损失。

微课5-1

不可修复废品损失的核算

按所耗实际费用计算废品成本，就是在废品报废时根据废品与合格品发生的实际耗费，采用一定的分配方法，在合格品与废品之间进行分配，计算出废品的实际成本，从“基本生产成本”账户的贷方转入“废品损失”账户的借方。

【工作实例5-1】鸿兴制造厂生产A产品200件，生产过程中发现其中2件为不可修复废品。有关资料如下：

（1）该产品成本明细账所记合格品和废品共同发生的生产费用为：原材料费用375 000元，直接人工费用74 100元，制造费用59 962.50元，合计总成本509 062.50元。

（2）原材料是在生产开始时一次投入的。

（3）其他费用按生产工时比例分配。生产工时为：合格品3 210小时，废品40小时。

（4）废品回收的残料价值360元，已交仓库验收。

（5）应由过失人赔偿600元，款尚未收到。

根据上述资料，编制不可修复废品损失计算表（见表5-1）。

表5-1 不可修复废品损失计算表

（按实际成本计算）

车间：×车间　　产品：A产品　　2023年6月12日

项目	数量（件）	原材料（元）	生产工时（小时）	直接人工（元）	制造费用（元）	合计
合格品和废品生产费用	200	375 000	3 250	74 100	59 962.50	509 062.50
费用分配率		1 875		22.80	18.45	
废品生产成本	2	3 750	40	912	738	5 400
减：残料价值		360				360
过失人赔偿				600		600
废品损失		3 390		312	738	4 440

根据上列不可修复废品损失计算表，编制下列会计分录：

（1）转出废品损失的生产成本时

借：废品损失——A产品　　5 400

　　贷：基本生产成本——A产品——原材料　　3 750

　　　　——直接人工　　912

　　　　——制造费用　　738

（2）回收废品残料价值时

借：原材料　　360

　　贷：废品损失——A产品　　360

（3）确认应收赔偿款时

借：其他应收款　　600

　　贷：废品损失——A产品　　600

（4）结转废品净损失时

借：基本生产成本——A产品　　4 440

　　贷：废品损失——A产品　　4 440

（二）可修复废品损失的核算

微课5-2

可修复废品损失的核算

由于可修复废品损失与不可修复废品损失的组成内容不一样，其废品损失的归集计算方法也不同。可修复废品损失的是修复费用，修复费用的归集与合格产品所耗费用的归集一样，可以根据直接材料、直接人工和制造费用分配表的分配结果进行归集计算。如果修复费用中要由责任人赔偿一部分时，则赔偿款应冲抵废品损失。

有必要指出，可修复废品损失的归集是指当月实际发生的修复费用，它与可修复废品发现的时间无关。即凡是本月发生的修复费用，不论被修废品是本月发现的，还是以前月份发现的，都作为本月废品损失进行归集；同样，即使是本月发现的废品，如果未在本月进行修复，则其修复时发生的修复费用也不能计入本月的废品损失。如果修复废品跨月进行，则各月发生的修复费用计入各月的废品损失。

可修复废品损失是在修复过程中所发生的各项修复费用（一般包括修复期间发生的直接材料、直接人工和应分摊的制造费用），扣除回收的残料价值和应收赔款以后的净损失由于可修复废品修复后还能作为合格品出售，所以可修复废品返修以前发生的生产费用不是废品损失，不必计算其生产成本，而应留在“基本生产成本”账户和所属有关产品成本明细账中，不必转出。发生的各项返修费用，应根据各项费用分配表，记入“废品损失”账户的借方。回收的残料价值和应收的赔款，应从“废品损失”账户的贷方转入“原材料”账户和“其他应收款”账户的借方。废品修复费用减去残值和应收赔款后的废品净损失，应从“废品损失”账户的贷方转入“基本生产成本”账户的借方，记入其所属有关的产品成本明细账的“废品损失”成本项目。在不单独核算废品损失的企业中，不设立“废品损失”账户和成本项目，只在回收废品残料时，借记“原材料”账户，贷记“基本生产成本”账户，并从所属有关产品成本明细账的“直接材料”成本项目中扣除残值价值。“基本生产成本”账户和所属有关产品成本明细账归集的完工产品总成本，除以扣除废品数量以后的合格品数量，就是合格品的单位成本。

【工作实例5-2】鸿兴制造厂在生产B产品的过程中，产生20件可修复废品，已修复验收入库。有关资料如下：

（1）根据本月“耗用材料汇总表”提供的资料，修复B产品领用材料实际成本为700元。

（2）根据本月“直接人工费用分配表”提供的资料，修复B产品实际耗用250小时。

（3）每小时的直接人工为11元，制造费用为10元。

（4）按企业规定，应由过失人赔偿2 000元，款尚未收到。

根据上述资料，任务处理如下：

（1）支付修复费用时

借：废品损失——B产品　　5 950

　　贷：原材料　　700

　　　　应付职工薪酬　　2 750

　　　　制造费用　　2 500

（2）确认应收赔偿款时

借：其他应收款　　2 000

贷：废品损失——B产品 2 000

（3）结转废品净损失时

借：基本生产成本——B产品 3 950

贷：废品损失——B产品 3 950

应该注意的是，废品损失核算的目的不仅是正确计算产品成本，更重要的是控制废品发生，减少废品损失，降低产品成本，提高企业的经济效益。为了加强对废品的控制，有必要区别正常范围内的废品和超过正常范围的废品。所谓“正常范围内的废品”是指在目前技术条件下，允许发生废品的限度。有的企业虽然在技术上能消除废品，但要花费很大的代价，为减少废品所花费的费用如果大于发生的废品损失，在经济上就不合算了，对这种产品允许有一定限度的废品。在正常范围内的废品，一般不进一步追查原因。超过正常范围的废品就要及时进行原因分析，积极采取措施，以防成本超支。区分正常范围损失和超正常范围损失，将废品控制在正常范围之内是加强废品管理的有效方法。

三、任务实施

根据学习情境5-1的资料，经过核算，电风扇生产费用资料见表5-2。

表5-2 电风扇生产费用表

产品型号	直接材料（元/件）	直接人工（元/件）	制造费用（元/件）	产品数量（件）	可修复废品数量（件）	完工程度
A	100	30	10	200	200	100%
B	150	40	20	50	50	100%
C	200	50	30	100	100	100%

经过技术人员研究，所有不合格品如果重新焊接电阻，可以修理为合格品，但修理过程需要一定的加工技术和加工工时。修理费用初步预算为：单位产品原材料费用为20元，单位产品耗用工时为1小时，每小时职工薪酬为10元，每小时制造费用为5元。

在老师指导下，完成下列任务：根据以上资料分析，为使该电器制造公司的生产损失降到最低，企业应选择将3种产品全部直接报废还是将3种产品全部进行修复？

四、拓展阅读：按废品所耗定额费用计算不可修复废品的生产成本

按废品所耗定额费用计算不可修复废品的生产成本，就是按不可修复废品的数量和各项费用定额计算废品的定额成本，再将废品的定额成本扣除回收的残料价值和应收赔款计算出废品损失。

【工作实例5-3】鸿兴制造厂生产C产品的过程中，产生50件不可修复废品，按其所耗定额费用计算废品的生产成本。有关资料如下：

（1）原材料费用定额为200元。

（2）50件不可修复废品的定额工时为400小时。

（3）每小时的职工薪酬为8元，制造费用为12元。

（4）废品回收的残料价值1 100元，已交仓库验收。

（5）应由过失人赔偿1 200元，款尚未收到。

根据上述资料，应编制不可修复废品损失计算表（见表5-3）。

表5-3　不可修复废品损失计算表

（按定额成本计算）

车间：×车间　　产品：C产品　　2023年9月18日　　金额单位：元

项　目	数量（件）	原材料	生产工时（小时）	职工薪酬	制造费用	合计
单位产品定额费用		200		8	12	
废品生产成本	50	10 000	400	3 200	4 800	18 000
减：残料价值		1 100				1 100
过失人赔偿				1 200		1 200
废品损失		8 900		2 000	4 800	15 700

企业按照废品的定额成本计算废品损失，计算工作简便，但企业必须具备比较准确的定额成本资料，否则会影响产品成本的真实性。

任务二　停工损失的核算

学习情境5-2

企业发生停工的原因多种多样，如停电、待料、机械故障、机器设备修理、发生非常灾害以及计划压缩产量等，都可能引起停工。停工计算损失的时间和空间界限，一般由企业主管部门规定，在超过一定时间和范围的停工时企业需要计算损失。

已知某企业基本生产车间2023年9月由于工人操作不当导致设备故障停工4天，停工期间损失材料费用2 000元，应支付生产工人工资1 710元，应负担制造费用500元。请问停工损失如何确认？

任务导入

工作任务	技能要点及任务成果	重要知识点	学时
阅读学习情境5-2的资料，正确对停工损失进行确认	1.理解停工损失的内涵 2.掌握停工损失账户 3.计算停工损失的金额，从而对停工损失进行对应的账务处理	1.停工损失的概念及内容 2.停工损失的核算 3.停工损失的会计处理	1

任务学习

一、知识准备

（一）停工损失的概念

在管理上要求单独反映和控制停工损失的工业企业中，在进行成本核算时，还应进行停工损失的核算。

停工损失是指生产车间或车间内某个班组在停工期间发生的各项费用，包括停工期间发生的原材料费用、人工费用和制造费用等。应由过失单位和保险公司负担的赔款，应从停工损失中扣除。不满1个工作日的停工，一般不计算停工损失。

企业的停工可以分为正常停工和非正常停工。正常停工包括季节性停工、正常生产周期内的修理期间的停工、计划内减产停工等。非正常停工包括原材料或工具等短缺停工、设备故障停工、电力中断停工、自然灾害停工等。季节性停工、修理期间的正常停工费用在产品成本核算范围内，应计入产品成本。非正常停工费用应计入企业当期损益（营业外支出）

（二）停工损失的核算

在停工时，车间应该填写停工报告单，并在考勤记录中进行登记。会计部门和车间核算人员应对停工报告单所列停工范围、时数及其原因和过失单位或个人等事项进行审核。只有经过审核的停工报告单，才能作为停工损失核算的依据。

单独核算停工损失的企业，应设置“停工损失”科目，在成本项目中增设“停工损失”项目，根据停工报告单和各种费用分配表、分配汇总表等有关凭证，将停工期间内发生的、应列入停工损失的费用记入“停工损失”科目的借方进行归集；应由过失人员或保险公司负责的赔款，应从该科目的贷方转入“其他应收款”等科目的借方。期末，将停工净损失从该科目贷方转出，属于自然灾害部分转入“营业外支出”科目的借方；应由本月产品成本负担的部分，则转入“基本生产成本”科目的借方，在停工的车间生产多种产品时，还要采用合理的分配标准，分配记入该车间各产品成本明细账的“停工损失”成本项目。“停工损失”科目月末应无余额。停工损失的核算流程图如图5-2所示。

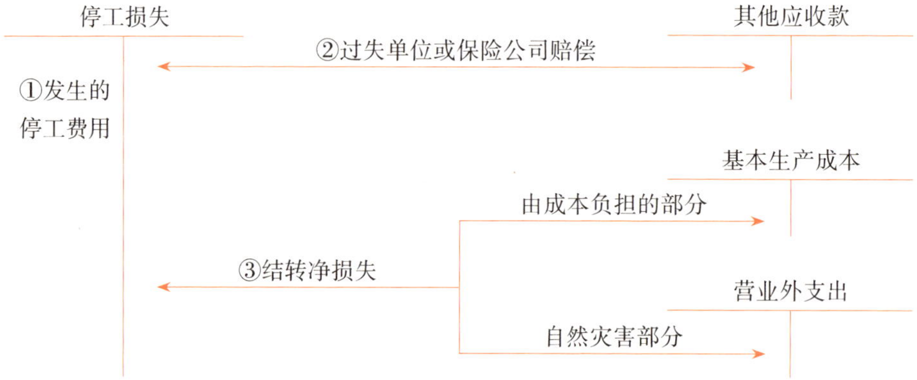

图5-2 停工损失的核算流程图

二、任务导学

【工作实例5-4】某工业企业加工车间本月停工5天，有关资料如下：

（1）停工期间应支付生产工人职工薪酬8 000元，应负担的制造费用为6 000元。

（2）经查明加工车间停工5天主要是由工人责任事故导致的，经质量检验部门认定应由责任人赔偿5 000元，其余列入企业损失。

根据上述资料，任务处理如下：

（1）确认停工损失时

借：停工损失——加工车间	14 000	
贷：应付职工薪酬		8 000
制造费用		6 000

（2）确认应收赔偿款时

借：其他应收款	5 000	
贷：废品损失——加工车间		5 000

（3）结转停工净损失时

借：基本生产成本	9 000	
贷：停工损失——加工车间		9 000

对于较少发生停工损失的企业，为了简化核算，也可以不单独设置“停工损失”账户，停工期间发生的各项费用，记入“制造费用”“营业外支出”账户。辅助生产一般不单独核算停工损失。

【小思考5-2】学习情境5-2中如何进行停工损失确认？所做的下列账务处理是否正确？

借：停工损失——基本生产车间	4 210	
贷：原材料		2 000
应付职工薪酬		1 710
管理费用		500

三、任务实施

根据学习情境5-2的资料，补充如下内容：该基本生产车间只生产丁产品，追究过失人赔偿1 000元。在老师指导下，理解停工损失，并进行相应的账务处理。

四、拓展阅读：根据企业发生停工的原因不同进行处理

企业发生停工的原因多种多样，如停电、待料、机械故障、机器设备修理、发生非常灾害以及计划压缩产量等，都可能引起停工。企业在停工期间所发生的停工损失应由开工生产的产品负担，计入产品生产成本。

（1）由非常灾害造成的停工损失和因计划压缩产量而使主要生产车间连续停产一个月以上的停工损失，应借记“营业外支出”账户，贷记“基本生产成本——停工损失”账户。

（2）因计划压缩产量而使主要生产车间连续停产不满一个月，而下个月准备连续停工

的，其停工损失本月可以不予结转，留到下月根据实际情况进行结转。

① 上月和本月累计仍然不满规定期限的，应将全部停工损失借记“基本生产成本——××产品”账户，贷记“基本生产成本——停工损失”账户；

② 上月和本月累计已超过规定期限的，应将全部停工损失借记“营业外支出”账户，贷记“基本生产成本——停工损失”账户。

（3）应由当月产品负担的停工损失，应全部计入当月生产成本，并按一定的分配方法和分配标准分配记入各种产品成本中的“停工损失”项目。

注意：属于季节性停工的，在停工期间内发生的费用，不作为停工损失进行核算，而在“制造费用”账户进行核算。

成本会计与中国经济

以定额成本为基础的标准成本管理体系构建

【关键词】C企业；定额成本；制造业；新发展理念

C企业是隶属于国有集团公司的大型国有制造企业，是国家批准重点保留军品生产能力的骨干企业之一。公司创建于1905年，是一家具有百年历史的国有兵工企业，经过多年的发展，C企业已成为国家特品生产的定点企业，形成重庆、荣昌、宜宾三大加工制造基地的格局。目前C企业的产品主要有特品、汽车零部件、金属材料、高强度螺栓、紧固器材五大系列共60余个品种。

C企业以定额成本为基础，通过找出实际制造过程中资源耗费的影响动因，将实际耗费与定额差异量化分析，最终将定额修订为成本耗费标准，使工艺技术、生产制造、财务管控三者有机结合，形成了以实现成本领先战略为目标的标准成本体系。

其主要做法是：

第一，先面后点，逐步深入。

通过对实施条件进行全方位、多角度的分析并结合企业自身战略要求，C企业采用“由面及点、逐步深入”的标准成本引入模式和实施策略。一方面，先建立所有主要产品的基本参照物，横向到边，以尽快、尽力使用标准成本体系，带动多项管理工作提升；另一方面，逐步深入到车间、工序，实现纵向到底，建设深入直接作业层面的标准成本体系。

第二，制定定额成本。

C企业引入定额成本作为标准成本的基础工具。但C企业定额成本的制定并不是简单地将消耗定额和标准成本相乘得出，而是将工艺流程、加工制造过程与定额数据匹配，制定了与实际相匹配的定额成本，并优化已有的材料和工时消耗定额，完善专用工艺装备的消耗定额。

第三，根据“五因素”进行分析比较，修正定额成本。

C企业经过几年的摸索，总结出包含工艺进步因素、历史成本因素、年度预算因素、规模变动因素和产能变动因素的“五因素法”，将定额转换为标准，即，在优化的产品定额成本基础上，考虑五种主要调整因素，对指标进行修订，得出标准成本。

第四，融入作业成本法思想。

C企业在建立标准成本制度的过程中，融入了作业成本法思想，在标准成本法的每一道工序中，都按照作业成本思想进行分析——寻找各项作业发生的直接动因，并对制造费用进行更精确的分配，进一步提高了标准成本工具的实施效果。

资料来源：元年．C企业以定额成本为基础的标准成本管理体系［EB/OL］．［2023-08-31］．https：//www.yuanian.com/gz/yngd/desc？yn_viewpoint_id= 783&sem_table_source=sem.yuanian.com.

【启示】党的二十大指出：推动制造业高端化、智能化、绿色化发展。C企业作为拥有百年历史的国有兵工企业，担负着国家特品生产的重任，要为国家提供物美价廉的产品，成本领先战略是企业持续发展的基础和必然选择。在实践中，C企业结合自身管理现实，建立了自身特色的标准成本体系，探索总结出标准成本的“五因素”编制法，有力促进了成本领先战略的深入实施；同时，其将独具特色的标准成本体系融入生产经营实践，实现了标准成本与其他管理工作的有机对接，为公司成本领先、价格管理等提供了坚实的数据基础和参照标准，促进了技术、业务与财务的交汇融合，有效提升了企业管控决策质量和核心竞争力。

习题与实训

一、单项选择题

1.下列损失项目中属于废品损失的是（　　）。

A.产品入库后由于保管不善而发生的损失

B.产品销售后发生的“三包”损失

C.可修复废品在返修前发生的费用

D.可修复废品在返修后发生的费用

2.结转废品净损失时，应借记（　　）账户。

A.生产成本　　B.制造费用　　C.废品损失　　D.管理费用

3.生产过程中或入库后发现的各种废品损失，不包括（　　）。

A.修复废品领用材料　　B.不可修复废品的报废损失

C.修复废品人员工资　　D.实行“三包”损失

4.“废品损失”账户月末（　　）。

A.如果有余额，余额一定在贷方　　B.如果有余额，余额一定在借方

C.一定没有余额　　D.可能有借方或贷方余额

5.下列各项中，应确认为可修复废品损失的是（　　）。

A.返修以前发生的生产费用

B.可修复废品的生产成本

C.返修过程中发生的修复费用

D.可修复废品的生产成本加上返修过程中发生的修复费用

6.在进行产品成本核算时，要求单独核算的废品损失一般（　　）。

A.在产品和完工产品之间采用特定方法进行分配

B.全部由完工产品成本负担

C.直接作为期间费用

D.全部由月末在产品负担

7.实行包退、包修、包换“三包”的企业，在产品出售以后发现的废品所发生的一切损失，在财务上应计入（　　）。

A.废品损失　　B.营业外支出　　C.销售费用　　D.基本生产成本

8.计算不可修复废品的生产成本，可以按废品所耗的实际费用，也可以按废品所耗（　　）。

A.消耗定额　　B.定额费用　　C.定额消耗　　D.费用定额

9.废品率是以（　　）数量为基础计算的，而不是以实际投入的数量为基础计算的。

A.完工合格品　　B.完工产成品　　C.实际投入　　D.期末在产品

10.经过质量检验部门鉴定不需要返修，可以降价出售的不合格品的降价损失，应作为（　　）处理。

A.销售费用　　B.废品损失　　C.管理费用　　D.销售损益

11.“废品损失”账户核算的内容之一是（　　）。

A.产品销售后的修理费用

B.生产过程中发现的不可修复废品的生产成本

C.出售不合格品的降价损失

D.库存产品因水灾而变质的损失

12.下列各项中，不应计入废品损失的是（　　）。

A.不可修复废品的生产成本　　B.可修复废品的生产成本

C.用于修复废品的人工费用　　D.用于修复废品的材料费用

13.单设废品损失成本项目时，企业发生的废品损失最终应记入（　　）账户的借方。

A.“基本生产成本”　　B.“废品损失”

C.“制造费用”　　D.“管理费用”

14.不可修复废品应负担的原材料费用为1 000元，加工费用500元；收回残料价值200元，应由过失人赔款300元，则废品净损失应为（　　）元。

A.1 000　　B.1 300　　C.1 200　　D.1 500

15.“废品损失”账户贷方应反映（　　）项目。

A.回收废料的价值　　B.不可修复废品的生产成本

C.可修复废品的工资费用　　D.可修复废品的动力费用

16.废品材料的回收，下列会计分录正确的是（　　）。

A.借：废品损失

　　贷：基本生产成本

B.借：废品损失

　　贷：原材料

C.借：基本生产成本

　　贷：废品损失

D.借：原材料
　　贷：废品损失

17.下列各项中，不应核算停工损失的是（　　）。

A.机器设备故障发生的大修理　　B.季节性停工
C.一个月的停工　　D.停电引起短暂停工

18.下列各项中，应计入产品成本的停工损失的是（　　）。

A.由于火灾造成的停工损失　　B.应由过失单位赔偿的停工损失
C.固定资产修理期间的停工损失　　D.由于地震造成的停工损失

19.企业因计划减产，或因停电、待料、机器设备故障而停工，在停工期间所发生的一切费用属于（　　）。

A.废品损失　　B.修复费用　　C.停工损失　　D.报废损失

20.下列关于废品损失说法不正确的是（　　）。

A.废品在报废以前发生的各项费用是与合格产品一起计算的
B.应将本期发生的生产费用在合格品与废品之间进行分配
C.计算出废品的实际成本，从“基本生产成本”转入“废品损失”科目
D.计算的废品净损失从“废品损失”转入“制造费用”科目

二、多项选择题

1.废品按其报废程度和修复价值，可分为（　　）。

A.废品损失　　B.可修复废品　　C.不可修复废品　　D.修复费用

2.可修复废品的修复费用应包括（　　）。

A.修复废品的材料费用　　B.修复废品的动力费用
C.修复废品的人工费用　　D.修复废品的销售费用

3.不可修复废品的净损失包括（　　）。

A.不可修复废品所耗的材料费用　　B.不可修复废品所耗的人工费用
C.不可修复废品的残料价值　　D.不可修复废品的应收赔款

4.与“废品损失”科目贷方对应的科目可能有（　　）。

A.原材料　　B.其他应收款　　C.管理费用　　D.基本生产成本

5.以下不属于废品损失的有（　　）。

A.入库后发现的不可修复废品的生产成本扣除回收的废品残料价值和应收赔款以后的损失
B.经质量检验部门鉴定不需要返修、可以降价出售的不合格品
C.以及产品入库后由于保管不善等原因而损坏变质的产品
D.实行“三包”企业在产品出售后发现的废品

6.计算废品净损失时，应考虑的内容有（　　）。

A.生产过程中发现的不可修复废品的生产成本
B.可修复废品的修复费用
C.废品的残值
D.废品的应收赔款

7.可修复废品是指（　　）的产品。

A.技术上可修复　　B.技术上不可修复

C.所需修复费用在经济上合算　　D.所需的修复费用在经济上不合算

8.“废品损失”账户借方应反映（　　）。

A.可修复废品的生产成本　　B.不可修复废品的生产成本

C.可修复废品的工资费用　　D.可修复废品的动力费用

9.停工损失是生产车间在停工期间发生的各项费用，包括（　　）。

A.原材料费用　　B.燃料和动力

C.人工费用　　D.制造费用

10.以下停工应单独核算的有（　　）。

A.原材料不足造成的停工　　B.计划减产造成的停工

C.季节性生产造成的停工　　D.固定资产修理造成的停工

三、判断题

1.废品损失的内容包括由于保管不善而损坏变质的损失。（　　）

2.废品损失的内容要扣除回收的废品残料价值。（　　）

3.废品包括生产过程中发现的废品和入库后发现的废品。（　　）

4.不单独设置“废品损失”账户的企业，回收废品残料价值，可不做账务处理。（　　）

5.不单独设置“废品损失”账户的企业，不可修复废品的生产成本和可修复废品的修复费用，都在“基本生产成本”账户中核算。（　　）

6.“废品损失”账户上的废品净损失，月末均应由本月同种产品的成本负担。（　　）

7.“废品损失”账户月末没有余额。（　　）

8.“停工损失”账户的借方余额，月末应分配记入该车间各种产品成本明细账的“停工损失”项目。（　　）

9.当车间生产多种产品时，“废品损失”“停工损失”的借方余额，月末均直接计入该产品的产品成本中。（　　）

10.正常停工费用在产品成本核算范围内，应计入产品成本。（　　）

四、实训题

实训一

目的：实训不可修复废品损失的核算。

资料：宏远制造有限公司对产生的废品损失单独设置“废品损失”科目进行核算。2023年6月发生不可修复废品20件，公司按定额成本计算废品损失。有关资料如下：

（1）该公司核定该产品单位直接材料成本300元。

（2）不可修复废品的单位定额工时为20小时，每小时定额人工费用和制造费用分别为18元和15元。

（3）该产品所耗材料在生产开始时一次投入。

（4）不可修复废品回收的残料价值500元，责任人应付赔偿款1 000元，款尚未收到。

要求：

（1）计算不可修复废品的生产成本。

（2）计算不可修复废品的净损失。

（3）编制与不可修复废品相关的会计分录。

实训二

目的：实训可修复废品损失的核算。

资料：宏远制造有限公司对产生的废品损失单独设置“废品损失”科目进行核算。2023年6月有关资料如下：

（1）根据本月“领料汇总表”，修复A产品领用材料实际成本2 000元。

（2）根据本月“职工薪酬分配表”，修复A产品实际耗用100小时，每小时的直接人工为40元。

（3）根据本月“制造费用分配表”，修复A产品应负担的制造费用为800元。

（4）A产品废品损失，应由过失人赔偿1 000元，款尚未收到。

要求：

（1）计算可修复废品的修复费用。

（2）计算可修复废品的净损失。

（3）编制与可修复废品相关的会计分录。

能力测评

在专业能力测评表内打“√”，A掌握，B基本掌握，C未掌握。

业务能力	评价指标	自测结果	要求
废品损失的核算	1.废品及废品损失的概念	□A　□B　□C	理解透彻 思路清晰 计算准确
	2.可修复废品的修复费用的处理	□A　□B　□C	
	3.不可修复废品的处理	□A　□B　□C	
	4.废品损失的核算	□A　□B　□C	
停工损失的核算	1.停工损失的概念	□A　□B　□C	概念区分明晰
	2.停工损失的内容	□A　□B　□C	
	3.停工损失的核算	□A　□B　□C	
教师评语：			
成绩：		教师签字：	

项目六

生产费用在完工产品和在产品之间的归集和分配

职业能力目标

1. 知识目标

（1）了解在产品的含义及在产品数量的确定方法；

（2）理解在产品与产品成本计算的关系；

（3）掌握产品成本在完工产品与在产品之间的分配方法；

（4）能够选择不同的分配方法将产品成本在完工产品与在产品之间进行正确分配。

2. 能力目标

（1）能够按所耗原材料分配法正确将生产费用在完工产品与在产品之间进行分配；

（2）能够按约当产量比例法正确将生产费用在完工产品与在产品之间进行分配；

（3）能够按定额比例法正确将生产费用在完工产品与在产品之间进行分配；

（4）能够按在产品按定额成本计算法正确将生产费用在完工产品与在产品之间进行分配。

3. 素养目标

（1）通过精确的计算与分配，形成成本控制意识；

（2）通过多种分配标准的运用，养成严谨的职业态度。

4. 思政元素

归纳分析的工作思维、科学严谨的职业态度。

典型工作任务

1. 在产品的确认；

2. 生产费用的分配。

任务一　在产品的确认

学习情境6-1

某工业企业基本生产车间在产品清查结果：甲产品的在产品盘盈10件，单位定额成本20元；乙产品的在产品盘亏8件，单位定额成本30元，应由过失人赔款20元；丙产品的在产品毁损250件，单位定额成本20元，残料入库作价200元。丙产品在产品的毁损是由自然灾害造成的，应由保险公司赔偿3 000元（款项尚未收到），其余损失计入产品成本。上述清查结果都已经批准转账。

请问：针对以上在产品的清查，该企业应如何进行账务处理？

任务导入

工作任务	技能要点及任务成果	重要知识点	学时
阅读学习情境6-1的资料，为在产品的清查作出正确的账务处理	1. 了解在产品和产成品的概念、区别 2. 了解在产品和产成品成本核算的意义 3. 对完工产品和在产品进行正确划分	1. 在产品收发结存的核算 2. 在产品清查的核算	2

任务学习

一、知识准备

（一）在产品与完工产品之间的关系

1. 在产品的含义

简单地说，在产品就是尚未加工完成的产品，包括广义在产品与狭义在产品。

广义在产品是指从产品投产开始至尚未制成最终产成品的一切产品，包括正在加工过程中的在制品、已完成一个或几个生产步骤还需继续加工的半成品、已完工但尚未入库的完工产品、正在返修或等待返修的废品等。广义在产品是就整个企业来说的。比如，某汽车生产企业，一车间生产汽车底盘，二车间生产发动机，三车间生产轮胎，四车间汽车装配。相对汽车而言，前3个车间生产的产品无论是完工产品，还是月末在产品，都是广义的在产品。

狭义在产品仅指正在某个生产车间或生产步骤加工中的产品。本项目所讲的在产品是狭义的在产品。

2. 完工产品的含义

在产品完成生产过程、验收入库以后，就成为完工产品。由于在产品有广义和狭义之区别，完工产品也有广义和狭义之不同。狭义完工产品仅指最后步骤或成品车间生产完成的产品，即产成品。广义完工产品既包括本步骤或本车间生产完成的产品，也包括最后步骤生产完成的产品。本章所说的完工产品是广义的完工产品。

3. 在产品与完工产品的关系

期初在产品数量 + 本期投产量 = 本期完工产品数量 + 期末在产品数量

显然，在产量一定的情况下，在产品和完工产品数量存在此消彼长的关系。因此，正确计算在产品数量，确定在产品成本，是确定完工产品成本的关键。

（二）完工产品成本和在产品成本计算的模式

企业在生产产品过程中所发生的各项费用，在经过分配后，都汇集在“基本生产成本”明细账中。这些费用的总和减去交库的废品价值后，就是本月发生的生产费用。如果月初、月末有在产品，则本月发生的生产费用加上月初在产品成本之后，必须在完工产品和月末在产品之间进行分配，才能计算出本月完工产品成本。月初在产品成本、本月生产费用、本月完工产品成本和月末在产品成本之间的关系可用下式表示：

月初在产品成本 + 本月生产费用 = 本月完工产品成本 + 月末在产品成本

月初在产品成本可以从月初会计账簿记录中取得；本月发生的生产费用可以通过前面述及的费用归集分配方法得出。等式右边两个指标的计算，一般有以下三种方法：

1. 顺算法

所谓顺算法，就是先计算完工产品成本，然后，将生产费用合计减去完工产品成本，其余额就是月末在产品成本。

2. 逆算法

所谓逆算法，就是先计月末在产品成本，将生产费用合计减去月末在产品成本，其余额就是完工产品成本。

3. 同时计算法

所谓同时计算法，就是采用适当的分配标准，算出共同的分配率，利用该分配率同时计算出完工产品成本和月末在产品成本。

在实际工作中，人们习惯采用逆算法和同时计算法，而不采用顺算法，这主要是为了消除计算误差对各期成本的影响。

（三）在产品数量的核算

在产品数量的核算，其主要内容包括两方面，一是做好在产品收入、发出和结存的核算；二是做好在产品定期和不定期的清查盘点，核实数量，查明盈亏的原因和责任。

1. 在产品收发结存数量的日常核算

在产品收发结存数量的日常核算，通常是借助于在产品台账进行的。在产品台账又称“在产品收发结存账”（见表6-1），可以分车间、班组并按零部件的名称、类别、批别分别设置，用以反映和记录车间、班组的在产品收入、发出和结存的情况；还可以结合生产的类型和管理的要求，进一步按照加工工序、工艺流程来组织在产品的数量核算。各车间应认真做好在产品的验收、计量和交接工作，根据在产品内部转移凭证、领料凭证、产品检验凭证和产品交库凭证等进行登记，以随时掌握在产品的增减动态与生产进度，加强生产管理。在产品台账既可以由车间核算人员登记；也可以由各班组登记，并由车间核算人员审核汇总。

表6-1　　在产品收发结存账

产品名称：甲产品　　车间名称：一车间　　单位：件

2023年		摘要	收入		发出			结存	
月	日		凭证号	数量	凭证号	合格品	废品	完工	未完工
6	1	结存							200
6	3	收入	6 102	80	6 201	100		10	170
		……							
6	30	合计		1 100		790	10	180	120

2. 在产品清查的核算

为了核实在产品的数量，使账面数量与实物量相符，还必须对在产品进行定期或不定期的清查盘点，将清查盘点的数量如实记录下来，编制“在产品清查报告表”，根据报告表上的数据调整账面记录。

清查后，如果在产品发生盘盈，按盘盈在产品成本（一般按定额成本计算），借记“基本生产成本”账户；贷记“待处理财产损溢”账户。经批准处理时，则应借记“待处理财产损溢”账户，贷记“制造费用”等账户。

清查后，如果在产品发生盘亏，借记“待处理财产损溢”账户；贷记“基本生产成本”账户；取得的残料，应借记“原材料”账户，贷记“待处理财产损溢”账户；经报批准转销时，应根据不同的原因和责任，分别予以处理。其中，由于车间管理不善造成的损失，转入“制造费用”账户。因此，在产品盘盈盘亏处理的核算，应在“制造费用”账户结账之前进行。

二、任务导学

【工作实例6-1】某企业基本生产车间在产品清查结果为：甲产品在产品盘亏10件，单位定额成本120元，经查属于统计错误，列入制造费用。乙产品在产品毁损5件，单位定额成本40元，残料入库30元，责任人赔偿80元，其余列入产品成本。

任务处理如下：

（1）盘亏和毁损时

借：待处理财产损溢	1 400	
贷：基本生产成本——甲产品		1 200
——乙产品		200

（2）残料入库时

借：原材料	30	
贷：待处理财产损溢		30

（3）责任人赔偿时

借：其他应收款	80	
贷：待处理财产损溢		80

（4）批准转销时

借：制造费用	1 290	
贷：待处理财产损溢		1 290

三、任务实施

根据学习情境6-1的资料，在老师指导下，理解在产品的盘盈和盘亏，并完成下列任务：针对三种在产品的清查，该企业应做的账务处理。

任务二　生产费用的分配

学习情境6-2

鸿兴制造公司属于增值税一般纳税人，2023年12月A产品完工500件，月末在产品150件，原材料在生产开始时一次性投入。应分配费用：月初和本月发生的原材料费用12 700元，人工费5 000元，其他费用2 480元，在产品完工程度测定为80%。

要求：请采用约当产量比例法，分配A产品完工产品的成本和月末在产品成本。

任务导入

工作任务	技能要点及任务成果	重要知识点	学时
阅读学习情境6-2的资料，计算A产品完工产品成本和月末在产品成本	1.掌握产品成本在完工产品与在产品之间的分配方法 2.计算本月生产产品的完工成本和月末在产品成本	1.按所耗原材料分配法计算成本 2.约当产量比例法计算成本 3.定额比例法计算成本 4.在产品按定额成本计算法计算成本 5.完工产品成本结转的会计处理	6

任务学习

一、知识准备

企业应当根据产品的生产特点，如在产品数量的多少、各月末在产品数量变化的大小、各月末在产品数量变化的大小、各项费用在成本中所占的比重及定额管理基础的好坏等具体条件，选择既合理又简便的分配方法。

微课6-1

生产费用的分配

生产费用在完工产品和在产品之间分配的方法。常用的有：不计算在产品成本法、在产品成本按年初数固定计算法、在产品成本按所耗原材料成本计算法、在产品按完工产品计算法、在产品按定额成本计算法、定额比例法、约当产量法。

（一）不计算在产品成本法

不计算在产品成本法，指虽然月末有结存在产品，但月末在产品数量很少，全部生产费用由完工产品负担。用计算公式表示为：

本月完工产品成本 = 本月发生生产费用

特点：本月生产费用全部由完工产品负担。

适用于：月末在产品数量很少、价值很低的产品，如食品、自来水等。

（二）在产品成本按年初数固定计算法

在产品成本按年初数固定计算法，是对各月月末在产品成本按年初在产品成本计价的一种方法。用计算公式表示为：

月末在产品成本 = 月初在产品成本 = 年初固定数

本月完工产品成本 = 月初在产品成本 + 本月生产费用发生额 − 月末在产品成本 = 本月生产费用发生额

特点：各月月末在产品成本 = 年初在产品成本

适用于：月末在产品数量较少、或数量较多，但数量稳定、起伏不大的产品，如炼钢、化工企业的产品。

（三）在产品成本按所耗原材料成本计算法

在产品成本按所耗原材料成本计算法，就是月末在产品只计算所耗的直接材料费用，不计算人工费用和制造费用的方法。用计算公式表示为：

月末在产品成本 = 月末在产品材料成本

本月完工产品成本 = 月末在产品材料成本 + 本月生产费用发生额 − 在产品材料成本

特点：在产品只负担所耗材料费，而加工费全部由完工产品负担。

适用于：月末在产品数量较多、变化较大且原材料费用比重大的产品，如纺织、造纸、酿酒行业的产品。

（四）在产品按完工产品计算法

在产品按完工产品计算法，就是将在产品视同完工产品计算、分配生产费用的方法。用计算公式表示为：

月末在产品成本 = 月末在产品数量 × 单位完工产品成本

本月完工产品成本 = 月初在产品成本 + 本月生产费用发生额 − 月末在产品成本

特点：在产品视同完工产品，按二者的数量比例分配各项生产费用。

适用于：月末在产品已接近完工或产品已经加工完毕，但尚未验收入库的产品。

（五）在产品按定额成本计算法

在产品按定额成本计算法，就是按照预先确定的定额成本计算月末在产品成本，即月末在产品成本按其数量和单位定额成本计算。用计算公式表示为：

在产品直接材料定额成本 = 在产品数量 × 材料消耗定额 × 材料计划单价

在产品直接人工定额成本 = 在产品数量 × 工时定额 × 计划小时工资率

在产品制造费用定额成本 = 在产品数量 × 工时定额 × 计划小时费用率

特点：在产品直接按定额成本计算，不考虑其实际与定额之间的差异。

适用于：各项消耗定额或费用定额比较准确、稳定，但各月末在产品数量变化不大的产品。

（六）定额比例法

定额比例法，就是将产品的生产费用在完工产品与月末在产品之间按照两者的定额消耗量或定额费用比例进行分配的方法。用计算公式表示为：

$$费用分配率=\frac{月初在产品实际费用+本月实际费用}{\begin{matrix}完工产品定额原材料\\费用或定额工时\end{matrix}+\begin{matrix}月末在产品定额原材料\\费用或定额工时\end{matrix}}$$

在产品材料实际成本 = 在产品定额原材料费用 × 费用分配率

完工产品材料实际成本 = 完工产品定额原材料费用 × 费用分配率

在产品人工或制造费用实际成本 = 在产品定额工时 × 费用分配率

完工产品人工或制造费用实际成本 = 完工产品定额工时 × 费用分配率

特点：将当期各项生产费用总额按照定额消耗量或定额费用的比例进行分配。

适用于：定额管理工作较好，各项消耗定额或费用定额比较准确、稳定，且各月末在产品数量变化较大的企业。

（七）约当产量比例法

所谓约当产量比例法，就是把月末在产品的数量按其完工程度，折合成相当于完工产品的产量（即约当产量），然后把完工产品的产量和在产品的“约当产量”相加，构成“约当总产量”。再和发生的生产费用相除，得出费用分配率，用分配率去乘完工产品产量和在产品约当量，从而计算出完工产品应负担的成本和在产品应留存的成本，简称约当产量法。用计算公式表示为：

月末在产品约当产量 = 月末在产品结存产量在产品完工程度（投料率）

$$某项费用分配率=\frac{月初在产品成本+本月生产费用}{完工产品产量+月末在产品约当产量}$$

本月完工产品总成本 = 完工产品产量 × 某项费用分配率

月末在产品成本 = 月末在产品约当产量 × 某项费用分配率

特点：

（1）费用分配率需要分别计算直接材料分配率、直接人工分配率和制造费用分配率，不能合并计算一个分配率。

（2）按照完工产品数量与月末在产品的约当产量的比例分配计算完工产品成本和月末在产品成本。

（3）汇总计算月末在产品成本和完工产品成本。

（4）费用分配率的合计数就是完工产品单位成本。

适用于：月末在产品数量较多，各月末在产品数量变化也较大，产品成本中原材料费用和人工费用及制造费用所占的比重相差不多的产品。

二、任务导学

（一）不计算在产品成本法

【工作实例6-2】康奈德公司大量生产A产品，A产品月末在产品数量很少，故采用不计算在产品成本法。本月A产品的成本计算单登记的生产费用总额为800 000元，其中直接材料为380 000元，直接人工为270 000元，制造费用为150 000元。甲产品本月完工5 000件。产品成本计算单见表6-2。

要求：根据本月发生的生产费用资料，计算A产品本月完工产品实际总成本和单位成本。

表6-2　　产品成本计算单

产品名称：A产品　　2023年9月　　产量：5 000件　　单位：元

摘要	直接材料	直接人工	制造费用	合计
本月生产费用	380 000	270 000	150 000	800 000
本月完工产品总成本	380 000	270 000	150 000	800 000
本月完工产品单位成本	76	54	30	160

（二）在产品成本按年初数固定计算法

【工作实例6-3】康奈德公司生产B产品，B产品各月末在产品数量相差不多，故采用在产品成本按年初数固定计算法。上年末在产品成本为直接材料500元，燃料及动力220元，直接人工700元，制造费用300元。产品成本计算单见表6-3。

表6-3　　产品成本计算单

产品名称：B产品　　2023年9月　　单位：元

摘要	直接材料	燃料及动力	直接人工	制造费用	合计
月初在产品成本	500	220	700	300	1 720
本月生产费用	2 800	3 750	7 860	1 900	16 310
生产费用合计	3 300	3 970	8 560	2 200	18 030
本月完工产品总成本	2 800	3 750	7 860	1 900	16 310
月末在产品成本	500	220	700	300	1 720

要求：根据本月发生的生产费用资料，计算B产品本月完工产品实际总成本和月末在产品成本。

（三）在产品成本按所耗原材料成本计算法

【工作实例6-4】假定康奈德公司C产品的月末在产品只计算直接材料费用。C产品月初直接材料费用为5 000元，本月发生直接材料费用35 000元，本月发生的加工费计6 900元，其中人工费用3 300元，制造费用3 600元。本月完工C产品3 000件，月末在产品为1 000件，材料在生产开始时一次投入，材料费用按完工产品和月末在产品数量比例分配。产品成本计算单见表6-4。其具体分配计算如下：

表6-4　　基本生产成本明细账

产品名称：C产品　　单位：元

2023年		摘要	成本项目			合计
月	日		直接材料	直接人工	制造费用	
9	1	月初在产品成本	5 000			5 000
9	30	本月生产费用	35 000	3 300	3 600	41 900
9	30	生产费用合计	40 000	3 300	3 600	46 900
9	30	结转完工产品成本	30 000	3 300	3 600	36 900
9	30	单位成本	10	1.1	1.2	12.3
9	30	月末在产品成本	10 000			10 000

$$材料费用分配率 = \frac{5\,000 + 35\,000}{3\,000 + 1\,000} = 10$$

月末在产品材料费用 = 1 000 × 10 = 10 000（元）

本月完工产品成本 =（5 000 + 35 000 + 6 900）- 10 000 = 36 900（元）

（四）在产品按完工产品计算法

【工作实例6-5】假定D产品月初在产品费用及本月发生费用见表6-5。本月完工产品为900件，月末在产品为100件，在产品已接近完工，采用月末在产品按完工产品计算法。其计算分配结果见表6-5。

表6-5　　基本生产成本明细账

产品名称：D产品　　单位：元

2023年		摘　要	成 本 项 目			合　计
月	日		直接材料	直接人工	制造费用	
9	1	月初在产品费用	4 800	2 600	3 800	11 200
9	30	本月生产费用	9 600	7 000	8 000	24 600
9	30	合　计	14 400	9 600	11 800	35 800
9	30	结转完工产品成本	12 960	8 640	10 620	32 220
9	30	单位成本	14.4	9.6	11.8	35.8
9	30	月末在产品成本	1 440	960	1 180	3 580

（五）在产品按定额成本计算法

【工作实例6-6】康奈德公司生产E产品，采用在产品按定额成本计价法分配完工产品和在产品成本。月初在产品定额成本为20 000元，本月所耗原材料费用为45 000元，人工费用为21 000元，制造费用为18 000元。完工产品数量为400件，月末在产品200件。原材料在生产开始时一次投入。单位在产品定额资料如下：原材料定额60元，人工定额30元，制造费用定额20元。完工产品和月末在产品费用分配计算结果见表6-6。

表6-6　　基本生产成本明细账

产品名称：E产品　　单位：元

2023年		摘　要	成本项目			合　计
月	日		直接材料	直接人工	制造费用	
9	1	月初在产品成本	12 000	3 000	5 000	20 000
9	30	本月生产费用	45 000	21 000	18 000	84 000
9	30	生产费用合计	57 000	24 000	23 000	104 000
9	30	结转完工产品成本	45 000	18 000	19 000	82 000
9	30	单位成本	112.5	45	47.5	205
9	30	月末在产品定额成本	12 000	6 000	4 000	22 000
9	30	单位在产品定额成本	60	30	20	110

在产品直接材料定额成本 = 200 × 60 = 12 000（元）

在产品直接人工定额成本 = 200 × 30 = 6 000（元）

在产品制造费用定额成本 = 200 × 20 = 4 000（元）

月末在产品定额成本 = 12 000 + 6 000 + 4 000 = 22 000（元）

完工产品成本 = 20 000 + 45 000 + 21 000 + 18 000 − 22 000 = 82 000（元）

（六）定额比例法

【工作实例6-7】假定F产品月初在产品费用及本月发生费用见表6-7。本月完工产品为1 800件，定额直接材料为8 000元；定额工时为11 000小时。月末在产品为200件，定额直接材料为2 000元；定额工时为4 000小时。在完工产品与月末在产品之间，直接材料费用按定额费用比例分配，其他各项费用按定额工时比例分配。

根据上述资料，分配计算见表6-7。

表6-7　基本生产成本明细账

产品名称：F产品　　　　金额单位：元

2023年		摘要		成本项目			合计
月	日			直接材料	直接人工	制造费用	
9	1	月初在产品成本		1 800	600	400	2 800
9	30	本月生产费用		8 600	3 000	2 000	13 600
9	30	生产费用累计		10 400	3 600	2 400	16 400
9	30	费用分配率		1.04	0.24	0.16	—
9	30	完工产品成本	定额	8 000	11 000小时	11 000小时	
9	30		实际	8 320	2 640	1 760	12 720
9	30	月末在产品成本	定额	2 000	4 000小时	4 000小时	
9	30		实际	2 080	960	640	3 680

（七）约当产量比例法

【工作实例6-8】某企业生产G产品，月初在产品成本中直接材料费用为2 400元，直接人工费用为1 600元，制造费用为850元；本月发生的直接材料费用为6 050元，直接人工费用为3 020元，制造费用为3 000元。本月完工产品为80件，月末在产品为50件，原材料属于在生产开始时一次投入，在产品的完工程度为60%。

（1）直接材料费用的分配

在产品材料费用的约当产量 = 50 × 100% = 50（件）

$$单位产品的直接材料费用 = \frac{2\,400 + 6\,050}{80 + 50} = 65$$

完工产品应负担的直接材料费用 = 80 × 65 = 5 200（元）

月末在产品应负担的直接材料费用 = 50 × 65 = 3 250（元）

（2）直接人工费用的分配

在产品人工费用的约当产量 = 50 × 60% = 30（件）

$$直接人工分配率 = \frac{1\,600 + 3\,020}{80 + 30} = 42$$

完工产品应负担的直接人工费用 = 80 × 42 = 3 360（元）

月末在产品应负担的直接人工费用 = 30 × 42 = 1 260（元）

（3）制造费用的分配

在产品制造费用的约当产量 = 50 × 60% = 30（件）

$$制造费用分配率 = \frac{850 + 3\,000}{80 + 30} = 35$$

完工产品应负担的制造费用 = 80 × 35 = 2 800（元）

月末在产品应负担的制造费用 = 30 × 35 = 1 050（元）

基本生产成本计算表见表6-8。

表6-8　　基本生产成本计算表

产品名称：G产品　　金额单位：元

2023年		摘　　要	成本项目			合　　计
月	日		直接材料	直接人工	制造费用	
9	1	月初在产品成本	2 400	1 600	850	4 850
9	30	本月生产费用	6 050	3 020	3 000	12 070
9	30	生产费用累计	8 450	4 620	3 850	16 920
9	30	在产品约当产量（件）	50	30	30	—
9	30	完工产品数量（件）	80	80	80	—
9	30	总约当产量（件）	130	110	110	—
9	30	费用分配率（单位成本）	65	42	35	142
9	30	完工产品成本	5 200	3 360	2 800	11 360
9	30	月末在产品成本	3 250	1 260	1 050	5 560

三、任务实施

根据学习情境6-2的资料，在老师指导下，完成表6-9的任务，计算出A产品完工产品成本和月末在产品成本。

表6-9　　基本生产成本计算表

产品名称：A产品　　2023年12月31日　　金额单位：元

项　目	成本项目			合　　计
	直接材料	直接人工	制造费用	
生产费用累计				
在产品约当产量（件）				
完工产品数量（件）				
总约当产量（件）				
费用分配率（单位成本）				
完工产品成本				
月末在产品成本				

四、拓展阅读：约当产量比例法下投料程度和完工程度的确定

（一）约当产量比例法下投料程度的确定

在约当产量比例法下，必须正确计算月末在产品的约当产量，要正确计算月末在产品

的约当产量，对于材料费用，首先必须确定投料程度。

直接材料费用项目约当产量的确定，取决于在产品的投料程度。在产品的投料程度是指在产品已投材料占完工产品应投材料的百分比。投料方式不同，在产品投料程度也不同，可将投料方式归为以下几种：

1.原材料在生产开始时一次性投入

当直接材料于生产开始时一次性投入，即投料百分比为100%时，不论在产品完工程度如何，其单位在产品耗用的原材料与单位完工产品耗用的原材料都是相等的。因此，用以分配直接材料费用的在产品的约当产量即为在产品的实际数量。

2.原材料陆续投入，且投入量与加工进度一致

当直接材料随生产过程陆续投入且投料量与加工进度一致时，在产品投料程度的计算与完工程度的计算相同。

3.原材料陆续投入，且投入量与加工进度不一致

当直接材料随生产过程陆续投入，且原材料投料程度与加工进度不一致时，原材料的投料程度应按每道工序的原材料投料定额计算。

其计算公式为：

$$\text{某工序在产品投料程度} = \frac{\text{前面各道工序投料定额之和} + \text{本工序投料定额} \times 50\%}{\text{完工产品投料定额总量}} \times 50\%$$

4.原材料在各工序一次性投入

如果在生产过程中，原材料不是在生产开始时一次性投入，而是分工序一次性投入，即在每道工序开始时一次性投入本工序所耗原材料。此时，各工序在产品耗用的原材料与完工产品耗用的原材料是一样的。则月末在产品投料程度的计算公式为：

$$\text{某工序在产品投料程度} = \frac{\text{到本道工序为止的累计投料定额}}{\text{完工产品投料定额}} \times 100\%$$

【工作实例6-9】某企业生产的E产品依次经过三道工序加工，原材料在各工序生产过程中陆续均衡投入，E产品单位产品原材料消耗定额为2 000元，其中第一道工序投入1 000元，第二道工序投入600元，第三道工序投入400元。本月E产品月末在产品为300件，其中第一道工序120件，第二道工序100件，第三道工序80件。其月末在产品投料程度和约当产量的计算结果见表6-10。

表6-10 在产品投料程度及约当产量计算表

产品：E产品 2023年9月

工序	各工序投料定额（元）	投料程度（%）	在产品数量（件）	约当产量（件）
1	1 000	$\frac{1\,000 \times 50\%}{2\,000} \times 100\% = 25\%$	120	$120 \times 25\% = 30$
2	600	$\frac{1000 + 600 \times 50\%}{2\,000} \times 100\% = 65\%$	100	$100 \times 65\% = 65$
3	400	$\frac{1\,000 + 600 + 400 \times 50\%}{2\,000} \times 100\% = 90\%$	80	$80 \times 90\% = 72$
合计	2 000		300	167

【工作实例6-10】设F产品的生产由两道工序制成，其原材料分次投入，分别在两个

工序开始时一次投入。关于F产品的原材料消耗定额和在产品数量资料，以及投料程度的计算，约当产量的计算及其结果，见表6-11。

表6-11　约当产量计算表

产品：F产品　2023年9月

工序	原材料消耗定额（千克）	在产品数量（件）	在产品投料程度	在产品约当产量（件）
1	600	1 100	$\frac{600}{1\,000}\times 100\%=60\%$	$1\,100\times 60\%=660$
2	400	500	$\frac{600+400}{1\,000}\times 100\%=100\%$	$500\times 100\%=500$
合计	1 000	1 600	—	1 160

如果F产品本月完工5 000件，月初在产品直接材料成本和本月发生的直接材料费用累计为61 600元，那么，直接材料成本分配率可计算如下：

$$直接材料成本分配率=\frac{61\,600}{5\,000+1\,160}=10$$

完工产品应负担的直接材料费用 = 5 000 × 10 = 50 000（元）

月末在产品应负担的直接材料费用 = 1 160 × 10＝11 600（元）

（二）约当产量比例法下完工程度的确定

在约当产量比例法下，必须正确计算月末在产品的约当产量，要正确计算月末在产品的约当产量，对于人工和制造费用，首先必须确定完工程度。

当企业生产进度比较均衡，各道工序在产品加工数量相差不大时，全部在产品完工程度都可以按50%平均计算，否则，各道工序在产品完工程度应按工序分别测定。在分别测定在产品完工程度时，应根据它所经各工序的累计工时定额与完工产品工时定额的比例进行测算。在产品完工程度的计算公式如下：

$$\text{某道工序上的在产品完工程度}=\frac{前面各道工序的累计工时定额+本道工序工时定额\times 50\%}{完工产品工时定额}\times 100\%$$

上式中本工序（即在产品所在工序）工时定额乘以50%，是因为各工序中在产品的完工程度不同，为了简化完工程度的测算工作，在本工序一律按平均完工率50%计算。

【工作实例6-11】某企业生产F产品，其单件工时定额为50小时，经两道工序制成。其中第一道工序的工时定额为20小时，第二道工序工时定额为30小时。其在产品完工程度计算如下：

$$第一道工序在产品的完工程度=\frac{20\times 50\%}{50}\times 100\%=20\%$$

$$第二道工序在产品的完工程度=\frac{20+30\times 50\%}{50}\times 100\%=70\%$$

如果F产品本月完工600件，第一道与第二道工序的在产品数量分别为200件、100件。月初在产品和本月发生的制造费用共计142 000元，按上述确定的在产品完工程度，对费用分配计算如下：

第一道工序在产品的约当产量 = 200 × 20% = 40（件）

第二道工序在产品的约当产量 = 100 × 70% = 70（件）

$$费用分配率 = \frac{142\ 000}{600 + 40 + 70} = 200$$

完工产品应负担的制造费用 = 600 × 200 = 120 000（元）

月末在产品应负担的制造费用 =（40 + 70）× 200 = 22 000（元）

成本会计与中国经济

以价值链分析为核心构建全面成本管理体系

【关键词】成本循环控制；目标成本法；智能制造；中国式现代化

华域汽车系统股份有限公司（简称“华域汽车”）原是我国最大的省际长途客运企业和上海最大的公共汽电车运输企业，公司承担着上海市60%的公共汽电车客运量，其车队规模居全国第一，在上海公交市场处于绝对的垄断地位。

华域汽车拥有出租车近5 800辆，约占城区出租车总量的14%，在上海地区具有较强的竞争力。华域汽车2009年实现由公交业务为主向独立供应汽车零部件业务的整体转型，直属的23家独立供应汽车零部件企业，覆盖汽车内外饰件、功能性总成件和热加工三大业务板块，主要产品及业务为交通运输车辆和工程机械的零部件及其总成的设计、研发、制造和销售，具有较强的核心竞争能力和可持续发展能力。

华域汽车以价值链分析为核心，着眼全局实现成本循环控制，运用目标成本法，构建了先进的成本控制体系。其主要亮点有：

一是以市场为导向制定和分解目标成本。

在项目启动阶段，通过组建项目联合团队进行战略分析，与合资外方沟通及开展系列研讨会等方式，讨论确定目标市场价格，并将目标成本拆分至五个专业组层面。专业组将整车材料成本进一步细化到零件层面，得出零件的成本目标值。

二是以价值链分析为核心构建全面成本管理体系。

华域汽车基于企业整体利益，在综合考虑成本、客户价值、投资及其他费用的基础上，对某一项装备或者功能进行全面考量。在该项装备的客户价值能够覆盖成本上升、具有盈利性的情况下，财务部可以对材料成本预估值和目标值进行相应调整。

三是实行成本循环控制。

华域汽车的成本管理着眼于成本的事前控制，同时统筹生产阶段的事中控制和事后的综合分析和考核，真正做到成本的循环控制。事中材料成本控制可以及时有效地对当月发生的成本变动进行反应，事后材料成本控制通过对新产品今后一至五年的发展趋势进行预测，随时反馈各种成本偏差信息，以利于及时采取措施做好成本控制工作。

资料来源：陈晓东. 目标成本法在华域汽车成本控制体系中的应用［J］. 财务与会计，2017（6）:46-48.

【启示】华域汽车是中国综合型汽车零部件龙头供应商，公司通过自主研发、与外资合资等多种方式，形成完善的零部件布局，技术实力和市场份额领先，公司客户涵盖上汽集团、北京奔驰、华晨宝马、长安福特、东风日产等众多主机厂。在成本管理方面，推动产业升级换代，提升管理效率、关闭低效工厂、裁撤冗余员工、推行全面成本管理。

2018—2020年，公司在营收不断增长的同时，产品生产成本不断降低，毛利率由13.8%提升至15.2%。按照党的二十大精神，公司实施产业基础再造工程和重大技术装备攻关工程，支持专精特新企业发展，推动制造业高端化、智能化、绿色化发展，为中国式现代化贡献力量。

习题与实训

一、单项选择题

1.经过前面各项要素费用的归集与分配后，应计入本期各种产品的费用均已集中反映到各成本核算对象的（　　）明细账中。

A.基本生产成本　B.制造费用　C.材料费用　D.生产损失

2.月初在产品成本、月末在产品成本、本月生产费用和本月完工产品成本四者之间的关系，可用公式表示为（　　）。

A.月初在产品成本－本月生产费用＝本月完工产品成本＋月末在产品成本

B.月初在产品成本＋本月生产费用＝本月完工产品成本＋月末在产品成本

C.月初在产品成本＋本月生产费用＝本月完工产品成本－月末在产品成本

D.月初在产品成本－本月生产费用＝本月完工产品成本－月末在产品成本

3.要计算在产品的成本，首先要准确计算在产品的（　　）。

A.运费　B.成本　C.数量　D.质量

4.在产品的清查一般于（　　）结账前进行，采用实地盘点法进行清查。

A.月中　B.月初　C.任意时间　D.月末

5.企业在清查中发现在产品盘盈时，应按实际平均单位成本、定额成本或计划成本予以入账，借记“（　　）”账户。

A.制造费用　B.待处理财产损溢　C.基本生产成本　D.管理费用

6.采用在产品成本按年初固定成本计算法，将生产费用在完工产品与期末在产品之间的分配，适用于（　　）的情况。

A.各月在产品数量很大

B.各月末在产品数量虽大，但各月之间变化不大

C.各月末在产品数量变化较大

D.各月成本水平相差不大

7.当企业月末在产品数量较多且数量变化也较大，而原材料费用在成本中所占比重较大的产品，通常应按（　　）将生产费用在完工产品和月末在产品之间分配。

A.定额比例法　B.在产品按原材料费用计价法

C.约当产量比例法　D.在产品按定额成本计价法

8.企业某种产品的各项定额准确、稳定，且各月末在产品数量变化不大，为了简化成本计算工作，其生产费用在完工产品与在产品之间分配应采用（　　）。

A.定额比例法　B.在产品按完工产品成本计算法

C.约当产量比例法　　D.在产品按定额成本计价法

9.原材料在每道工序开始时一次投料的情况下，在产品投料程度等于（　　）与完工产品原材料消耗定额的比率。

A.在产品所在工序原材料累计消耗定额的50%

B.在产品所在工序原材料消耗定额的50%

C.在产品所在工序原材料消耗定额

D.在产品所在工序原材料累计消耗定额

10.某种产品经两道工序加工而成。单位产品的工时定额为40小时，其中第一道工序为10小时，第二道工序为30小时，各道工序在产品在本道工序的加工程度按工时定额的50%计算。第一道工序在产品数量为80件，第二道工序在产品数量为40件，则期末在产品的约当产量为（　　）件。

A.120　　B.35　　C.25　　D.60

11.当企业月末在产品数量较多且数量变化也较大，产品成本中原材料费用和工资等加工费用在成本中所占比重相当时，应选用的费用分配方法是（　　）。

A.定额比例法　　B.在产品按原材料费用计价法

C.约当产量比例法　　D.在产品按定额成本计价法

12.某企业产品经过两道工序，各工序的工时定额分别为30小时和40小时，则第二道工序的完工率为（　　）。

A.68%　　B.69%　　C.70%　　D.71%

13.下列选项中不属于完工产品与月末在产品之间分配费用方法的是（　　）。

A.约当产量比例法　　B.不计算在产品成本法

C.按年度计划分配率分配法　　D.定额比例法

14.按完工产品和月末在产品数量比例，分配计算完工产品和月末在产品成本，必须具备的条件是（　　）。

A.在产品已接近完工　　B.原材料在生产开始时一次投料

C.在产品原材料费用比重较大　　D.各项消耗定额比较准确、稳定

15.某产品经过两道工序加工完成。第一道工序月末在产品数量为100件，完工程度为20%；第二道工序的月末在产品数量为200件，完工程度为70%。据此计算的月末在产品约当产量为（　　）。

A.20件　　B.135件　　C.140件　　D.160件

16.采用约当产量比例法计算完工产品和在产品成本时，若原材料不是在开始生产时一次投入的，而是随生产进度陆续投入，但在每道工序是一次投入的，原材料消耗定额第一道工序为30千克，第二道工序为60千克，则第二道工序在产品的投料程度为（　　）。

A.67%　　B.22%　　C.100%　　D.97%

17.采用约当产量比例法计算在产品成本时，影响在产品成本准确性的关键因素是（　　）。

A.在产品的数量　　B.在产品的完工程度

C.完工产品的数量　　D.废品的数量

18.定额管理基础较好，各项消耗定额或费用定额比较准确、稳定，但各月末在产品数量变化较大的企业，在产品成本的计算通常采用（　　）。

A.在产品按定额成本计价法　　B.定额比例法

C.在产品按原材料费用计价法　　D.约当产量比例法

19.在产品按定额成本计价法计算时，其实际成本与定额成本之间的差异应计入（　　）。

A.在产品成本　　B.营业外支出　　C.完工产品成本　　D.期间费用

20.某企业本月生产某种完工产品200件，在产品为50件，在产品完工程度为40%，月初与本月投入原材料费用合计为50 000元，原材料为生产开始时一次性投入，那么完工产品与在产品之间的原材料费用各为（　　）。

A.45 000元和5 000元　　B.3 750元和125 000元

C.40 000元和10 000元　　D.45 454.55元和4 545.45元

21.不计算在产品成本法的适用范围是（　　）。

A.在产品数量较多，且各月数量大体稳定

B.在产品数量较少，且各月数量变动不大

C.材料费用占产品成本的比重较大

D.在产品已接近完工

22.采用约当产量比例法，如果产品生产过程中直接人工费用和制造费用的发生都比较均衡，在产品完工程度可按（　　）计算。

A.25%　　B.50%　　C.60%　　D.100%

23.月末，（　　）账户若有余额，说明基本生产车间有尚未加工完成的各种在产品。

A.基本生产成本　　B.制造费用　　C.燃料费用　　D.管理成本

24.为了反映完工产品入库的情况，需要设置（　　）账户进行核算。

A.库存商品　　B.材料费用　　C.基本生产成本　　D.固定资产

25.企业只生产和销售M产品，2022年6月1日期初在产品成本为7万元。6月份发生如下费用：领用材料12万元，生产工人工资4万元，制造费用2万元，行政管理部门物料消耗3万元，专设销售机构固定资产折旧费1.6万元。月末在产品成本6万元。该企业6月份完工M产品的生产成本为（　　）万元。

A.18　　B.19　　C.16.6　　D.23.6

二、多项选择题

1.在完工产品和月末在产品之间分配费用的方法通常有（　　）。

A.先确定月末在产品费用，再计算完工产品费用

B.将前两项之和在后两项之间按照一定的分配比例进行分配，同时算出完工产品费用和月末在产品费用

C.先确定月初在产品费用，再计算完工产品费用

D.将前两项之和在后两项之间按照一定的分配比例进行分配，同时算出完工产品费用和月初在产品费用

2.无论采用哪一种分配方法，都必须正确组织在产品数量核算，取得在产品（　　）

的数量资料。

A.收入　B.发出　C.结存　D.储存

3.企业产品的生产情况一般有（　　）。

A.在某种产品没有在产品的情况下，计入该种产品成本的全部生产费用，就是本期完工产品的总成本

B.如果本月没有完工产品，则计入该种产品成本的全部生产费用，就是期初在产品的总成本

C.如果本月没有完工产品，则计入该种产品成本的全部生产费用，就是期末在产品的总成本

D.如果本月既有完工产品，又有在产品，就需要采用适当的方法，将本月累计发生的生产费用在完工产品和月末在产品之间进行分配，分别计算出完工产品成本和期末在产品成本

4.完工产品与月末在产品之间分配费用的方法有（　　）。

A.交互分配法　B.不计算在产品成本法

C.约当产量比例法　D.在产品按定额成本计价法

5.确定完工产品与月末在产品之间费用分配的方法时，应考虑的条件有（　　）。

A.各项费用比重的大小　B.在产品数量的多少

C.定额管理基础的好坏　D.各月在产品数量变化的程度

6.采用在产品按原材料费用计价法分配生产费用时，应具备的条件有（　　）。

A.原材料费用在产品成本中占比重较大

B.各月末在产品数量较多

C.各月末在产品数量变化较大

D.各月在产品数量比较稳定

7.采用定额比例法在完工产品和月末在产品之间分配生产费用，应考虑的条件有（　　）。

A.各月末在产品数量变化不大　B.消耗定额比较稳定

C.各月末在产品数量变化较大　D.消耗定额比较准确

8.采用约当产量比例法分配完工产品和月末在产品费用，适用于（　　）的产品。

A.月末在产品数量不多

B.月末在产品数量较多

C.产品成本中各项费用所占比重相差不多

D.各月在产品数量变动较大

9.分配计算完工产品和月末在产品的费用时，采用在产品按定额比例法应具备的条件有（　　）。

A.各月末在产品数量较多　B产品的消耗定额比较稳定

C.各月末在产品数量较少　D.产品的消耗定额比较准确

10.进行完工产品成本的结转时应记入的账户有（　　）。

A.“生产成本”　B.“制造费用”

C.“原材料”　D.“库存商品”

三、判断题

1.广义在产品是指企业已经投入生产，但尚未最后完工，不能作为商品销售的产品。（　）

2.车间在产品收发结存的日常核算，可以通过“在产品收发结存账”（也叫“在产品台账”或者“在产品记录卡”）进行实物数量的核算。（　）

3.企业在清查中发生在产品盘盈时，应按实际平均单位成本、定额成本或计划成本予以入账。（　）

4.企业应根据其在产品数量的多少、各月在产品数量变化的大小，各种费用比重的大小以及定额管理基础的好坏等具体条件和实际情况，选择既合理又简便的分配方法。（　）

5.当采用在产品按原材料费用计价法分配生产费用时，本月发生的加工费用，全部由在产品负担。（　）

6.采用约当产量比例法分配生产费用时，由于月末在产品的投料程度和加工程度可能不一致，应分别按产品成本项目计算月末在产品的约当产量，根据不同的约当产量分配不同成本项目的费用。（　）

7.某产品分三道工序投料，第三道工序是在生产开始时一次投料，而第一、第二道工序均是在生产过程中均匀投料。则第三道工序在产品的投料完工率为100%。（　）

8.某工序在产品的累计工时定额 = 前面各工序工时定额之和 + 本工序工时定额 × 50%。（　）

9.当采用定额比例法分配生产费用时，每月生产费用脱离定额的差异，全部由完工产品负担。（　）

10.经过费用的分类、归集和分配，应计入本月各种产品成本的各项费用，按照成本项目直接计入或分配计入各种产品的成本。（　）

11.计入各种产品成本的生产费用，又经过完工产品和月末在产品之间的分配，从而求得月末在产品的成本和完工产品的成本。（　）

12.为了反映完工产品入库的情况，需要设置“基本生产成本”账户进行核算。（　）

四、实训题

实训一

目的：实训月末在产品成本按所耗原材料成本计算法计算产品成本。

资料：假定宏远制造有限公司A产品的月末在产品只计算原材料费用。A产品月初原材料费用为10 000元；本月发生原材料费用55 000元，本月发生职工薪酬3 500元和制造费用3 000元，本月完工A产品3 500件，月末在产品1 500件，材料在生产开始时一次投入，材料费用按完工产品和月末在产品数量比例分配。

要求：

（1）计算在产品的成本。

（2）编制基本生产成本计算表（见表6-12），计算完工产品成本与期末在产品成本。

（3）编制完工产品入库的会计分录。

表6-12 基本生产成本计算表

产品名称： 单位：元

2023年		凭证字号	摘要	成本项目			合计
月	日			直接材料	直接人工	制造费用	
9	1		月初在产品成本				
9	30		本月发生费用				
9	30		本月合计				
9	30		月末在产品成本				
9	30		完工产品成本				

实训二

目的：实训月末在产品成本按定额成本计价法计算产品成本。

资料：宏远制造有限公司生产B产品，采用在产品按定额成本计价法分配完工产品和在产品费用。月初在产品定额成本为30 000元（其中原材料20 000元，职工薪酬6 000元，制造费用4 000元）；本月所耗原材料费用为55 000元，职工薪酬为25 000元，制造费用为10 000元。完工产品数量为300件，月末在产品100件。单位在产品定额资料为：原材料定额60元，职工薪酬定额20元，制造费用定额10元。

要求：

（1）计算在产品的成本。

（2）编制基本生产成本计算表（见表6-13），计算完工产品成本与期末在产品成本。

（3）编制完工产品入库的会计分录。

表6-13 基本生产成本计算表

产品名称： 单位：元

2023年		凭证字号	摘要	成本项目			合计
月	日			直接材料	直接人工	制造费用	
9	1		月初在产品成本				
9	30		本月发生费用				
9	30		本月合计				
9	30		月末在产品成本				
9	30		完工产品成本				

实训三

目的：实训月末按定额比例法计算产品成本。

资料：宏远制造有限公司生产C产品，月初在产品成本和本月发生费用见表6-14。本月完工产品1 200件，定额原材料为10 000元，定额工时为8 000小时；月末在产品200件，定额原材料为2 000元，定额工时为2 000小时。在完工产品和月末在产品之间，原材料费用按定额费用比例分配，其他各项费用按定额工时比例分配。

要求：编制基本生产成本计算表（见表6-14），计算完工产品成本与期末在产品成本。

表6-14 基本生产成本计算表

产品名称：C产品 金额单位：元

年		凭证字号	摘要		成本项目			合计
月	日				直接材料	直接人工	制造费用	
9	1		月初在产品成本		2 800	600	400	
9	30		本月发生费用		8 600	3 400	2 100	
9	30		本月合计					
9	30		费用分配率					
9	30		完工产品成本	定额				
9	30			实际				
9	30		月末在产品成本	定额				
9	30			实际				

实训四

目的：实训月末按约当产量比例法计算产品成本。

资料：宏远制造有限公司生产D产品，完工产品与在产品之间费用的分配采用约当产量比例法进行，有关资料如下：

（1）本月完工产品2 000件。

（2）期末在产品500件。

（3）D产品的原材料在生产开始时一次性投入，在产品的完工程度为60%。

（4）有关生产费用资料见表6-15。

要求：采用约当产量比例法，编制基本生产成本计算表（见表6-15），计算完工产品成本与期末在产品成本。

表6-15 基本生产成本计算表

产品名称： 金额单位：元

年		凭证字号	摘要	成本项目			合计
月	日			直接材料	直接人工	制造费用	
9	1		月初在产品成本	6 000	2 250	3 000	
9	30		本月发生费用	36 000	15 000	20 000	
9	30		本月合计				
9	30		在产品约当产量				
9	30		完工产量				
9	30		费用分配率				
9	30		月末在产品成本				
9	30		完工产品成本				

实训五

目的：实训计算材料费用的约当产量。

资料：宏远制造有限公司生产E产品，E产品需经三道工序制成，直接材料消耗定额为100千克。其中：第一道工序直接材料消耗定额为40千克，第二道工序直接材料消耗定额为30千克，第三道工序直接材料消耗定额为30千克。月末在产品数量：第一道工序为200件，第二道工序为300件，第三道工序为100件。完工产品为750件。

要求：（1）假定原材料在各工序一次性投入，填写表6-16，计算E产品期末约当产量。

表6-16　在产品约当产量计算表（直接材料）

工序	本工序直接材料消耗定额（千克）	投料程度	在产品产量（件）	在产品约当产量（件）
1				
2				
3				
合计				

（2）假定原材料是陆续投入的，且投入量与加工进度不一致，填写表6-17，计算E产品期末约当产量。

表6-17　在产品约当产量计算表（直接材料）

工序	本工序直接材料消耗定额（千克）	投料程度	在产品产量（件）	在产品约当产量（件）
1				
2				
3				
合计				

实训六

目的：实训月末按约当产量比例法计算产品成本。

资料：宏远制造有限公司生产F产品。

（1）F产品需顺序经过三道工序连续加工才能完成，材料在产品生产时一次投入，本月完工产品310件，在产品在各工序的完工程度均为50%。具体资料见表6-18。在产品约当产量计算表见表6-19。

表6-18　各工序在产品工时及数量

项　目	一工序	二工序	三工序	合计
工时定额（小时）	60	100	40	200
在产品数量（件）	80	60	50	190

（2）月初在产品成本和本月发生费用见表6-20。

要求：

（1）按上述资料，在表6-19中计算在产品约当产量。

表6-19　　在产品约当产量计算

项　目	一工序	二工序	三工序	合计
工时定额（小时）	60	100	40	200
完工程度				
在产品数量（件）	80	60	50	190
在产品约当产量（件）				

（2）编制基本生产成本计算表（见表6-20），计算完工产品成本与期末在产品成本。

表6-20　　基本生产成本计算表

产品名称：　　金额单位：元

年		凭证字号	摘　要	成本项目			合　计
月	日			直接材料	直接人工	制造费用	
9	1		月初在产品成本	40 000	26 000	41 000	107 000
9	30		本月发生费用	139 640	112 500	146 000	398 140
9	30		合　计				
9	30		在产品约当产量（件）				
9	30		完工产量（件）				
9	30		分配率				
9	30		完工产品成本				
9	30		月末在产品成本				

能力测评

在专业能力测评表内打“√”，A掌握，B基本掌握，C未掌握。

业务能力	评价指标	自测结果	要求
在产品确认	1.在产品和产成品的概念、区别	□A　□B　□C	理解记忆
	2.在产品和产成品成本核算的意义	□A　□B　□C	

续表

业务能力	评价指标	自测结果	要求
生产费用分配	1. 在产品按所耗直接材料成本计价法	□A　□B　□C	理解记忆 计算准确
	2. 约当产量比例法	□A　□B　□C	
	3. 在产品按定额成本计价法	□A　□B　□C	
	4. 定额比例法	□A　□B　□C	
教师评语：			
成绩：	教师签字：		

项目七

产品成本计算方法的确定

职业能力目标

1. 知识目标

（1）了解产品成本计算方法的种类；

（2）熟悉产品成本计算方法的适用条件。

2. 能力目标

（1）能根据企业生产特点和管理要求选择正确的产品成本计算方法；

（2）能理解区分成本计算的基本方法和辅助方法的标志。

3. 素养目标

（1）通过选择恰当的成本计算方法，养成善于归纳分析的工作思维与科学严谨的职业态度；

（2）通过按照生产工艺特点对成本计算方法的选择，培养学生求真务实和实事求是的会计素养。

4. 思政元素

（1）归纳分析的工作思维、科学严谨的职业态度；

（2）深入社会实践，大兴调查之风，制定科学的成本计算方法。

典型工作任务

1. 产品生产类型的确定；

2. 产品成本计算方法的选择。

任务一　生产特点和成本管理要求对产品成本计算的影响

学习情境7-1

张明同学系某高职院校会计专业的应届毕业生，应聘到明光公司从事成本会计核算工作，会计主管安排张明先到生产车间熟悉产品的品种、生产流程、单据传递等基本情况。通过一段时间的观察，张明对企业的生产情况有了基本的了解：企业生产部门设有一个基本生产车间和一个铆焊车间。基本生产车间大量生产甲产品，其生产步骤分为四步，第一步，进行废铁熔炼；第二步，将铁水浇入铸模中，形成A半成品；第三步，将半成品进行除砂处理，形成B半成品；第四步，对上步骤B半成品进行精细加工，形成产成品甲产品。铆焊车间按订单对甲产品进行精加工生产出乙产品，同时按客户需求生产一些大型的单件产品。

任务导入

工作任务	技能要点及任务成果	重要知识点	学时
阅读学习情境7-1的资料，为基本生产车间的甲产品生产和铆焊车间的订单生产选择适用的产品成本计算方法	1. 了解企业的产品生产类型及生产组织方式 2. 了解企业的成本管理要求 3. 确定甲、乙产品的生产类型及组织方式	1. 生产类型的特点对产品成本计算的影响 2. 成本管理要求对产品成本计算的影响	1

任务学习

一、知识准备

（一）生产类型及其特点

1. 企业的生产按工艺过程的分类

生产工艺过程，是指从原材料投入到产品的产出顺序所经过的各个生产阶段。工业企业的生产，按照生产过程是否能间断划分为单步骤生产和多步骤生产两种类型。

（1）单步骤生产

单步骤生产，又称简单生产，是指生产工艺过程不能间断，或者由于工作场地的限制，不便于分散在几个不同地点进行的生产。其特点是生产工艺简单、生产周期短，没有自制半成品，生产一般只能由一个车间或一个企业整体完成，而不能由几个车间协作进行。例如，发电、采煤、供水、天然气生产等。

（2）多步骤生产

多步骤生产，又称复杂生产，是指生产工艺过程由若干个可以间断的、分散在不同地点、分别在不同时间进行的生产步骤所组成的生产。

其特点是生产工艺复杂、生产周期长，生产可以在不同的时间、地点进行；生产可以由一个企业单独进行，也可以由几个车间或企业协作进行。多步骤生产按其产品加工方式的不同和各个生产步骤的内在联系可以分为连续式多步骤生产和装配式多步骤生产两种类型。

① 连续式多步骤生产，是指原材料投入生产后，要依次经过各生产步骤的连续加工才能形成产成品的生产，如冶金、纺织、造纸等生产。这类生产的各个生产步骤（或车间）具有先后顺序的依存关系，即上一步骤完工的产品要转入下一步骤作为加工对象继续加工，这样依次转移，直到最后步骤才生产出产成品。

② 装配式多步骤生产，是指先将各种原材料平行地投入到各个生产车间，制成零件或部件，然后再将各种零件和部件装配为产成品的生产，如自行车、汽车、家用电器、钟表等的生产。这类产品生产的各个生产步骤一般具有相对的独立性。

2.企业的生产按生产组织的特点分类

生产组织是指企业保证生产过程各个环节、各项因素相互协调的产品生产方式，它体现了企业生产专业化和生产过程重复程度的高低。工业企业的生产，按照生产组织的特点，可以分为大量生产、成批生产和单件生产三种类型。

（1）大量生产

大量生产是指企业不断地重复制造相同产品的生产。在这种生产类型的企业或车间中，产品的品种较少，每种产品的数量很大，生产比较稳定。例如采掘、发电、化肥、酿酒、造纸、纺织等生产。

（2）成批生产

成批生产指企业按照预先规定的产品批别和数量进行的生产。在这种生产类型的企业或车间中，产品的品种比较多，而且各种产品的生产往往成批地重复进行，生产具有一定的重复性。例如，服装、制鞋、某些机械制造企业生产就是这种类型的生产。成批生产按照产品批量的大小，又可以分为大批生产和小批生产。大批生产的性质接近大量生产，小批生产的性质接近单件生产。

（3）单件生产

单件生产指企业按照购买单位订单的要求，生产个别的、性质特殊的产品的生产。在这种生产类型的企业或车间中，产品的品种虽然很多，但却很少重复生产。例如，重型机械、船舶、飞机制造等。

上述两种划分方法对生产类型的划分不是相互独立的，所划分的各种生产类型之间，既有差异性又有关联性，综合起来看，生产的类型表现为如图7-1所示的几种形态。

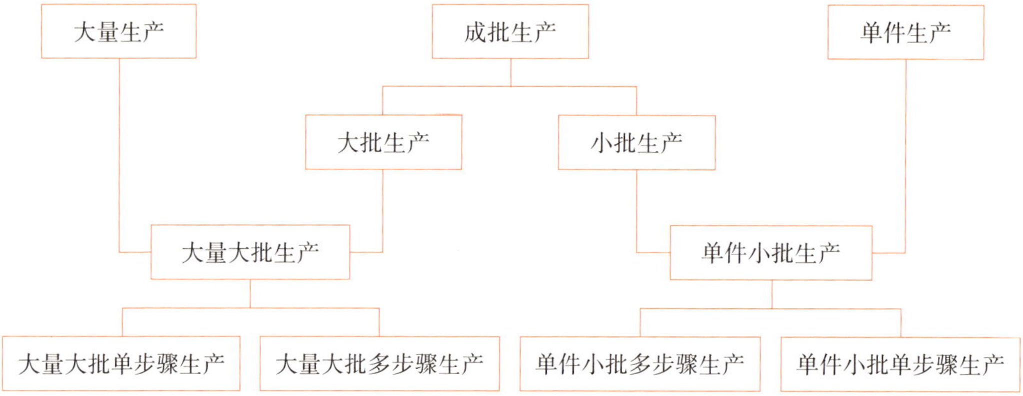

图7-1 产品生产类型示意图

3.生产工艺技术与生产组织的结合

不同的生产工艺技术与生产组织的结合，就形成不同类型的生产企业。

一般来说，连续式生产的企业从生产组织方面看，不论是连续式的单步骤生产还是连续式的多步骤生产，往往是大量大批生产的企业。

装配式生产企业的情况比较复杂，这种企业的各生产车间平行地生产产品的某一个或某些零部件，然后再由总装车间装配成产成品，各种零部件因不同产品的特定要求而具有不同规格，而产品往往是根据客户的需要来组织生产的。所以，装配式生产企业一般是属于单件生产或成批生产。

（二）确定产品成本的计算方法

产品成本计算方法是指在一定时期内，生产产品所发生的生产费用对象化到各产品上，计算出各产品总成本和单位成本的方法。确定产品成本计算方法的主要因素有：成本计算对象、成本计算期及生产费用在完工产品与在产品之间的分配。在实践中，影响产品成本计算方法的因素，主要取决于企业生产类型的特点及成本管理的要求。

1. 生产类型决定成本计算的基本框架

（1）成本计算对象的确定

成本计算对象，就是生产费用归集和分配的对象，通俗地讲就是计算什么的成本。根据成本管理的要求，制造企业的成本对象可能是产品的品种，也可能是产品的批别或者产品的生产步骤。

①连续式单步骤生产下的成本计算对象。

在连续式的简单生产下，由于原材料一经投入生产，在各个生产步骤之间就不能中断，必须连续不断地进行生产，直到最终生产出产品。由此决定各个生产步骤不仅没有期末在产品，而且也没有半成品，所以其成本计算对象比较单一，即最终完工的产品就是其成本计算对象，其成本计算对象为产品品种，如发电、供水等企业。

②连续式多步骤生产下的成本计算对象。

在连续式复杂生产下，虽然产品生产是依据一定的生产顺序进行的，但不同的生产步骤之间是可以间断的。各个生产步骤都能产生一定使用价值的半成品。在这种类型的企业中，除了要以最终完工的产品作为成本计算对象外，由于半成品可以直接对外销售，为便于成本管理和考核，往往还要计算半成品的成本，所以各步骤的半成品也是成本计算对象，其成本计算对象为产品步骤，如造纸企业。

③装配式生产下的成本计算对象。

装配式生产通常是先制造产品的零部件，然后再装配成产成品，其产品生产的工艺技术特点是相同的，对成本计算的影响主要在于生产组织方面。如果生产组织方式是单件或小批生产，其一般是以订货人的订单为依据组织生产，那么根据订单所确定的某一件或某一批产品就是其成本计算的对象，也就是说产品订单或批别就是成本计算对象。如果生产组织是大批或大量生产，通常是以最终完工产品作为成本计算对象，也就是说产品的品种作为成本计算对象。

（2）成本计算期的选择

成本计算期是指生产费用计入产品成本的时期，简单地讲，就是多长时间计算一次产品成本。企业的成本计算期可以与会计报告期一致，也可以与产品的生产周期一致。在不同的生产类型中，成本计算期也不尽相同。而成本计算期如何则主要取决于生产组织的特点。

① 在单件、小批生产中，由于生产一般都是不重复进行的，所以，产品成本只能在某件或某批产品制造完工之后才能进行计算。因此，其成本计算是不定期的，而且成本计算期一般与生产周期相一致。

② 在大批、大量生产中，由于生产是连续不断进行的，企业不断地投入原材料，同时不断地生产出产品，而且投料与生产出产品在时间上往往都是交叉进行的。在这种情况下，一般以会计报告期（如月份）作为成本计算期，定期进行成本计算。

（3）生产费用在本期完工产品与期末在产品之间的分配方式

①不进行分配。

在连续式简单生产条件下，由于生产周期一般都比较短，且生产过程又是连续不断地、均衡地进行的，期末一般都没有在产品，或在产品数量很少而且各期的在产品数量大致相同。为了简化成本计算手续，一般都将当期发生的生产费用作为当期完工产品的成本处理，不存在生产费用在本期完工产品与期末在产品之间进行分配的问题。

②需进行分配。

在大批、大量生产条件下，由于不断地生产投入与产出，投料与完工同时存在，各生产阶段必然保持一定数量不同完工程度的期末在产品，而且各期在产品数量及完工程度往往不等，这就需要将生产费用在本期完工产品与期末在产品之间进行分配。

③区别情况进行分配。

连续式的复杂生产和装配式生产，由于其生产周期一般比较长，会计期末通常都有在产品，生产费用应根据生产组织的不同特点和要求，在完工产品与在产品之间分配。在单件或小批生产下，由于以单件或小批作为成本计算对象，如果该件产品或该批产品没有完工，则所发生已归属于该件产品或该批产品负担的所有生产费用都是在产品的成本；如果该件产品或该批产品制造完工，则所发生已归属于该件产品或该批产品的所有生产费用都是完工产品的成本，所以生产费用没有必要在完工产品与在产品之间分配。

2. 成本管理的要求对成本计算方法的影响

（1）成本管理要求对成本计算对象的影响

成本计算对象受生产类型特点影响，可能是产品品种、产品批别和产品生产步骤三种中的一种或两种。但在实际中，成本计算对象不是由产品生产类型唯一确定的，通常情况下，要确定成本计算对象不仅要考虑生产类型的特点，还要同时考虑成本管理的要求。

对于大量大批单步骤生产，工艺过程单一，品种少，管理上较简单，所以成本计算对象就是产品的品种，如电力生产、面粉加工、自来水生产等。

对于大量大批多步骤生产，工艺过程复杂，为加强各步骤的成本管理，一般按照产品的生产步骤组织产品成本计算。但如果企业规模小，单件产品生产周期较短，管理上不要求按生产步骤计算成本，则只按产品品种计算即可。当然，在特定的管理模式下，大量大批生产类型的成本计算对象也可以是批别。

对于单件小批单步骤生产，一般按产品批别计算产品成本。对于单件小批多步骤生产，管理上一般不要求分步计算成本，所以也可以产品的批别作为成本计算对象，计算确定产品生产成本。

（2）成本管理要求对成本计算期的影响

在生产类型特点影响下，有两种成本计算期。一种是定期按月计算，另一种是不定期计算。从成本管理要求看，首先考虑应定期按月计算成本；其次考虑的是尽量做到成本计算期与会计报告期、生产周期一致；再次才考虑不定期计算成本。由此影响所确定的成本计算期与生产类型特点影响的结果基本一致。

（3）成本管理要求对完工产品与在产品之间分配生产费用的影响

一定时期的生产费用是否在完工产品与在产品之间进行分配，不仅要看生产上是否有在产品或在产品的多少，更要看管理上的要求。如果管理方面规定必须计算在产品成本，则进行成本分配，否则，就不进行分配。

3. 成本计算基本方法的形成

综上所述，生产类型和管理要求对成本计算方法的影响，主要体现在对成本计算对象的确定上，它制约着成本计算期、生产费用在完工产品与在产品分配的计算，从而决定着成本计算的基本方法。人们在成本会计大量实践中，总结出三种不同的成本计算对象以及以成本计算对象为标志的三种不同成本计算方法，即品种法、分批法和分步法。

（1）按产品品种（不分批、不分步）作为成本计算对象，计算产品成本的方法，称为品种法。

（2）按产品品种和每种产品所经过的生产步骤作为成本计算对象，计算产品成本的方法，称为分步法。

（3）按产品批别（或订单）作为成本计算对象，计算产品成本的方法，称为分批法。

生产类型、成本管理要求与成本计算方法选择的关系见表7-1。

表7-1　生产类型、成本管理要求与成本计算方法选择的关系

生产类型		成本管理要求	成本计算对象	成本计算方法
生产组织特点	生产工艺特点			
大量大批生产	单步骤生产	管理上不要求分步计算成本	产品品种	品种法
	多步骤生产			
单件小批生产	单步骤生产	管理上不要求分步计算成本	产品批别	分批法
	多步骤生产			
大量大批生产	多步骤生产	管理上要求分步计算各步骤产品成本	生产品种和步骤	分步法

二、任务导学

【工作实例7-1】信达强机械厂大量生产ABC机床，生产过程分为铸造、加工和装配三个步骤，其生产流程是：铸造车间根据生产计划浇铸各种铸件，经检验合格后送交自制半成品仓库，有一部分可对外销售；加工车间分别从半成品仓库领用各种铸件，经不同工序加工制成各种不同的零部件，直接送交装配车间；装配车间将收到的零部件连同由仓库领来的外购件等组装成ABC机床，经检验合格后送交成品仓库。

请问：作为成本核算人员，如何选择成本核算方法进行成本核算？

解析：ABC机床由三个生产步骤生产完成，其组织方式为大量生产，则企业的生产类型为大量大批多步骤生产，且生产过程中的半成品可对外销售，需要计算出半成品成本，故企业成本计算对象应确定为产品的各生产步骤及产成品、成本计算期与会计报告期一致、月末一般存在生产费用在完工产品与在产品之间的分配。

三、任务实施

根据学习情境7-1的资料，在老师指导下，完成任务：分析明光公司产品的生产类型

和成本管理要求对成本计算的影响（见表7–2）。

表7–2　　明光公司产品的生产类型和成本管理要求对成本计算的影响

产品	生产步骤	生产组织方式	生产类型	生产类型与成本管理要求对成本计算的影响		
				成本计算对象	成本计算期	生产费用的分配
甲产品						
乙产品						
大型单件						

任务二　产品成本的计算方法

学习情境7-2

沿用学习情境7–1的资料，会计主管在张明对企业的基本生产情况有了一定了解之后，将相关的成本核算任务转交给张明。张明发现企业目前采用的成本计算方法统一为品种法，根据所学知识，认为企业可以同时应用分步法和分批法进行产品成本核算。

任务导入

工作任务	技能要点及任务成果	重要知识点	学时
阅读学习情境7–2的资料，为基本生产车间的甲产品生产和铆焊车间的订单生产选择适用的产品成本计算方法	1. 了解企业的产品生产类型及成本管理要求 2. 熟悉成本计算方法的适用范围 3. 选择适用的产品成本计算方法	1. 品种法的适用范围 2. 分步法的适用范围 3. 分批法的适用范围 4. 选择适用的成本计算方法	1

任务学习

一、知识准备

（一）成本计算的基本方法

为适应不同类型生产的特点和成本管理要求，在产品成本计算工作中有产品的品种、批别、生产步骤三种不同的成本计算对象，产品成本计算的基本方法就有品种法、分批法和分步法三种。

1. 品种法

品种法是以产品品种为成本计算对象，归集生产费用，计算产品成本的成本计算方法，它适用于大量大批的单步骤生产或管理上不要求分步骤计算成本的多步骤生产企业。品种法的成本计算期与会计报告期一致，但与产品的生产周期不一致，通常有月末在产品，需要在完工产品和月末在产品之间分配生产费用。

2. 分批法

分批法是指以产品批别（或客户订单）为成本计算对象，归集生产费用，计算产品成本的成本计算方法，它适用于单件小批生产的企业。分批法的成本计算期与生产周期一致，一般不存在期末在产品，不需要将生产费用在完工产品和在产品之间进行分配。

3. 分步法

分步法是指以产品品种及其所经过的各生产步骤为成本计算对象，归集生产费用，计算产品成本的成本计算方法，适用于管理上要求分步骤计算成本的大量大批多步骤生产企业。与品种法相同，分步法的成本计算期与会计报告期一致，但与产品的生产周期不一致，通常有月末在产品，需要在完工产品和月末在产品之间分配生产费用。

（二）成本计算的辅助方法

除以上产品成本计算基本方法外，在实际工作中还有一些辅助的成本计算方法，如分类法和定额法。由于这些方法与企业的生产类型无关，不是计算产品实际成本必不可少的方法，所以成为产品成本计算的辅助方法。

1. 分类法

在产品品种、规格繁多的企业，为了解决成本核算对象的分类问题，产生了产品成本计算的分类法。分类法的成本核算对象是产品的类别，它需要运用品种法等基本方法的原理计算出各类产品的实际总成本，再求得类内各种品种（各种规格）产品的实际总成本和单位成本。

2. 定额法

在定额管理基础工作比较好的企业，可以将成本核算和成本控制结合起来，采用定额法计算产品成本。定额法将符合定额管理的费用和脱离定额的差异分别核算，以完工产品的定额成本为基础，加减脱离定额的差异、材料成本差异和定额变动差异来求得实际成本，解决了成本的日常控制问题。

分类法和定额法与生产特点没有直接联系，不涉及成本计算对象，它们的应用是为了简化成本核算或加强成本管理。在应用过程中不能单独使用而是与基本方法结合起来运用，因此被称为辅助成本计算方法。

（三）成本计算方法的应用

产品成本计算的品种法、分批法、分步法以及分类法、定额法等，是比较典型的成本计算方法。在实际工作中，一个企业总是将几种方法同时应用或结合应用。

1. 几种方法同时应用

一个企业往往有若干个生产单位（分厂、车间），各个生产单位的生产特点和管理要求并不一定相同；同一个生产单位所生产的各种产品的生产特点和管理要求也不一定相同。因此，在一个企业或企业的生产单位中，往往同时采用多种成本计算方法。例如，企业基本生产单位与辅助生产单位的生产特点和管理要求不同，可能同时采用多种成本计算方法。基本生产单位可能采用品种法、分批法、分步法、分类法、定额法等多种方法计算成本；辅助生产车间的供电、供汽、供水和供电等应采用品种法计算产品（劳务）成本，自制设备可以采用分批法计算产品成本。

2. 几种方法结合应用

一个企业或企业的生产单位（分厂、车间），除了可能同时应用几种成本计算方法以外，在计算某种产品成本时，还可以以一种成本计算方法为主，结合采用几种成本计算方法。例如，在单件小批生产的机械制造企业，其产品的生产过程由铸造、加工、装配等生产步骤（车间）组成，装配车间生产出最终产品。这时，主要产成品的成本计算可以采用分批法；铸造车间生产的铸件为自制半成品，可能采用品种法计算其成本，加工车间将铸件加工为零部件，加上投入的其他材料加工的零部件，交给装配车间装配，铸造、加工和装配车间之间、加工车间和装配车间之间，还可以采用不同的分步法。这样该种产成品的计算就是以分批法为主，结合采用了品种法、分步法等成本计算方法。

企业采用分类法、定额法等计算产品成本时，因为它们是成本计算的辅助方法，必须结合品种法、分批法和分步法等成本计算的基本方法加以应用。

二、任务导学

【工作实例7-2】星火发电厂只生产电力一种产品。该厂属于大量多步骤生产，其生产工艺过程是热能—机械能—电能的转换，即以煤为燃料，对锅炉中的水加热，使其变成高温高压的蒸汽，推动汽轮机迅速旋转，借以带动发电机转动产生电力。该厂生产电力产品除本厂使用外，全部对外供应。该厂设有燃料、锅炉、汽机、电机四个基本生产车间，另设一个辅助生产车间和若干管理科室。

请问：星火发电厂应选择哪种成本计算方法？

解析：星火发电厂电力产品属于大量大批多步骤生产，但管理上不要求分步骤计算成本的产品生产，应选择品种法成本计算方法。

三、任务实施

根据学习情境7-1的资料，在老师指导下，完成任务：确定明光公司产品适用的成本计算方法（见表7-3）。

表7-3 明光公司产品成本计算方法的确定

产品	生产类型	生产类型与成本管理要求对成本计算的影响			成本计算方法
		成本计算对象	成本计算期	生产费用的分配	
甲产品					
乙产品					
大型单件					

成本会计与中国经济

推行全周期战略成本管理，实施和谐生态建设工程

【关键词】成本管理；全周期成本；人民福祉；生态文明建设

万科企业股份有限公司（简称“万科公司”）成立于1984年，经过三十余年的发展，已成为国内领先的城乡建设与生活服务商。2016年公司首次跻身《财富》“世界500强”，位列榜单第356位，2017年、2018年、2019年和2020年接连上榜。2014年，万科将公司的“三好住宅供应商”的定位延展为“城市配套服务商”。在2018年将这一定位进一步迭代升级为“城乡建设与生活服务商”，并具体细化为四个角色：美好生活场景师，实体经济生力军，创新探索试验田，和谐生态建设者。

万科自始至终强调成本优化，在公司实施全周期战略成本管理，具体管理如下：

（1）立项环节的成本控制。

该环节由于有国家多项法规政策的限制，运作时灵活度较小，基本原则是在国家规定范围内最大限度地控制企业的费用。

（2）规划环节的成本控制。

该环节的成本控制所占权重最大，具有“一锤定音”的地位和作用：在规划环节进行成本控制是实现事前控制的关键，可以最大限度地减少事后变动带来的成本。

（3）招投标环节的成本控制。

涉及工程、设计、审算、销售等多个部门的实际运作，在程序上没有太多变数，但具体内容特别是招投标评审委员的选择则须有很强的针对性。

（4）施工环节的成本控制。

主要抓两大方面，一个是因各种变更带来的费用，另一个是材料、工程款的支付。

（5）材料及设备采购环节的成本控制。

该环节成本控制的核心要素是计划和信息，通过明确而科学的流程，就可以最大限度地降低在该环节出现损失的概率，达到成本控制的目的。

（6）销售环节的成本控制。

一般是按比例控制，但一旦确定了费用目标总额，具体的单项支出就必须严格控制。由于销售涉及的部门比较多，所以各部门乃至总经理都需要分工负责这部分的控制职能。

（7）工程预决算环节的成本控制。

其难点在于有关监控信息的及时和准确性。这些信息可以来自合作方、第三方和自己的调研，不论哪种方式都应该注意严格按程序走，防止出现不规范或不负责的实际操作。

（8）期间费用的成本控制。

由于地产业务的周期变化，期间费用的灵活性很高，更需要加强对期间费用的计划控制。财务部在这一环节除了承担主要的控制任务外，还有义务指导监督其他部门的有关费用支出情况。

资料来源：搜狐网．万科独创的全周期成本控制法，绝了！［EB/OL］．［2023-08-31］．https：//www.sohu.com/a/207654241_99960849.

【启示】对于房地产企业来说，土地成本高、投资时间长、资金利息大、管理费用多等问题，给企业带来了不小的成本耗费，成本管理已经成为房地产企业越来越重要的一个环节。万科集团很早就确定了“目标成本管理＋责任成本管理＋作业成本管理”的全周期战略成本管理模式。全周期战略成本管理结合了企业的发展战略，全面分析了企业的内外部环境，将成本与价值链结合起来，使得成本来源更加清晰，便于管理，有着传统成本管理不可比拟的优势。由于成本大幅度降低，不仅可以为老百姓提供绿色、环保、节能、智能化等适合人居的住所，而且能实现“居者有其屋”的梦想。

习题与实训

一、单项选择题

1.在大量大批单步骤生产或管理上不要求分步骤计算成本的多步骤生产的企业里，应采用的成本计算方法是（　　）。

A.品种法　　B.分批法　　C.分类法　　D.分步法

2.煤矿采掘企业按照生产组织形式划分，属于（　　）。

A.大量生产　　B.单件生产　　C.成批生产　　D.简单生产

3.纺织企业按照生产工艺过程划分属于（　　）。

A.大量生产　　B.多步骤生产　　C.成批生产　　D.单步骤生产

4.分类法是在产品品种、规格繁多，但可按一定标准对产品进行分类的情况下，为了（　　）而采用的。

A.计算各类产品成本　　B.简化成本计算工作

C.加强各类产品成本管理　　D.提高计算的准确性

5.企业应当根据（　　），确定适合本企业的成本计算方法。

A.生产特点和成本管理要求　　B.职工人数的多少

C.生产规模的大小　　D.生产车间的多少

6.划分产品成本计算基本方法和辅助方法的标准是（　　）。

A.成本计算工作的繁简　　B.对成本管理作用的大小

C.应用是否广泛　　D.对于计算产品实际成本是否必不可少

7.品种法适用的生产组织是（　　）。

A.大量成批生产　　B.大量大批生产

C.小批单件生产　　D.大量小批生产

8.分批法适用的生产组织是（　　）。

A.小批单件生产　　B.大量大批生产

C.大量小批生产　　D.大量成批生产

9.采用分步法计算产品成本的企业，其成本计算期通常（　　）。

A.与产品生产周期一致　　B.与会计报告期一致

C.与日历年度一致　　D.与生产费用发生期不一致

10.不断重复生产品种相同的产品的生产，属于（　　）。

A.大量生产　　B.复杂生产　　C.成批生产　　D.单件生产

11.辅助生产车间如供水、供电、供汽车间，通常采用（　　）计算成本。

A.品种法　　B.分批法　　C.分步法　　D.分类法

二、多项选择题

1.下列方法中，属于成本计算的基本方法的有（　　）。

A.品种法　　B.分批法　　C.分步法　　D.定额法

2.企业确定的成本核算对象主要有（　　）。

A.产品品种　　B.产品批别

C.产品品种及其所经过的步骤　　D.产品生产计划或订货单

3.生产特点和管理要求对成本计算方法的影响，主要表现在对（　　）的影响等方面。

A.成本计算对象　　B.成本计算期

C.成本分配　　D.生产费用计入产品成本的程序

4.任何企业都应根据（　　）确定具体的成本计算方法。

A.生产组织的特点　　B.成本管理的要求

C.生产工艺的特点　　D.生产规模的要求

5.下列各项中，属于按照生产组织划分的有（　　）。

A.单步骤生产　　B.多步骤生产　　C.大量大批生产　　D.小批单件生产

6.下列各项中，属于按照生产工艺划分的有（　　）。

A.单步骤生产　　B.多步骤生产　　C.大量大批生产　　D.小批单件生产

7.品种法适用于（　　）。

A.管理上不要求分步骤计算成本的多步骤生产

B.小批单件生产

C.管理上要求分步骤计算成本的多步骤生产

D.大量大批单步骤生产

8.成本计算期与产品生产周期不一致的是（　　）的企业。

A.大量大批生产　　B.大量大批单步骤生产

C.大量大批多步骤生产　　D.小批单件生产

三、判断题

1.一个企业在同一会计期间不得采用多种成本计算方法。（　　）

2.成本计算对象是区分产成品成本计算各种基本方法的主要标志。（　　）

3.在复杂生产中，为了加强各生产步骤的成本管理，都应当按照生产步骤计算产品成本。（　　）

4.在单件和小批生产中，产品成本有可能在某批产品完工后计算，因而成本计算是不定期的，而是与生产周期相一致。（　　）

5.不论什么组织方式的制造企业，不论生产什么产品，也不论成本管理要求如何，最终都必须按照产品品种计算出产品成本。（　　）

6.分类法不能单独使用，只能与成本计算的基本方法结合使用。（　　）

7.企业生产按其生产组织形式特点划分，可分为单步骤生产和多步骤生产两类。

（ ）

8.生产费用计入产品成本程序是指产品在生产过程中发生的各种费用，经过归集和分配，最终汇总成产品成本的步骤。（ ）

9.单步骤生产，又称简单生产，是指工艺过程不可间断，或生产地点不便分散，通常只能由一个企业整体进行生产的产品生产。（ ）

四、简答题

1.工业企业按其生产工艺过程的特点，可以分为哪几类？

2.工业企业按其生产组织的特点，可以分为哪几类？

3.生产特点对成本计算方法的影响表现在哪些方面？

4.管理要求对成本计算方法的影响表现在哪些方面？

5.成本计算的基本方法有哪些？其命名的依据是什么？

6.成本计算的辅助方法有哪些？为什么说它们是辅助方法？

能力测评

在专业能力测评表内打“√”，A掌握，B基本掌握，C未掌握。

业务能力	评价指标	自测结果	要求
生产类型和成本管理要求对成本计算的影响	1.生产类型对成本计算的影响	□A □B □C	理解记忆
	2.成本管理要求对成本计算的影响	□A □B □C	
成本计算方法的选择	1.品种法的适用范围	□A □B □C	理解记忆
	2.分批法的适用范围	□A □B □C	
	3.分步法的适用范围	□A □B □C	
教师评语：			
成绩：	教师签字：		

项目八

品种法

职业能力目标

1.知识目标

（1）了解品种法的概念和适用范围；

（2）熟悉品种法的特点和计算程序；

（3）熟练运用品种法计算各产品成本。

2.能力目标

（1）能够按产品品种设置生产成本和制造费用明细账；

（2）能够按产品品种归集、分配和结转本月发生的各项直接费用；

（3）能够正确归集、分配和结转辅助生产费用；

（4）能够正确归集、分配和结转基本生产车间制造费用；

（5）能够计算本月完工产品实际总成本和单位成本；

（6）能够结转本月完工产品成本。

3.素养目标

（1）通过辅助生产成本计算与分配，掌握成本核算方法，形成成本控制意识；

（2）通过多种分配标准的运用，养成严谨的职业态度。

4.思政元素

（1）实事求是的工作态度、一丝不苟的工作作风；

（2）成本管理的节约意识、成本控制的养成风气。

典型工作任务

1.认知品种法；

2.品种法的应用。

任务一 认知品种法

学习情境8-1

如何科学计算各种产品的总成本和单位成本？

大学毕业生小王决定和朋友一起自主创业，合伙开办了××纺织厂。选好厂址以后，购置新型纺织生产设备，组建管理团队，招聘了30名生产技术工人。纺织厂正式投入运营之后，摆在他们面前的第一道难题就是，每天产品生产都会有各种各样的成本费用发生，只靠登记流水账，很难控制每个月的成本费用，他们无法得知每种产品的成本是多少，因此也无法给他们的产品定价。如何科学合理地计算不同产品的成本，做好成本核算工作？如何给产品定价？这些都让他们感到很茫然。你们能帮他们解决这些问题吗？

任务导入

工作任务	技能要点及任务成果	重要知识点	学时
阅读学习情境8-1的资料，做好纺织厂成本核算和产品定价工作	1.针对企业的实际情况采用科学的成本核算方法 2.确定各种产品的总成本和单位成本 3.根据各种产品的总成本和单位成本为该厂产品定价提供合理建议	1.品种法的含义 2.品种法的适用范围 3.品种法的特点 4.品种法成本计算程序	2

任务学习

一、知识准备

（一）品种法的概念、特点和适用范围

1.品种法的概念

品种法是指以产品的品种作为成本核算对象，归集和分配生产费用，计算产品成本的一种成本计算方法。采用这种方法，既不要求按照产品批别计算产品成本，也不要求按照产品生产步骤计算成本，而只要求按照产品的品种计算产品成本。在实际工作中，无论采用何种成本计算方法，最终都要计算出该产品品种的实际总成本和单位成本。因此，按照产品品种计算产品成本是成本计算的最起码要求，它是企业计算产品成本最基本的方法。

2.品种法的特点

（1）以产品品种作为成本核算对象

在采用品种法计算产品成本的企业或车间里，成本计算对象就是产品品种。品种法按照产品的生产类型和成本计算的繁简程度不同，可分为单一品种的品种法和多品种的品种法。

单一品种的品种法，是指企业最终只生产一种产品。生产过程中发生的应计入产品成本的各种费用都是直接计入费用，可以直接记入该产品成本明细账的有关成本项目，而不存在在各种成本计算对象之间分配费用的问题。由于这种方法下成本计算简单，因而又称简单法。如发电、采掘、供水等。

多品种的品种法，是指企业或车间生产两种或两种以上的产品。在这种企业或车间里，需要按照每种产品分别开设基本生产成本明细账。对于生产过程中发生的各项费用，凡能分清成本计算对象的，则应直接记入该成本核算对象的基本生产成本明细账成本项目中；凡是分不清应由哪种产品负担的生产费用，则应采取适当的分配方法，分别记入各生产成本明细账成本项目中。

（2）定期计算产品成本

采用品种法计算成本的企业或车间，基本上是大量大批的单步骤生产，或虽然是多步骤生产但采用封闭式管理。由于是不断地重复生产一种或几种产品，不可能在每个产品完工时就立即计算其生产成本，因而成本计算一般于每月月末进行。即在这种方法下，成本计算期与会计报告期一致，与生产周期不一致。

（3）月末一般不必将生产费用在完工产品和在产品之间进行分配

在单步骤生产中，企业月末一般没有在产品或在产品数量很少，因此，月末一般不存在将生产费用在完工产品和在产品之间进行分配的情况，基本生产成本明细账中所登记的全部生产费用就是该产品的完工产品的总成本。

在一些规模较小，管理上又不要求按照生产步骤计算成本的大量大批的多步骤生产中，月末一般都有在产品，如果在产品数量较多，就需要将基本生产成本明细账中所归集的全部生产费用，采用适当的分配方法在完工产品与在产品之间进行分配，从而计算出完工产品成本和月末在产品成本。

（二）品种法的适用范围

品种法主要适用于大量大批的单步骤生产的企业，如发电、采掘等企业。在这种生产类型的企业或生产单位，产品的生产不能从工艺上划分为若干阶段，因而也就不可能划分生产阶段计算产品成本。在大量大批多步骤生产的企业或生产单位中，如果生产规模较小，而且成本管理上又不要求提供各步骤的成本资料时，也可以采用品种法计算产品成本，如小型水泥厂、制砖厂、造纸厂等。此外，企业为基本生产单位提供产品和劳务的某些辅助生产单位。如供水、供电、供汽、新产品试制等也可以采用品种法计算其产品或劳务的成本。

二、任务导学

根据要素费用的归集和分配、辅助生产成本的归集和分配、制造费用的归集和分配，以及生产费用在完工产品和月末在产品之间的分配方法，可以归纳出采用品种法计算产品成本的基本步骤。

第一步，以产品的品种作为成本计算对象。

在品种法下，企业应以产品的品种设置基本生产成本明细账，在明细账中按成本项目设置专栏。对于有月初在产品成本的产品，还应该在基本生产成本明细账中登记月初在产品的成本。

第二步，按产品品种归集要素费用。

根据生产过程中发生的各项费用的原始凭证和有关资料，编制各种成本费用分配表，根据各种成本费用分配表登记“基本生产成本明细账”“辅助生产成本明细账”“制造费用明细账”等账户。

第三步，分配辅助生产成本。

将“辅助生产成本明细账”中归集的生产费用，采用适当的分配方法，编制“辅助生产成本分配表”，分配辅助生产费用，并将分配结果登记在“基本生产成本明细账”“制造费用明细账”等账户中。

第四步，分配制造费用。

将“制造费用明细账”上所归集的制造费用，采用一定的方法在本车间生产的各种产品之间进行分配，编制“制造费用分配表”，并将分配结果登记在“基本生产成本明细账”中。

第五步，计算完工产品成本和月末在产品成本。

月末如果没有在产品或在产品数量很少时，则“基本生产成本明细账”上所归集的本月生产费用就是完工产品成本；如果有月末在产品，而且在产品数量较多时，则应采用一定的分配方法，将“基本生产成本明细账”中所归集的生产费用总额在本月完工产品和月末在产品之间进行分配，从而计算出完工产品成本。

第六步，结转完工产品成本，并验收入库。

根据“基本生产成本明细账”计算出的本月完工产品成本，汇总编制“完工产品成本汇总表”，编制结转本月完工产品成本的会计分录，借记“库存商品”账户，贷记“基本生产成本”账户。

三、任务实施

根据学习情境8-1的资料，在老师指导下，画出品种法成本计算程序图（如图8-1所示）。

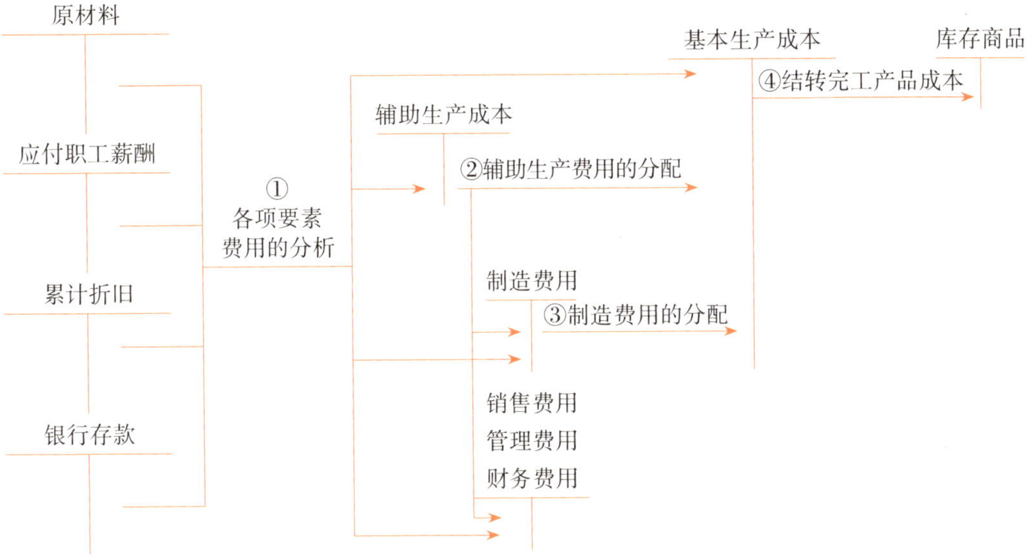

图8-1　品种法成本计算程序图

任务二　品种法的应用

学习情境8-2

某企业设有一个基本生产车间和一个辅助生产车间——运输车间，大量单步骤生产甲、乙两种产品，采用品种法计算产品成本，成本项目有“直接材料”“直接人工”“制造费用”。2023年9月成本计算资料如下：

（1）期初资料

甲产品：直接材料9 000元，直接人工5 000元，制造费用6 000元，合计20 000元。

乙产品：直接材料6 000元，直接人工4 000元，制造费用4 000元，合计14 000元。产量资料信息：甲产品月初在产品10 000件，本月投入4 000件，完工6 000件，月末在产品为8 000件，完工率为60%。乙产品月初在产品8 000件，本月投入2 000件，完工8 500件，月末在产品为1 500件，完工率为20%。

（2）本月资料

①材料费用：生产甲产品领用材料76 000元，生产乙产品领用材料48 000元，甲、乙产品共用材料36 000元。甲产品材料定额耗用总量为6 000千克，乙产品材料定额耗用总量为3 000千克，运输车间领用材料2 000元，基本生产车间领用材料10 000元。

②职工薪酬：产品生产工人工资12 000元，运输车间人员工资7 000元，基本生产车间管理人员工资15 000元。

③其他费用：基本生产车间机器设备原值为250 000元，年折旧率为8%。运输车间机器设备原值为10 000元，年折旧率为10%。行政部门车辆原值为56 000元，年折旧率为7.5%。

④本月甲产品生产工人实际工时4 000小时，乙产品生产工人实际工时2 000小时。

⑤本月运输车间共完成20 000千米的运输工作量，其中基本生产车间11 000千米，行政部门9 000千米。

（3）其他

①甲、乙产品共同耗用材料按定额耗用量比例分配。

②产品生产工人工资按照生产实际工时分配。

③按运输千米比例分配辅助生产费用。

④采用工时分配法分配制造费用。

⑤采用约当产量法分配甲、乙完工产品和在产品成本。

甲产品随加工程度陆续投入材料，乙产品生产开始时一次投入材料。

请问：按品种法如何计算本月甲、乙产品完工入库的产品成本？相应的账务处理是什么？

任务导入

工作任务	技能要点及任务成果	重要知识点	学时
阅读学习情境8-2的资料，熟练地运用品种法进行账务处理	1.掌握各种要素费用按不同标准归集分配的方法 2.学会分配辅助生产费用、制造费用 3.在完工产品与月末在产品之间进行成本分配，并结转完工甲、乙产品成本	1.成本核算对象是产品品种 2.企业同时生产两种或两种以上的产品，按不同产品的品种分别设置生产成本明细账 3.月末如果有在产品，要将生产成本在完工产品和在产品之间进行分配	2

任务学习

一、知识准备

品种法计算程序如下：

（1）按产品品种设置有关成本明细账。

（2）按产品品种归集、分配和结转本月发生的各项直接费用。

（3）归集、分配和结转辅助生产费用。

（4）归集、分配和结转基本生产车间制造费用。

（5）计算本月完工产品实际总成本和单位成本。

（6）结转本月完工产品成本。

二、任务导学

【工作实例8-1】江河有限责任公司是一家生产企业，有关情况如下：

（1）设有一个基本生产车间，单步骤大量生产甲、乙两种产品；根据生产特点和管理要求，确定采用品种法计算甲、乙两种产品成本。

（2）企业设有供电和供水两个辅助生产车间，分别为基本生产和行政管理部门提供劳务。由于辅助生产规模较小，所以辅助生产车间发生的各项费用都直接记入“辅助生产成本”账户的相关项目中。

（3）基本生产成本明细账设置“直接材料”、“燃料与动力”、“直接人工”和“制造费用”四个成本项目。

（4）辅助生产成本明细账按“原材料”、“职工薪酬”、“折旧费”、“办公费”、“劳保费”、“水电费”和“其他费用”设置费用专栏。月末，辅助生产成本明细账归集的费用采用计划成本分配法进行分配。

（5）制造费用明细账也按“原材料”、“职工薪酬”、“折旧费”、“办公费”、“劳保费”、“水电费”和“其他费用”设置费用专栏。制造费用明细账归集的费用采用生产工时比例法进行分配。

（6）为了充分说明产品生产成本的核算过程，本例只列示成本类账户，不再反映其他类账户的设置和登记。

要求：计算该企业2023年8月甲、乙两种产品的成本，并进行相应的账务处理。

解析：

第一步，归集和分配要素费用。

企业应根据各种费用的原始凭证和其他有关资料编制各项费用分配表，分配各项要素费用。具体介绍如下：

（1）归集和分配材料费用

根据按原材料的用途归类的领退料凭证和有关的分配标准，编制原材料费用分配表，见表8-1。

表8-1 原材料费用分配表

2023年8月 单位：元

应借科目			原材料及主要材料	辅助材料	其他材料	合计
总账账户	明细账户	成本或费用项目				
基本生产成本	甲产品	直接材料	17 200	600		17 800
	乙产品	直接材料	15 600	520		16 120
辅助生产成本	供电车间	原材料			220	220
	供水车间	原材料		760	80	840
制造费用	基本生产车间	原材料			500	500
管理费用		其他材料			520	520
合计			32 800	1 880	1 320	36 000

根据原材料费用分配表，编制会计分录如下：

借：基本生产成本——甲产品　17 800
　　　　　　　　——乙产品　16 120
　　辅助生产成本——供电车间　220
　　　　　　　　——供水车间　840
　　制造费用　500
　　管理费用　520
　　贷：原材料——原材料及主要材料　32 800
　　　　　　　——辅助材料　1 880
　　　　　　　— —其他材料　1 320

（2）归集和分配外购动力费用

根据各车间、部门耗电数量和单价，编制外购动力费用（电费）分配表（见表8-2）。

表8-2 外购动力费用（电费）分配表

2023年8月 金额单位：元

应借科目			数量		金额
总账账户	明细账户	成本或费用项目	单价（元/度）	度数	
基本生产成本	甲产品	燃料与动力	1.0	11 000	11 000
	乙产品	燃料与动力	1.0	9 000	9 000
辅助生产成本	供电车间	水电费	1.0	1 700	1 700
	供水车间	水电费	1.0	1 500	1 500
制造费用		水电费	1.0	1 000	1 000
管理费用		水电费	1.0	2 800	2 800
合计				27 000	27 000

根据外购动力费用分配表，编制会计分录如下：

借：基本生产成本——甲产品　　11 000
　　　　　　　——乙产品　　9 000
　　辅助生产成本——供电车间　　1 700
　　　　　　　——供水车间　　1 500
　　制造费用　　1 000
　　管理费用　　2 800
　　贷：应付账款　　27 000

（3）归集和分配职工薪酬

根据各车间、部门的工资计算凭证，编制应付职工薪酬分配表（见表8-3）（在应付职工薪酬分配表中，甲产品和乙产品共同发生的生产工人工资50 000元，按生产工时比例在两产品之间进行分配，其中甲产品生产工时为24 000小时，乙产品生产工时为16 000小时）。

表8-3　应付职工薪酬分配表

2023年8月　金额单位：元

应借科目		生产工时	应付薪酬总额			社会保险费	职工教育经费	工会经费	合计
总账账户	明细账户		生产工人工资	管理人员工资	小计				
基本生产成本	甲产品	24 000	30 000		30 000	4 200	750	600	35 550
	乙产品	16 000	20 000		20 000	2 800	500	400	23 700
小计		40 000	50 000		50 000	7 000	1 250	1 000	59 250
辅助生产成本	供电车间		4 400		4 400	616	110	88	5 214
	供水车间		5 600		5 600	784	140	112	6 636
制造费用				8 000	8 000	1 120	200	160	9 480
管理费用				20 000	20 000	2 800	500	400	23 700
合计			60 000	28 000	88 000	12 320	2 200	1 760	104 280

根据应付职工薪酬分配表，编制会计分录如下：

借：基本生产成本——甲产品　　35 550
　　　　　　　——乙产品　　23 700
　　辅助生产成本——供电车间　　5 214
　　　　　　　——供水车间　　6 636
　　制造费用　　9 480
　　管理费用　　23 700
　　贷：应付职工薪酬——工资　　88 000
　　　　　　　——社会保险费　　12 320
　　　　　　　——职工教育经费　　2 200
　　　　　　　——工会经费　　1 760

（4）归集和分配折旧费用

根据本月应计提折旧固定资产原值和月折旧率，编制折旧费用分配表，计算本月应计提固定资产折旧（见表8-4）。

表8-4 固定资产折旧费用分配表

2023年8月 单位：元

项　目	生　产　车　间			管理部门	合　计
	基本生产车间	供电车间	供水车间		
折旧费用	2 000	600	400	1 000	4 000

根据折旧费用分配表，编制会计分录如下：

借：辅助生产成本——供电车间　600
　　　　　　　　——供水车间　400
　　制造费用　2 000
　　管理费用　1 000
　　贷：累计折旧　4 000

（5）归集和分配水费

根据本月自来水公司转来的水费付款凭证，本月应支付自来水费用12 010元（本例假定企业外购的自来水全部计入供水车间成本，供水车间对用水进行污水处理及二次使用）。

借：辅助生产成本——供水车间　12 010
　　贷：应付账款　12 010

（6）货币性支出

根据本月库存现金、银行存款付款凭证汇总的货币支出编制汇总表（见表8-5）。在实际工作中，支付货币资金的业务应逐项填制记账凭证，分别编制会计分录。本例为了简化，均汇总编制会计分录并汇总记账。编制会计分录如下：

表8-5 货币资金付款凭证汇总表

2023年8月 单位：元

应　借　科　目					合计
总账科目	明细账户	成本或费用项目			
		办公费	劳保费	其他费用	
辅助生产成本	供电车间	3 600	310	690	4 600
	供水车间	270	330	400	1 000
制造费用	基本生产车间	600	540	430	1 570
管理费用		2 000	1 560	1 000	4 560
合　计		6 470	2 740	2 520	11 730

借：辅助生产成本——供电车间　4 600
　　　　　　　　——供水车间　1 000
　　制造费用　1 570
　　管理费用　4 560
　　贷：银行存款　11 730

（7）归集和分配其他费用

根据本月低值易耗品领料单归类汇总如下：基本生产车间新领工具600元，工作服1 000元；行政管理部门新领家具用具1 800元，采用一次摊销法。

借：制造费用　　1 600

　　管理费用　　1 800

　　贷：周转材料　　3 400

第二步，归集和分配辅助生产成本。

（1）归集辅助生产成本

根据上述各项费用分配表和其他有关资料，登记辅助生产成本明细账，归集和分配辅助生产费用（见表8-6和表8-7）。

表8-6　辅助生产成本明细账

辅助车间：供电车间　　单位：元

2023年		摘　要	原材料	职工薪酬	折旧费	办公费	水电费	劳保费	其他	余额	转出
月	日										
8	31	原材料分配表	220							220	
8	31	外购电费分配表					1 700			1 920	
8	31	职工薪酬分配表		5 214						7 134	
8	31	折旧费分配表			600					7 734	
8	31	付款凭证汇总表				3 600		310	690	12 334	
8	31	供水车间分配转入					460			12 794	
8	31	月末分配转出									12 500
8	31	结转成本差异									294
8	31	合　计	220	5 214	600	3 600	2 160	310	690	0	12 794

表8-7　辅助生产成本明细账

辅助车间：供水车间　　单位：元

2023年		摘　要	原材料	职工薪酬	折旧费	办公费	水电费	劳保费	其他	余额	转出
月	日										
8	31	原材料分配表	840							840	
8	31	外购电费分配表					1 500			2 340	
8	31	职工薪酬分配表		6 638						8 978	
8	31	折旧费分配表			400					9 378	
8	31	应付水费					12 010			21 388	
8	31	付款凭证汇总表				270		330	400	22 388	
8	31	供水车间分配转入					1 500			23 888	
8	31	月末分配转出									23 000
8	31	结转成本差异									888
8	31	合　计	840	6 638	400	270	15 010	330	400	0	23 888

（2）分配辅助生产成本

根据辅助生产成本明细账归集的费用，采用计划成本分配法分配辅助生产费用。

本月供电车间供电25 000度，其中：供水车间耗用3 000度，基本生产车间耗用20 000度，行政管理部门耗用2 000度。

本月供水车间供水100 000立方米，其中：供电车间耗用2 000立方米，甲产品耗用30 000立方米，乙产品耗用50 000立方米，基本生产车间一般耗用5 000立方米，行政管理部门耗用13 000立方米。

供电车间计划单位成本为0.5元/小时；供水车间计划单位成本为0.23元/立方米。

根据上述资料编制辅助生产费用分配表，分配辅助生产费用（见表8–8）。

表8–8 辅助生产费用分配表

（计划成本分配法）

2023年8月 金额单位：元

项目		供电		供水		金额合计
		数量（度）	金额	数量（立方米）	金额	
待分配的费用和数量		25 000	12 334	100 000	22 388	34 722
计划单位成本			0.5元/度		0.23元/立方米	
辅助生产车间	供电车间			2 000	460	460
	供水车间	3 000	1 500			1 500
基本生产车间	甲产品			30 000	6 900	6 900
	乙产品			50 000	11 500	11 500
	车间一般耗用	20 000	10 000	5 000	1 150	11 150
行政管理部门耗用		2 000	1 000	13 000	2 990	3 990
按计划单位成本分配合计			12 500		23 000	35 500
辅助生产实际成本			12 794		23 888	36 682
成本差异			+294		+888	+1 182

注：供电车间实际成本 = 12 334 + 460 = 12 794（元）

供水车间实际成本 = 22 388 + 1 500 = 23 888（元）

供电车间成本差异 = 12 794 − 12 500 =+ 294（元）

供水车间成本差异 = 23 888 − 23 000 =+ 888（元）

根据辅助生产费用分配表（见表8–8），编制分配辅助生产费用的会计分录如下：

①按计划成本分配的会计分录如下：

借：辅助生产成本——供电车间	460
——供水车间	1 500
基本生产成本——甲产品	6 900
——乙产品	11 500
制造费用	11 150
管理费用	3 990

贷：辅助生产成本——供电车间 12 500

——供水车间 23 000

②结转成本差异的会计分录如下：

借：管理费用 1 182

贷：辅助生产成本——供电车间 294

——供水车间 888

根据辅助生产费用分配表及上述会计分录，登记供电车间和供水车间成本明细账（见表8-6和表8-7）。

第三步，归集和分配基本生产车间制造费用。

（1）归集基本生产车间制造费用

根据上述各项费用分配表，登记基本生产车间制造费用明细账（见表8-9）。

表8-9 制造费用明细账

车间：基本生产车间 2023年8月 单位：元

2023年 月	日	摘要	原材料	职工薪酬	折旧费	办公费	水电费	劳保费	其他	余额	转出
8	31	原材料分配表	500							500	
8	31	外购电费分配表					1 000			1 500	
8	31	职工薪酬分配表		9 480						10 980	
8	31	折旧费分配表			2 000					12 980	
8	31	付款凭证汇总表				600		540	430	14 550	
8	31	其他费用分配						1 000	600	16 150	
8	31	供电车间分配转入							10 000	26 150	
8	31	供水车间分配转入					1 150			27 300	
8	31	月末分配转出									27 300
8	31	合计	500	9 480	2 000	600	2 150	1 540	11 030	0	27 300

（2）分配基本生产车间制造费用

根据基本生产车间明细账归集的制造费用和甲、乙两种产品的生产工时，采用生产工时比例法分配制造费用。编制基本生产车间制造费用分配表（见表8-10）。

表8-10 制造费用分配表

2023年8月

应借科目 总账账户	明细账户	生产工时（小时）	分配率	分配金额（元）
基本生产成本	甲产品	24 000		16 380
	乙产品	16 000		10 920
合计		40 000	0.6825	27 300

根据基本生产车间制造费用分配表，编制分配制造费用会计分录如下：

借：基本生产成本——甲产品　　16 380

　　　　　　　——乙产品　　10 920

　贷：制造费用　　27 300

第四步，归集和分配基本生产成本。

（1）归集甲产品和乙产品的基本生产成本

根据表8-1至表8-10的各项费用分配表和其他有关资料，登记基本生产成本明细账（见表8-11和表8-12）。

表8-11　基本生产成本明细账

户名：甲产品　　完工产品：100件　　月末在产品：0　　单位：元

2023年		摘 要	成本项目					余额
月	日		直接材料	燃料与动力	直接人工	制造费用	合计	
8	31	原材料分配表	17 800				17 800	
8	31	外购电费分配表		11 000			11 000	
8	31	职工薪酬分配表			35 550		35 550	
8	31	供水车间分配转入		6 900			6 900	
8	31	制造费用分配表				16 380	16 380	
8	31	合 计	17 800	17 900	35 550	16 380	87 630	87 630
8	31	转出完工产品成本	17 800	17 900	35 550	16 380	87 630	0
8	31	单位成本	178	179	355.50	163.80	876.30	

表8-12　基本生产成本明细账

户名：乙产品　　完工产品：780件　　月末在产品：20件　　单位：元

2023年		摘 要	成本项目					余额
月	日		直接材料	燃料与动力	直接人工	制造费用	合计	
8	31	原材料分配表	16 120				16 120	
8	31	外购电费分配表		9 000			9 000	
8	31	职工薪酬分配表			23 700		23 700	
8	31	供水车间分配转入		11 500			11 500	
8	31	制造费用分配表				10 920	10 920	
8	31	合 计	16 120	20 500	23 700	10 920	71 240	75 240
8	31	转出完工产品成本	15 720	20 300	23 400	10 720	70 140	1 100
8	31	单位成本	20.15	26.03	30	13.74	89.92	
8	31	在产品单位定额成本	20	10	15	10	55	
8	31	月末在产品定额成本	400	200	300	200	1 100	1 100

（2）计算完工产品和在产品成本

① 甲产品本月生产100件，月末全部完工。

② 乙产品本月生产780件，月末在产品20件。由于该企业定额管理基础工作做得比较好，产品的消耗定额比较准确、稳定，乙产品各月在产品数量变化不大，采用在产品按定额成本计价法进行完工产品和在产品之间的分配。乙产品费用定额资料为：直接材料20元、燃料与动力10元、直接人工15元、制造费用10元。

根据已归集的基本生产成本明细账和产量记录资料，继续登记基本生产成本明细账（见表8-11和表8-12）。

（3）编制产品成本汇总表，编制会计分录

根据甲、乙产品成本明细账中的产成品成本，编制完工产品成本汇总表（见表8-13）。

表8-13　完工产品成本汇总表

2023年8月　单位：元

成本项目	甲产品（100件）		乙产品（780件）	
	总成本	单位成本	总成本	单位成本
直接材料	17 800	178.00	15 720	20.15
燃料与动力	17 900	179.00	20 300	26.03
直接人工	35 550	355.50	23 400	30.00
制造费用	16 380	163.80	10 720	13.74
合　计	87 630	876.30	70 140	89.92

根据完工产品成本汇总表，编制结转完工产品成本的会计分录如下：

借：库存商品——甲产品　87 630

　　　　　——乙产品　70 140

　贷：基本生产成本——甲产品　87 630

　　　　　　　　——乙产品　70 140

三、任务实施

根据学习情境8-2的资料，在老师指导下，完成下列任务：

1. 按产品品种设置有关成本明细账

案例中某企业设有一个基本生产车间和一个辅助生产车间——运输车间，大量单步骤生产甲、乙两种产品，因此，按产品品种，以生产的甲、乙两种产品作为成本核算对象。生产成本下开设“生产成本——基本生产成本”和“生产成本——辅助生产成本”明细账，基本生产成本二级账户下开设甲、乙两个三级明细账户，辅助生产成本二级账户下开设运输车间三级明细账户。基本生产车间设置“制造费用——基本生产车间”明细账核算间接生产费用。

2.按产品品种归集、分配和结转本月发生的各项直接费用

（1）材料费用

甲、乙产品共同耗用的材料费用，按定额耗用量比例分配法进行分配（见表8-14）。

表8-14 生产用材料费用分配表

2023年9月30日 金额单位：元

产品	定额耗用量	分配率	分配共用材料	单独领用材料	材料费用合计
甲产品					
乙产品					
合计					

根据生产用材料费用分配表的计算结果，编制领用材料汇总表（见表8-15）。

表8-15 领用材料汇总表

2023年9月30日 单位：元

领用部门		合计
产品生产	甲产品	
	乙产品	
	小计	
辅助生产	运输车间	
基本生产车间		
合计		

（2）人工费用

工资分配表见表8-16。

表8-16 工资分配表

2023年9月30日

人员类别		生产工时（小时）	分配率	分配额（元）	工资总额（元）
产品生产	甲产品工人				
	乙产品工人				
	小计				
辅助生产	运输车间				
基本生产车间管理人员					
合计					

（3）折旧费用

折旧费用分配表见表8-17。

表8-17　折旧费用分配表

2023年9月30日

部门		固定资产原值（元）	年折旧率（%）	计提金额（元）
辅助车间	运输车间			
基本生产车间				
行政部门				
合计				

3. 归集、分配和结转辅助生产费用

根据各部门耗用劳务量编制辅助生产费用分配表（见表8-18）。

表8-18　辅助生产费用分配表

2023年9月30日

受益部门	劳务量	分配率	分配金额（元）
基本生产车间			
管理部门			
合计			

4. 归集、分配和结转基本生产车间制造费用

采用工时分配法分配制造费用，填制制造费用分配表（见表8-19）。

表8-19　制造费用分配表

2023年9月30日

产品	生产工时（小时）	分配率	分配金额（元）
甲产品			
乙产品			
合计			

5. 计算本月完工产品实际总成本和单位成本

经过上述生产费用在各成本核算对象之间的归集、分配和结转，本月发生的生产费用已全部记入有关产品生产成本明细账。根据产品生产成本明细账归集的本月生产费用合计数，采用约当产量法在本月完工产品和月末在产品之间分配生产费用，填制在产品约当产量计算表（见表8-20和表8-21）。

表8-20　在产品约当产量计算表

产品名称：甲产品　　单位：件

成本来源	在产品数量（件）	完工率（投料程度）	约当产量（件）
直接材料			
直接人工			
制造费用			

表8-21 在产品约当产量计算表

产品名称：乙产品 单位：件

成本来源	在产品数量（件）	完工率（投料程度）	约当产量（件）
直接材料			
直接人工			
制造费用			

填制产品成本计算单（见表8-22和表8-23）。

表8-22 产品成本计算单

2023年9月30日

生产单位：基本生产车间 产品名称：甲产品 金额单位：元

摘要	直接材料	直接人工	制造费用	合计
期初在产品成本				
本月生产费用				
累计生产费用				
完工产品数量（件）				
在产品约当数量（件）				
约当总产量（件）				
分配率				
本期完工总成本				
期末在产品成本				

表8-23 产品成本计算单

2023年9月30日

生产单位：基本生产车间 产品名称：乙产品 单位：元

摘要	直接材料	直接人工	制造费用	合计
期初在产品成本				
本月生产费用				
累计生产费用				
完工产品数量（件）				
在产品约当数量（件）				
约当总产量（件）				
分配率				
本期完工总成本				
期末在产品成本				

6. 结转本月完工产品成本

根据产品成本计算结果，编制本月完工产品成本汇总表（见表8-24）。

表8-24 完工产品成本汇总表

2023年9月30日 单位：元

成本项目	甲产品（完工数量6 000件）		乙产品（完工数量8 500件）	
	总成本	单位成本	总成本	单位成本
直接材料				
直接人工				
制造费用				
合计				

成本会计与中国经济

成本管理，我们一直在路上

【关键词】科学管理；精益求精；可持续发展

自2011年起，长安汽车上下全面打响了降本增效攻坚战，轰轰烈烈开展了“成本月”、“成本周”和“成本日”活动。

1. 降隐性成本，全面构建降本管理体系

长安汽车成立成本管理办公室，搭建了跨部门、高效的成本领先矩阵式管理团队，力求将成本管理贯穿于长安汽车每一个项目立项和结项的全过程。长安汽车成本战略的重要项目101项目（长安汽车零部件战略规划）经过5个多月的运作，初步找到了零部件战略规划的标准、工具、方法和模式，在内外饰材料、门锁、座椅的成本控制方面取得了较好的效果。通过项目知识及成果共享机制，实现了信息资源共享。101项目的成本控制已成为其他部门的“活处方”。

2. 降本再深入，向全产业链要效率

除了构建降本管理体系，长安汽车还向汽车的全价值链（包括销售、研发、物流、制造、质检、采购、技术、人力资源、服务）延伸，具体到了每一个环节。公司分管领导亲自挂帅，各业务单位部级、处级中层领导干部担任执行组长或执行经理共同推进降本工作，并将降本责任与绩效挂钩。大到新工厂的选址，小到生产线上的螺丝钉管理，都要实行降本工程。为完成预期目标，长安汽车对内通过持续完善公司成本动态管理、成本预警、协同、交流、激励和成本否决等机制来推动成本领先工作顺利开展，经常发动各部门“头脑风暴”，一旦发现机会，立即制订行动计划。

3. 有降也有增，算成本带来好效益

在全价值链成本管理中，长安汽车有一个“一降三增”的原则，就是降不必要的成本，增加满足用户需求、提高质量、提升产品竞争力的成本。以某品牌前大灯设计为例，有两种方案：一种方案按老设计方案继续生产；另一种方案需要投入1 000多万元的模具成本，提升产品亲和度。长安汽车选择了第二种方案，由于产品设计新颖，市场竞争力增强，该品牌汽车用两年时间就实现了销售25万辆的骄人业绩，诠释了成本管理的深层次含义。

资料来源：郑满．长安汽车算成本领先战略“算”出好效益［N］．中国汽车报，2011－07－07．

【启示】长安汽车这种由表及里、由内向外、由点到面、由后端到前端、由简单的“砍”成本到全面的“算”成本思路转变，为企业又好又快地持续发展提供了强大的支撑。通过案例学习，让学生充分认识到只有制定科学的成本管理制度，优化资源配置，才能很好地保证成本控制制度的有效实施，并保持成本控制与企业发展目标的一致性。企业想要获得持续发展就要学会审时度势，客观科学地选取适合成本管理方法，才能增强自身的竞争优势。

习题与实训

一、单项选择题

1.生产特点和管理要求对产品成本计算的影响，主要表现在（　　）的确定上。

A.成本计算对象　　B.成本计算日期

C.间接费用的分配方法　　D.完工产品与在产品之间费用分配的方法

2.品种法的特点是（　　）。

A.不分批计算产品成本

B.不分步计算产品成本

C.既不分批也不分步计算产品成本

D.既不分批也不分步，只分品种计算产品成本

3.品种法是产品成本计算的（　　）。

A.主要方法　　B.重要方法　　C.最基本方法　　D.最一般方法

4.在品种法下，成本计算期的特点是（　　）。

A.定期按月计算成本，与生产周期一致

B.定期按月计算成本，与会计报告期一致

C.不定期计算成本，与生产周期一致

D.不定期计算成本，与会计报告期不一致

5.采用品种法，基本生产成本明细账或产品成本计算单应当按照（　　）分别开设。

A.生产单位　　B.产品品种　　C.生产步骤　　D.产品类别

6.品种法适用的生产组织类型是（　　）。

A.大量成批生产　　B.大量大批生产

C.大量小批生产　　D.单件小批生产

7.品种法适用于（　　）生产类型。

A.大量大批单步骤或管理上不要求分步骤计算产品成本的多步骤生产

B.大量小批单步骤或管理上不要求分步骤计算产品成本的多步骤生产

C.单件小批单步骤或管理上不要求分步骤计算产品成本的多步骤生产

D.大量大批单步骤或管理上要求分步骤计算产品成本的多步骤生产

二、多项选择题

1.企业在确定产品成本计算方法时，必须从企业的具体情况出发，同时考虑的因素有（　　）。

A.企业的生产特点　　B.企业生产规模的大小

C.进行成本管理的要求　　D.月末有无在产品

2.品种法的适用范围有（　　）。

A.大量大批单步骤生产

B.管理上不要求分步计算成本的大量大批多步骤生产

C.大量大批多步骤生产

D.单件小批生产

3.下列企业中，适于采用品种法计算其产品成本的有（　　）。

A.采掘企业　　B.汽车制造企业

C.供水供电企业　　D.小型水泥厂

4.品种法的特点包括（　　）。

A.以产品品种作为成本计算对象

B.定期按月计算产品成本

C.如果有在产品时，需要在完工产品和期末在产品之间分配生产费用

D.需要采用一定的方法，在各生产步骤之间分配生产费用

5.品种法是成本计算最基本的方法，这是因为（　　）。

A.各种方法最终都要计算出各产品品种的成本

B.品种法的成本计算程序是成本计算的一般程序

C.品种法定期按月计算成本

D.品种法不需要进行费用分配

6.品种法适用的生产特点或工艺类型的有（　　）。

A.单步骤生产　　B.大量大批生产

C.多步骤生产　　D.单件小批生产

7.下列企业中，适合采用品种法计算产品成本的有（　　）。

A.糖果厂　　B.饼干厂　　C.造船厂　　D.拖拉机厂

三、判断题

1.多步骤生产不能采用品种法。（　　）

2.在品种法下，成本计算期定期进行，与产品生产周期不一致。（　　）

3.采用品种法，应当按照产品品种分别设置基本生产成本明细账。（　　）

4.品种法也就是简单法。（　　）

5.采用品种法，不存在生产费用在完工产品与月末在产品之间分配的问题。（　　）

6.品种法是产品成本计算方法中最基本的方法。（　　）

7.品种法的计算程序体现着产品成本计算的一般程序。（　　）

8.造船企业、供电企业可以按品种计算产品成本。（　　）

9.品种法就是不分批、不分步、只按产品品种计算产品成本的方法。（　　）

10.不论什么工业企业、不论什么生产类型的产品，也不论管理要求如何，最终都必

须按照品种法计算出产品成本。 ( )

11. 由于每个工业企业最终都必须按照产品品种算出成本，因而品种法适用于所有工业企业，应用范围最广泛。 ( )

四、实训题

实训一

目的：实训品种法的核算。

资料：宏远制造有限公司设有一个基本生产车间，大量大批单步骤生产X、Y两种产品；设有一个辅助生产车间——供电车间。

2023年9月X产品直接领用原材料72 000元，Y产品直接领用原材料28 000元，共同耗用原材料20 000元，基本生产车间一般耗用原材料20 000元，辅助生产车间供电车间领用原材料10 000元。X、Y产品共同耗用的材料费用，按照定额耗用量比例分配，X产品材料定额耗用总量为4 000千克，Y产品材料定额耗用总量为6 000千克。

9月宏远制造有限公司产品生产工人工资24 000元，供电车间人员工资11 000元，基本生产车间管理人员工资15 000元。本月产品生产工人工资按照生产实际工时分配。X产品生产工人实际工时4 000小时，Y产品生产工人实际工时2 000小时。

9月宏远制造有限公司辅助生产车间供电车间发生固定资产折旧2 200元，基本生产车间折旧费5 800元，行政部门折旧费2 000元。

要求：

（1）填写各项要素费用分配表（见表8-25至表8-28）；

（2）根据各项要素费用分配表，编制各项要素费用分配的会计分录。

表8-25 生产用材料费用分配表

2023年9月30日 金额单位：元

产品	定额耗用量	分配率	分配共用材料	单独领用材料	材料费用合计
X产品					
Y产品					
合计					

表8-26 领用材料汇总表

2023年9月30日 单位：元

领用部门		合计
产品生产	X产品	
	Y产品	
	小计	
辅助生产车间	供电车间	
基本生产车间一般耗用		
合计		

表8-27 工资分配表

2023年9月30日

人员类别		生产工时（小时）	分配率	分配额（元）	工资总额（元）
产品生产	X产品工人				
	Y产品工人				
	小计				
辅助生产车间	供电车间				
基本生产车间管理人员					
合计					

表8-28 折旧费用表

2023年9月30日 单位：元

部 门		计提金额
辅助生产车间	供电车间	
基本生产车间		
行政管理部门		
合计		

实训二

目的：实训品种法的核算。

资料：沿用实训一的资料，该公司辅助生产费用按照直接分配法进行分配，各部门耗电劳务量：基本生产车间用电15 000度，行政部门用电5 000度。

要求：

（1）填写辅助生产费用分配表（见表8-29）；

（2）根据辅助生产费用分配表，编制辅助生产费用分配的会计分录。

表8-29 辅助生产费用分配表

2023年9月30日

受益部门	耗电劳务量（度）	分配率	分配金额（元）
基本生产车间			
管理部门			
合计			

实训三

目的：实训品种法的核算。

资料：沿用实训一和实训二的资料，采用工时比例分配法分配制造费用。

要求：

（1）填写制造费用分配表（见表8-30）；

（2）根据制造费用分配表编制结转基本生产车间制造费用的会计分录。

表8-30 制造费用分配表

2023年9月30日

产品	生产工时（小时）	分配率	分配金额（元）
X产品			
Y产品			
合计			

实训四

目的：实训品种法的核算。

资料：沿用实训一、实训二和实训三的资料，采用约当产量法分配完工产品和在产品成本。X产品本月完工1 800件，月末在产品400件。Y产品本月完工1 500件，月末在产品200件。X、Y产品耗用材料均随加工进度陆续投入，在产品完工程度为50%。

期初余额：

X产品直接材料20 000元，直接人工24 000元，制造费用8 350元，合计52 350元。

Y产品直接材料24 000元，直接人工40 000元，制造费用11 050元，合计75 050元。

要求：

（1）计算X、Y产品完工产品成本（见表8-31至表8-34）。

（2）根据完工产品成本汇总表（见表8-35），结转本月X、Y产品完工入库的产品成本，编制会计分录。

表8-31 在产品约当产量计算表

产品名称：X产品 2023年9月30日

成本来源	在产品数量（件）	完工率（投料程度）	约当产量（件）
直接材料			
直接人工			
制造费用			

表8-32 在产品约当产量计算表

产品名称：Y产品 2023年9月30日

成本来源	在产品数量（件）	完工率（投料程度）	约当产量（件）
直接材料			
直接人工			
制造费用			

表8-33　**产品成本计算单**

2023年9月30日

生产单位：基本生产车间　　　　产品名称：X产品　　　　金额单位：元

摘要	直接材料	直接人工	制造费用	合计
期初在产品成本				
本月生产费用				
累计生产费用				
完工产品数量（件）				
在产品约当数量（件）				
约当总产量（件）				
分配率				
本期完工总成本				
期末在产品成本				

表8-34　**产品成本计算单**

2023年9月30日

生产单位：基本生产车间　　　　产品名称：Y产品　　　　金额单位：元

摘要	直接材料	直接人工	制造费用	合计
期初在产品成本				
本月生产费用				
累计生产费用				
完工产品数量（件）				
在产品约当数量（件）				
约当总产量（件）				
分配率				
本期完工总成本				
期末在产品成本				

表8-35　**完工产品成本汇总表**

2023年9月30日　　　　单位：元

成本项目	X产品（完工数量1 800件）		Y产品（完工数量1 500件）	
	总成本	单位成本	总成本	单位成本
直接材料				
直接人工				
制造费用				
合计				

能力测评

在专业能力测评表内打“√”，A掌握，B基本掌握，C未掌握。

<table>
<tr><th>业务能力</th><th>评价指标</th><th>自测结果</th><th>要求</th></tr>
<tr><td rowspan="2">品种法的含义、适用范围</td><td>1.品种法的含义</td><td>□A □B □C</td><td rowspan="2">理解记忆</td></tr>
<tr><td>2.品种法的适用范围</td><td>□A □B □C</td></tr>
<tr><td rowspan="2">品种法的特点、计算程序</td><td>1.品种法的特点</td><td>□A □B □C</td><td rowspan="2">思路清晰
理解准确</td></tr>
<tr><td>2.品种法的计算程序</td><td>□A □B □C</td></tr>
<tr><td rowspan="3">按产品品种设置有关成本明细账</td><td>1.生产成本——基本生产成本</td><td>□A □B □C</td><td rowspan="3">理解记忆
计算准确</td></tr>
<tr><td>2.生产成本——辅助生产成本</td><td>□A □B □C</td></tr>
<tr><td>3.制造费用</td><td>□A □B □C</td></tr>
<tr><td rowspan="3">归集、分配、结转各项直接费用</td><td>1.直接材料</td><td>□A □B □C</td><td rowspan="3">归类整理记忆
计算准确</td></tr>
<tr><td>2.直接人工</td><td>□A □B □C</td></tr>
<tr><td>3.折旧费用</td><td>□A □B □C</td></tr>
<tr><td>归集、分配和结转辅助生产费用</td><td>受益分配原则运用</td><td>□A □B □C</td><td>归类整理记忆
计算准确</td></tr>
<tr><td>归集、分配和结转制造费用</td><td>按工时分配法分配制造费用</td><td>□A □B □C</td><td>归类整理记忆
计算准确</td></tr>
<tr><td>计算完工产品总成本和单位成本</td><td>约当产量法</td><td>□A □B □C</td><td>归类整理记忆
计算准确</td></tr>
<tr><td>结转本月完工产品成本</td><td>编制“完工产品成本汇总表”</td><td>□A □B □C</td><td>理解记忆</td></tr>
<tr><td colspan="4">教师评语：</td></tr>
<tr><td colspan="2">成绩：</td><td colspan="2">教师签字：</td></tr>
</table>

项目九

分批法

职业能力目标

1.知识目标

（1）了解分批法和简化分批法的特点和适用范围；

（2）掌握分批法和简化分批法的计算程序。

2.能力目标

（1）能够根据分批法的概念和特点，选择合适的企业和产品加以应用；

（1）能够熟练运用分批法和简化分批法计算产品成本。

3.素养目标

（1）通过对分批法和简化分批法的比较学习，提高成本核算的职业判断；

（2）通过分批法的运用，提高成本核算的职业技能。

4.思政元素

（1）坚持准则、客观公正、奉献社会的职业精神；

（2）养成节约成本和控制成本的思想观念。

典型工作任务

1.分批法的应用；

2.简化分批法的应用。

任务一　分批法及其应用

学习情境9-1

福海制造有限公司设有一个基本生产车间，根据客户的订货要求，小批生产甲、乙、丙三种产品，采用分批法进行成本核算。该企业2023年4月各批产品资料如下：

3001批号甲产品30件，3月份投产，4月全部完工；

4001批号乙产品30件，4月份投产，4月全部未完工；

4002批号丙产品65件，4月份投产，4月6件完工。

4002批号丙产品完工产品按定额成本结转，定额总成本为1 540元/件，其中，直接材料940元/件，直接人工440元/件，制造费用160元/件。

该企业按照产品批次开设生产成本明细账，并按成本项目设置专栏。生产部门会计核算账户开设情况见表9-1。

表9-1 生产部门账户开设一览表

生产部门	会计账户
基本生产车间	生产成本——基本生产成本——#3001 生产成本——基本生产成本——#4001 生产成本——基本生产成本——#4002 制造费用

该公司2023年4月有关成本计算资料如下：

（1）月初在产品成本见表9-2。

表9-2 月初在产品成本表 单位：元

产品批号	直接材料	直接人工	制造费用	合计
3 001	60 400	27 700	5 800	93 900

（2）各批产品本月发生的生产费用见表9-3。

表9-3 生产费用汇总表 单位：元

产品批号	直接材料	直接人工	制造费用	合计
3 001	3 800	9 800	2 900	16 500
4 001	6 800	25 800	3 800	36 400
4 002	37 800	21 300	3 500	62 600

请问：各批次完工产品成本是多少？

任务导入

工作任务	技能要点及任务成果	重要知识点	学时
阅读学习情境9-1的资料，计算各批次完工产品成本	1.明确分批法下成本计算对象、成本计算期 2.掌握分批法的成本计算程序 3.掌握完工产品成本结转账务处理	1.分批法的特点 2.分批法成本计算程序 3.结转完工产品成本的账务处理	2

任务学习

一、知识准备

（一）分批法的含义

分批法是以产品的批次作为成本计算对象，用以归集和分配生产费用，计算产品成本的一种方法。在实际工作中，产品的品种和每批产品的批量往往是根据客户的订单来确定的，因而，按照产品批别计算产品成本，往往也就是按照订单计算产品成本，所以分批法亦称为订单法。

（二）分批法的适用范围

分批法适用于单件、小批生产的企业，如造船、重型机器制造、精密仪器制造等，也可用于一般企业中的新产品试制或试验、在建工程以及设备修理作业等。

（三）分批法的特点

1. 以产品的批别为成本计算对象

在单件小批生产的企业，产品的生产一般是根据购货单位的订单组织的，生产何种产品、每批产品的批量大小以及完工时间，通常要根据购货单位的订单加以确定，并结合企业的生产负荷程度合理组织产品生产的批次和批量。因此，分批法是以产品批别（或订单、生产通知单）为成本计算对象，设置基本生产成本明细账，归集生产费用，计算产品成本。

2. 产品成本计算是不定期的

采用分批法计算产品成本，以批别为成本计算对象，对每批产品不论其数量多少，生产周期长短，均分批开设基本生产成本明细账，归集所发生的生产费用。如果某批产品的生产周期短于一个月，表现为当月投产，当月完工，月末结算成本时，明细账中归集的生产费用即为该批完工产品的总成本。如果某批产品的生产周期长于一个月，或者是跨月完工，那么当月归集的生产费用加上期初在产品成本，形成本月末在产品成本，无法计算也不必计算完工产品成本，只能待该批产品完工时，才能计算出该批完工产品成本。因此，分批法的成本计算是不定期的，成本计算期与产品生产周期基本一致，但与会计报告期不一致。

3. 一般不存在在完工产品和在产品之间分配成本的问题

分批法主要适用于单件、小批生产的企业。在单件生产中，成本计算期与产品的生产周期完全一致，月末产品或者处于未完工状态，或者处于已完工状态，不存在完工产品与在产品之间费用分配的问题。在小批生产中，由于产品批量较小，批内产品一般都能同时完工，或短期内能全部完工，所以月末一般也不存在完工产品与在产品之间费用分配的问题。但是，如果批内产品有跨月陆续完工的情况，月末就需要将生产费用在完工产品与在产品之间进行分配。

（四）分批法的成本计算程序

1. 按产品批别开设基本生产成本明细账

工业企业按照产品批别组织生产时，生产计划部门要签发“生产通知单”下达车间，并通知会计部门。会计部门应根据生产计划部门下达的产品批号，也就是产品批别，为各批产品开设基本生产成本明细账，按成本项目分设专栏，以归集每批产品所发生的生产费用，计算该批产品的总成本和单位成本。基本生产成本明细账的设立和结账，应与生产通知单的签发和结束密切配合，协调一致。基本生产成本明细账上应注明产品的批号、名称、数量、开工时间和完工时间等，以保证各批产品成本计算的正确性。

2. 按产品批别归集和分配所发生的生产费用

企业应尽可能按“生产通知单”的批号组织生产，领用原材料、计算工资、支付各项费用。财会部门根据各项费用分配表的分配结果，对各批产品耗用的直接费用，如直接材料、直接人工等，按批号直接记入该批基本生产成本明细账的有关栏目，防止“串批”；

对各批产品耗用的间接费用，则应采用适当的分配方法，在各批产品之间进行分配，分别记入有关批次的基本生产成本明细账的各个专栏。

3.计算完工产品成本

根据产品完工情况，计算完工或在产品成本。

如果月末某批产品已全部完工，则该批产品归集的全部生产费用，就是完工产品总成本，总成本除以该批产品的产量即为单位成本。

如果某批产品月末全部未完工，则基本生产成本明细账所归集的该批产品的生产费用就是月末在产品的总成本。

如果某产品跨月陆续完工，则要在完工产品与在产品之间分配费用。这里又有两种情况：其一，在批内陆续完工数量不多的情况下，可以采用按计划成本、定额成本或近期同种产品的实际单位成本计算完工产品成本的方法，从成本计算单中转出批内完工产品的成本，剩余的生产费用即为在产品成本，待该批产品全部完工时，再合并计算其实际总成本和单位成本，对前期陆续完工并已转账的完工产品成本，无须再做账调整。其二，在批内跨月完工数量较多，占全部批量比重较大的情况下，则应采用适当的方法，如约当产量法、定额比例法等，在完工产品和在产品之间分配费用，分别计算出完工产品成本和月末在产品成本。

【小思考9-1】分批法成本计算程序与品种法成本计算程序相比有何不同？

二、任务导学

【工作实例9-1】福海制造有限公司属于小批生产类型的企业，设有一个基本生产车间，按生产任务通知单组织生产。该企业2023年7月份有关生产情况和生产费用支出情况的资料如下：

（1）生产情况

601批甲产品60件，6月份投产，7月全部完工。

602批乙产品70件，6月份投产，7月完工50件，未完工20件。

701批丙产品80件，7月份投产，计划8月份完工，本月提前完工5件。

（2）期末各批次产品完成情况

602批乙产品，本月未完工产品数量较多，采用约当产量法计算完工产品成本与在产品成本，材料于生产开始时一次投入，在产品完工程度为50%。

701批丙产品，本月完工5件，完工数量较少，为简化核算，完工产品按定额成本转出，单件定额成本515元，其中：直接材料380元，燃料及动力32元，直接人工55元，制造费用48元。

（3）本月的成本核算资料

①各批产品的月初在产品成本见表9-4。

表9-4　月初在产品成本表　单位：元

产品批号	直接材料	燃料及动力	直接人工	制造费用	合计
601	12 610	520	2 370	1 620	17 120
602	12 360	480	1 180	940	14 960

②根据本月各种分配表（略），汇总各批产品本月发生的生产费用（见表9-5）。

表9-5 本月生产费用汇总表 单位：元

产品批号	直接材料	燃料及动力	直接人工	制造费用	合计
601	2 210	440	1 350	780	4 780
602	5 000	480	800	500	6 780
701	24 000	750	3 500	2 200	30 450

要求：根据上述资料，计算产品成本，并进行相关账簿登记和编制会计分录。

解析：

（1）该企业应按照产品批次开设基本生产成本明细账，并按成本项目设置专栏。生产部门会计账户开设情况见表9-6。

表9-6 生产部门会计账户开设一览表

生产部门	会计账户
基本生产车间	基本生产成本——601批 基本生产成本——602批 基本生产成本——701批 制造费用

（2）登记各批次产品成本明细账（见表9-7至表9-9）。

表9-7 基本生产成本明细账

产品批号：601　　2023年7月　　投产日期：2023年6月

产品名称：甲产品　　批量：60件　　完工日期：2023年7月

单位：元

2023年		摘要	直接材料	燃料及动力	直接人工	制造费用	合计
月	日						
7	1	期初余额	12 610	520	2 370	1 620	17 120
7	31	材料费用分配表	2 210				2 210
7	31	动力费用分配表		440			440
7	31	职工薪酬分配表			1 350		1 350
7	31	制造费用分配表				780	780
7	31	生产费用累计	14 820	960	3 720	2 400	21 900
7	31	完工产品成本	14 820	960	3 720	2 400	21 900
7	31	单位成本	247	16	62	40	365

表9-8　　基本生产成本明细账　　金额单位：元

产品批号：602　　2023年7月　　投产日期：2023年6月

产品名称：乙产品　　批量：70件　　完工日期：2023年8月（本月完工50件）

2023年		摘要	直接材料	燃料及动力	直接人工	制造费用	合计
月	日						
7	1	期初余额	12 360	480	1 180	940	14 960
7	31	材料费用分配表	5 000				5 000
7	31	动力费用分配表		480			480
7	31	职工薪酬分配表			800		800
7	31	制造费用分配表				500	500
7	31	生产费用累计	17 360	960	1 980	1 440	21 740
7	31	完工产品数量（件）	50	50	50	50	
7	31	在产品约当产量（件）	20	10	10	10	
7	31	分配率（产品单位成本）	248	16	33	24	321
7	31	完工产品成本	12 400	800	1 650	1 200	16 050
7	31	月末在产品成本	4 960	160	330	240	5 690

其中：

直接材料费用分配率 $= \dfrac{17\ 360}{50 + 20} = 248$（元/件）

完工产品直接材料费用 $= 50 \times 248 = 12\ 400$（元）

在产品直接材料费用 $= 20 \times 248 = 4\ 960$（元）

燃料及动力费用分配率 $= \dfrac{960}{50 + 20 \times 50\%} = 16$（元/件）

完工产品燃料及动力费用 $= 50 \times 16 = 800$（元）

在产品燃料及动力费用 $= 20 \times 50\% \times 16 = 160$（元）

直接人工费用分配率 $= \dfrac{1\ 980}{50 + 20 \times 50\%} = 33$（元/件）

完工产品直接人工费用 $= 50 \times 33 = 1\ 650$（元）

在产品直接人工费用 $= 20 \times 50\% \times 33 = 330$（元）

制造费用分配率 $= \dfrac{1\ 440}{50 + 20 \times 50\%} = 24$（元/件）

完工产品制造费用 $= 50 \times 24 = 1\ 200$（元）

在产品直接制造费用 $= 20 \times 50\% \times 24 = 240$（元）

表9-9 基本生产成本明细账

产品批号：701　　2023年7月　　投产日期：2023年7月

产品名称：丙产品　　批量：80件　　完工日期：2023年8月（完工5件）

2023年		摘要	直接材料	燃料及动力	直接人工	制造费用	合计
月	日						
7	31	材料费用分配表	24 000				24 000
7	31	动力费用分配表		750			750
7	31	职工薪酬分配表			3 500		3 500
7	31	制造费用分配表				2 200	2 200
7	31	生产费用累计	24 000	750	3 500	2 200	30 450
7	31	单位产品定额成本	380	32	55	48	515
7	31	完工产品成本	1 900	160	275	240	2 575
7	31	月末在产品成本	22 100	590	3 225	1 960	27 875

其中：

完工产品直接材料费用 = 5 × 380 = 1 900（元）

完工产品燃料及动力费用 = 5 × 32 = 160（元）

完工产品直接人工费用 = 5 × 55 = 275（元）

完工产品制造费用 = 5 × 48 = 240（元）

（3）编制完工产品成本汇总表（见表9-10）。

表9-10 完工产品成本汇总表

2023 年 7月31日　　金额单位：元

成本项目		直接材料	燃料及动力	直接人工	制造费用	合计
601甲产品（60件）	总成本	14 820	960	3 720	2 400	21 900
	单位成本	247	16	62	40	365
602乙产品（50件）	总成本	12 400	800	1 650	1 200	16 050
	单位成本	248	16	33	24	321
701丙产品（5件）	总成本	1 900	160	275	240	2 575
	单位成本	380	32	55	48	515

（4）根据完工产品成本汇总表，编制本月结转完工产品入库产品成本的会计分录：

借：库存商品——甲产品　　21 900

　　　　　——乙产品　　16 050

　　　　　——丙产品　　2 575

贷：基本生产成本——601批　　21 900
　　　　　　　　——602批　　16 050
　　　　　　　　——701批　　2 575

三、任务实施

根据学习情境9-1的资料，在老师指导下，完成下列任务：

（1）登记各批次产品成本明细账，计算完工批次产品成本（见表9-11至表9-13）。

（2）编制完工产品成本汇总表，详见表9-14。

（3）根据完工产品成本汇总表，编制本月结转完工产品成本的会计分录。

表9-11　基本生产成本明细账

产品批号：　　产品名称：　　投产日期：

批　　量：　　完工日期：　　单位：元

年		摘要	直接材料	直接人工	制造费用	合计
月	日					

表9-12　生产成本明细账

产品批号：　　产品名称：　　投产日期：

批　　量：　　完工日期：　　单位：元

年		摘要	直接材料	直接人工	制造费用	合计
月	日					

表9-13 生产成本明细账

产品批号： 产品名称： 投产日期：

批 量： 完工日期： 单位：元

年		摘要	直接材料	直接人工	制造费用	合计
月	日					

表9-14 完工产品成本汇总表

年 月 日 单位：元

成本项目		直接材料	直接人工	制造费用	合计
	总成本				
	单位成本				
	总成本				
	单位成本				

任务二 简化分批法

学习情境9-2

江南制造有限公司属小批生产企业，由于产品批数多，采用简化分批法。该企业2023年4月各批产品生产资料见表9-15，各批产品累计生产费用和生产工时见表9-16。

表9-15 本月各批次生产资料

批次	产品	产量（件）	投产月份	完工月份
#201	A	1 500	2	4
#202	B	3 000	2	6
#301	C	1 500	3	6
#401	D	2 600	4	5（4月完工1 000件）
#402	E	1 000	4	6

表9-16 各批产品累计生产费用和生产工时 金额单位：元

批号	产品名称	期初在产品				本月发生生产费用及工时			
		累计工时（小时）	累计直接材料	累计直接人工	累计制造费用	工时（小时）	直接材料	直接人工	制造费用
#201	A	72 000	181 500			6 000	1 500		
#202	B	63 200	187 000			6 700	1 200		
#301	C	32 200	102 600			8 000	2 700		
#401	D					18 000	67 600		
#402	E					7 500	47 600		
合计		167 400	471 100	320 400	106 800	46 200	120 600		

#401批次D产品，直接材料费用在完工产品和在产品之间按照件数分配，完工产品工时按定额工时每件11工时计算。

该企业应按照产品批次开设生产成本明细账，为全部批次产品开设基本生产成本二级账。生产部门账户开设一览表见表9-17。

表9-17 生产部门账户开设一览表

生产部门	会计账户
基本生产车间	生产成本——基本生产成本——#201 生产成本——基本生产成本——#202 生产成本——基本生产成本——#301 生产成本——基本生产成本——#401 生产成本——基本生产成本——#402 制造费用

请问：如何采用简化分批法计算各批次完工产品成本?

任务导入

工作任务	技能要点及任务成果	重要知识点	学时
阅读学习情境9-2的资料，采用简化分批法计算各批次完工产品成本	1.了解简化分批法的特点 2.掌握简化分批法的成本计算程序 3.掌握完工产品成本结转账务处理	1.简化分批法的特点 2.简化分批法成本计算程序 3.结转完工产品成本的账务处理	2

任务学习

一、知识准备

（一）简化分批法的含义

分批法因其采用的间接计入费用的分配方法不同，分为一般分批法和简化分批法。

一般分批法是在分配间接计入费用时，不论各批次产品是否完工，都要按当月分配率分配其应负担的间接计入费用，如本任务所讲解的分批法就是一般分批法。

但是，在小批、单件生产的企业或车间中，同一个月份投产的产品批数很多，可能有几十批甚至上百批，且月末有未完工产品的批数也较多。在这种情况下，如果各项间接费用都在当月分配下去，费用分配的核算工作量将非常繁重。为了简化核算工作，在这类企业或车间中还可采用另外一种成本计算方法——简化分批法。

简化分批法，又称累计间接费用分配法。采用这种方法进行成本计算时，各批产品成本在产品完工之前，账内只需登记直接计入费用和生产工时，每月发生的间接计入费用则是在基本生产成本二级账中按成本项目分别累计起来，到产品完工时，按照完工产品累计工时的比例，在各批完工产品进行分配。由于这种方法只对完工产品分配间接计入费用，而不分批计算在产品成本，因此，这种方法也称不分批计算在产品成本的分批法。

简化分批法只对当月完工的批次产品按累计间接计入费用分配率分配间接计入费用，未完工批次产品不分配间接计入费用，所以，这种方法大大简化了成本核算工作量。

（二）简化分批法的特点

1. 增设“基本生产成本二级账”

在基本生产成本总账和按批次开设的基本生产成本明细账之间，增设基本生产成本二级账，按月归集企业或车间所有批次产品的生产成本以及生产工时资料。

2. 增设“生产工时”专栏

在“基本生产成本二级账”和“基本生产成本明细账”中，增设“生产工时”专栏，用以登记相应批次产品所耗的生产工时、累计工时和完工产品转出的工时。

3. 基本生产成本明细账的登记要求

对于各批产品，企业平时只需要按月登记该批产品的“直接材料”和“生产工时”两栏，而“直接人工”“制造费用”等间接计入费用只有在有完工产品的月份才进行分配登记。

4. 生产费用的横向分配和纵向分配同时进行

各批产品之间分配间接计入费用的工作以及完工产品和月末在产品之间分配生产费用的工作，即生产费用的横向分配和生产费用的纵向分配工作，在有完工产品时利用累计间接计入费用分配率一次分配完成。

（三）简化分批法的成本计算程序

1. 按产品批别设立基本生产成本明细账

在简化分批法下，仍应按照产品批别设立基本生产成本明细账，但在各批产品完工前，账内只需登记直接计入费用（例如原材料费用）和生产工时。

2. 增设“基本生产成本二级账”

增设“基本生产成本二级账”，这是简化分批法相比一般分批法的显著特点。

“基本生产成本二级账”，分成本项目登记全部产品有关的直接材料、燃料与动力、直接人工、制造费用和生产工时，月末汇总计算各项费用累计数和生产工时累计数。

3. 归集生产费用和累计生产工时

将当月发生的直接计入费用和生产工时数，按批别或订单分别记入相应的基本生产成本明细账中；将当月发生的直接计入费用、间接计入费用以及生产工时数，记入基本生产成本二级账中。

4. 计算批内各种完工产品的总成本和单位成本

因为简化分批法不分配在产品的间接计入费用，所以在基本生产成本明细账中平时只有直接费用和生产工时。

如果本月有完工产品，根据累计间接计入费用分配率和该批产品累计生产工时数计算应负担的间接计入费用，并登记在基本生产成本明细账中，汇总后即可得出该批完工产品的总成本和单位成本。

如果该批产品均未完工，这时在各批基本生产成本明细账内只反映月末在产品的直接费用和生产工时。

累计间接计入费用分配率计算公式如下：

$$\text{全部产品某项累计间接计入费用分配率}=\text{全部产品该项累计间接计入费用}\div\text{全部产品累计生产工时}$$

$$\text{某批完工产品应负担的某项间接计入费用}=\text{该批完工产品累计生产工时}\times\text{该项累计间接计入费用分配率}$$

【小思考9-2】简化分批法的应用条件是什么？

二、任务导学

【工作实例9-2】江南制造公司按订货单位要求小批量组织生产，各月投产的产品批次较多，且月末存在大量未完工产品，为了简化成本计算，采用简化分批法。

该企业2023年10月各批产品资料如下：

K0901批次：甲产品12台，9月投产，10月全部完工；

K0902批次：乙产品8台，9月投产，10月尚未完工；

K1003批次：丙产品6台，10月投产，10月尚未完工；

K1004批次：丁产品10台，10月投产，10月完工6台。

各批产品原材料在生产开始时一次投入，月末在产品工时按定额计算，K1004批次丁产品的月末在产品定额工时共计480小时。

该企业按照产品批次开设生产成本明细账，为全部产品开设基本生产成本二级账。根据企业上述情况，生产部门账户设置见表9-18。

表9-18　生产部门账户开设一览表

生产部门	会计账户
基本生产车间	基本生产成本——K0901 基本生产成本——K0902 基本生产成本——K1003 基本生产成本——K1004 制造费用

其中：各批别“基本生产成本明细账”和“基本生产成本二级账”内除开设“直接材料”“直接人工”“制造费用”等成本项目专栏以外，还要开设“生产工时”专栏。

江南制造公司2023年10月份有关成本计算资料如下：

（1）各批产品累计生产费用和生产工时见表9-19。

表9-19　各批产品累计生产费用和生产工时　金额单位：元

批号	产品名称	期初在产品数据				本月生产费用及生产工时			
		累计工时（小时）	累计直接材料	累计直接人工	累计制造费用	工时（小时）	直接材料	直接人工	制造费用
K0901	甲产品	3 550	6 804			710			
K0902	乙产品	900	4 200			1 260			
K1003	丙产品					3 780	3 600		
K1004	丁产品					1 710	7 080		
合计		4 450	11 004	3 435	5 141	7 460	10 680	10 857	7 960

（2）该企业设立的基本生产成本二级账和各批次产品成本明细账见表9-20至表9-24。

表9-20　基本生产成本二级账　金额单位：元

2023年 月	日	摘要	直接材料	生产工时（小时）	直接人工	制造费用	合计
9	30	月末在产品成本	11 004	4 450	3 435	5 141	19 580
10	31	本月发生费用	10 680	7 460	10 857	7 960	29 497
10	31	本月累计费用	21 684	11 910	14 292	13 101	49 077
10	31	累计间接计入费用分配率			1.2	1.1	
10	31	本月完工产品成本	11 052	5 490	6 588	6 039	23 679
10	31	月末在产品成本	10 632	6 420	7 704	7 062	25 398

在基本生产成本二级账中，归集了截至10月末所有批次产品在生产过程中发生的各项费用和累计生产工时。其中，全部产品累计间接计入费用分配率的计算如下：

直接人工累计分配率 = 14 292 ÷ 11 910 = 1.2（元/小时）

制造费用累计分配率 = 13 101 ÷ 11 910 = 1.1（元/小时）

基本生产成本二级账中完工产品的“直接材料”和“生产工时”项目应根据各批产品成本明细账中完工产品的“直接材料”和“生产工时”汇总登记；完工产品的各项间接计入费用，可以根据二级账中完工产品工时分别乘以各项费用的累计分配率计算登记；也可以根据各批产品成本明细账中完工产品的各项间接计入费用分别汇总登记。

期末在产品成本的直接材料费用和生产工时可以根据各批产品生产成本明细账中在产品成本的直接材料和生产工时汇总登记，也可以根据二级账中本月累计直接材料和生产工时分别减去完工产品直接材料和生产工时登记。在产品成本的各项间接计入费用是根据二级账中本月累计间接计入费用减去完工产品间接计入费用登记。

表9-21　基本生产成本明细账

批　次：K0901　产品名称：甲产品　投 产 期：9月

完工期：10月　产　量：12台　完工产量：12台　金额单位：元

2023年		摘要	直接材料	生产工时（小时）	直接人工	制造费用	合计
月	日						
9	30	本月累计费用	6 804	3 550			
10	31	本月发生费用		710			
10	31	本月累计费用	6 804	4 260	0	0	
10	31	累计费用分配率			1.2	1.1	
10	31	本月完工产品成本	6 804	4 260	5 112	4 686	16 602

本月K0901批次的甲产品全部完工，其生产成本明细账中登记的直接材料费用和生产工时全部为完工产品的直接材料费用和生产工时，此时，还需要计算该批完工产品承担的间接计入费用。

本批完工产品直接人工费用 = 1.2 × 4 260 = 5 112（元）

本批完工产品制造费用 = 1.1 × 4 260 = 4 686（元）

表9-22　基本生产成本明细账

批　次：K0902　产品名称：乙产品　投 产 期：9月

完工期：　产　量：8台　完工产量：0　金额单位：元

2023年		摘要	直接材料	生产工时（小时）	直接人工	制造费用	合计
月	日						
9	30	本月累计费用	4 200	900			
10	31	本月发生费用		1 260			
10	31	本月累计费用	4 200	2 160			

表9-23　　产品生产成本明细账

批　次：K0903　　产品名称：丙产品　　投 产 期：10月

完工期：　　产　　量：6台　　完工产量：0　　金额单位：元

2023年		摘要	直接材料	生产工时（小时）	直接人工	制造费用	合计
月	日						
10	31	本月发生费用	3 600	3 780			
10	31	本月累计费用	3 600	3 780			

表9-24　　基本生产成本明细账

批　次：K0904　　产品名称：丁产品　　投 产 期：10月

完工期：10月　　产　　量：10台　　完工产量：6台　　金额单位：元

2023年		摘要	直接材料	生产工时（小时）	直接人工	制造费用	合计
月	日						
10	31	本月发生费用	7 080	1 710			
10	31	本月累计费用	7 080	1 710			
10	31	累计费用分配率			1.2	1.1	
10	31	本月完工产品成本	4 248	1 230	1 476	1 353	7 077
10	31	本月末余额	2 832	480			

（3）本月K1004批次的丁产品部分完工，其生产成本明细账中已登记有全部直接材料费用，应计算完工部分的直接材料费用，同时还需要计算完工部分产品承担的间接计入费用。由于原材料在生产开始时一次投入，因此材料费可按照完工产品和在产品的数量比例分配。由于该批次内月末在产品工时按定额计算，其在产品定额工时共计480小时。

完工产品直接材料费用 = 7 080 ÷ 10 × 6 = 4 248（元）

在产品直接材料费用 = 7 080 ÷ 10 × 4 = 2 832（元）

完工产品工时 = 1 710 − 480 = 1 230（小时）

完工产品直接人工费用 = 1.2 × 1 230 = 1 476（元）

完工产品制造费用 = 1.1 × 1 230 = 1 353（元）

完工产品成本汇总表见表9-25。

表9-25　　完工产品成本汇总表

2023年10月31日　　金额单位：元

成本项目		直接材料	直接人工	制造费用	合计
K0901甲产品（完工产量12台）	总成本	6 804	5 112	4 686	16 602
	单位成本	567	426	390.5	1 383.5
K1004丁产品（完工产量6台）	总成本	4 248	1 476	1 353	7 077
	单位成本	708	246	225.5	1 179.5

（4）根据完工产品成本汇总表编制结转本月完工产品入库的会计分录如下：

借：库存商品——甲产品　　16 602
　　　　　　——丁产品　　7 077
　贷：基本生产成本——K0901　　16 602
　　　　　　　　　——K1004　　7 077

三、任务实施

根据学习情境9-2的资料，在老师指导下，完成下列任务：

（1）登记各批次产品成本明细账和基本生产成本二级账，计算完工批次产品成本（见表9-26至表9-31）；

（2）编制完工产品成本汇总表（见表9-32）；

（3）根据完工产品成本汇总表，编制本月结转完工产品成本的会计分录。

（计算结果四舍五入保留两位小数）

表9-26　基本生产成本二级账　金额单位：元

月	日	摘要	直接材料	生产工时（小时）	直接人工	制造费用	合计
		月初在产品成本					
		本月发生费用					
		本月累计费用					
		累计间接计入费用分配率					
		本月完工产品成本					
		月末在产品成本					

表9-27　基本生产成本明细账

批　次：　　产品名称：　　投 产 期：

完工期：　　产　　量：　　完工产量：　　金额单位：元

月	日	摘要	直接材料	生产工时（小时）	直接人工	制造费用	合计

表9-28 基本生产成本明细账

批　次：　　　　产品名称：　　　　投 产 期：

完工期：　　　　产　　量：　　　　完工产量：　　　　金额单位：元

月	日	摘要	直接材料	生产工时（小时）	直接人工	制造费用	合计

表9-29 基本生产成本明细账

批　次：　　　　产品名称：　　　　投 产 期：

完工期：　　　　产　　量：　　　　完工产量：　　　　金额单位：元

月	日	摘要	直接材料	生产工时（小时）	直接人工	制造费用	合计

表9-30 基本生产成本明细账

批　次：　　　　产品名称：　　　　投 产 期：

完工期：　　　　产　　量：　　　　完工产量：　　　　金额单位：元

月	日	摘要	直接材料	生产工时（小时）	直接人工	制造费用	合计

表9-31　基本生产成本明细账

批　次：　　产品名称：　　投 产 期：

完工期：　　产　　量：　　完工产量：　　金额单位：元

月	日	摘要	直接材料	生产工时（小时）	直接人工	制造费用	合计

表9-32　完工产品成本汇总表

月　　日　　金额单位：元

成本项目		直接材料	直接人工	制造费用	合计
	总成本				
	单位成本				
	总成本				
	单位成本				

成本会计与中国经济

项目单元成本核算管理实践

【关键词】项目单元成本；全员参与；精益管理；西部崛起

中国兵器工业集团有限公司西安近代化学研究所（以下简称“西安研究所”）是我国最大的化学含能材料研究中心，主要从事含能材料、爆炸与燃烧科学、有机化学、应用化学、高分子材料、精细化工、电子仪表及分析测试技术的研究开发，是以应用化学为主的科研、试制综合性研究所。

西安研究所近年来启动了科研项目单元成本核算管理工作。经过多年来的探索实践，已建立起科研项目单元成本预算标准化和单元成本财务核算体系。

其主要做法包括：

1.单元成本核算管理的基础是“单元”，按科研项目设置项目单元，按职能部门业务板块设置管理单元。

每个单元作为成本控制对象与考核责任主体。单元成本核算围绕单元管理活动对其财务收支和现金流状况进行归集、核算、控制、分析、反馈、奖惩和改进。鉴于科研项目的周期性，对单元成本核算管理采用全周期、全成本核算，分段考核、分段兑现方法。

2.划分项目单元和管理单元分别核算。

项目单元分为项目单元核算和子项目单元核算。

项目单元成本核算的所有项目须与一级计划下达的项目一一对应。子项目单元成本核算的子项目须与二级计划确定的子项目单元一一对应。项目单元和管理单元相辅相成，相互依赖又相互独立，共同组成单元成本核算的基础，分别由科研人员和管理人员参与维护。

3.单元成本核算管理的主流程包括单元合同管理、单元计划管理、单元财务核算与控制管理、单元经济分析与单元核算考核管理、单元奖惩兑现管理六个部分。

单元成本分为直接成本和间接成本。直接成本直接计入，间接成本（含基金类）无法直接计入的按照合理方法分摊计入。单元成本的发生额以下达的单元计划为限，超出单元计划停止支出。

4.加强单元成本分析与考核。

财务部会同综合计划部在每季度结束后对单元成本进行分析，形成季度单元核算管理分析报告；每年6月底和12月底，由综合计划部会同业务主管部门对单元任务完成情况进行核查。财务管理部对单元收支情况进行决算。利用核查和决算结果，依据收入完成情况、成本节余情况、回款完成情况、课题完成情况对单元团队进行奖惩，由总会计师、项目负责人结合各个单元核查和决算结果，提出团队成员奖惩提议，完成单元年终检查和考核管理。

资料来源：新理财杂志. 财政部会计司：管理会计案例索引（四）[EB/OL]［2023-08-31］https：//www.sohu.com/a/112024764_481838.

【启示】习近平总书记在党的二十大报告中深刻指出，“培养造就大批德才兼备的高素质人才，是国家和民族长远发展大计”，并对深入实施新时代人才强国战略作出全面部署。西安研究所深入贯彻落实党的二十大精神，充分调动广大员工的积极性和创造力，进一步深化成本核算管理，科学划分成本单元，加强业务预算与成本费用管控，建立公开透明的单元核算绩效考评体系，提高了全员参与成本控制的意识，提升了精益管理战略水平，为西部崛起做出了积极贡献。

习题与实训

一、单项选择题

1.分批法的特点是（　　）。

A.按照产品类别计算成本　　B.按照产品品种计算成本

C.按照产品批别计算成本　　D.按照车间来计算成本

2.在下列产品成本计算方法中，成本计算期与产品生产周期基本一致的是（　　）。

A.分批法　　B.品种法

C.逐步结转分步法　　D.平行结转分步法

3.采用简化分批法对完工产品分配间接计入费用依据的是（　　）。

A.全部产品计划间接计入费用分配率　B.全部产品累计间接计入费用分配率

C.每种产品上期间接计入费用分配率　D.每种产品本期间接计入费用分配率

4.必须设置基本生产成本二级账的成本计算方法是（　　）。

A.品种法　B.分步法　C.简化分批法　D.分批法

5.简化分批法适用于（　　）的情况。

A.同一月份投产批数多　B.各月间接计入费用水平相差不大

C.月末未完工产品批数多　D.同时具备上述条件

6.采用分批法计算基本生产成本时，如果批内跨月完工产品的数量较多，则完工产品成本计算最适宜采用的方法是（　　）。

A.按计划单位成本计算　B.按定额单位成本计算

C.按约当产量比例法分配计算　D.按最近一期相同产品的实际成本计算

7.分批法适用的生产组织是（　　）。

A.小批单件生产　B.大量大批生产

C.大量小批生产　D.大量成批生产

8.如果在一张订单中规定了几种产品，产品批别应按（　　）划分。

A.订单　B.产品品种

C.订单或产品品种　D.各种产品数量多少

9.某企业采用分批法计算产品成本。6月1日投产甲产品5件，乙产品3件；6月15日投产甲产品4件，乙产品4件，丙产品3件；6月26日投产甲产品6件。该企业6月份应开设产品成本明细账的张数是（　　）。

A.3张　B.4张　C.5张　D.6张

10.采用简化分批法，在产品完工之前，基本生产成本明细账（　　）。

A.不登记任何费用

B.只登记直接计入费用（如原材料费用）和生产工时

C.只登记原材料费用

D.登记间接计入费用，不登记直接计入费用

11.在简化的分批法下，累计间接计入费用分配率（　　）。

A.只是在各批完工产品之间分配间接计入费用的依据

B.只是在各批在产品之间分配间接计入费用的依据

C.既是各批产品之间，也是完工产品与在产品之间分配间接计入费用的依据

D.只是完工产品与在产品之间分配间接计入费用的依据

12.下列情况中，不宜采用简化分批法的是（　　）。

A.产品的批数较多　B.月末未完工产品批数较多

C.各月间接计入费用水平相差不多　D.各月间接计入费用水平相差较多

13.简化的分批法是（　　）。

A.不计算在产品成本的分批法

B.不分批计算在产品成本的分批法

C.不分批计算完工产品成本的分批法

D.分批计算完工产品和在产品成本的分批法

14.采用简化分批法，各批产品、完工产品与在产品之间分配间接计入费用，都是利用（　　）分配的。

A.累计间接计入费用分配率　　B.累计生产工时

C.累计原材料费用分配率　　D.间接计入费用分配率

二、多项选择题

1.分批法适用于（　　）。

A.小批生产

B.大批大量、管理上不要求分步计算成本的多步骤生产

C.分批轮番生产同一种产品

D.单件生产

2.采用分批法计算基本生产成本时，如果批内产品跨月陆续完工的情况不多，完工产品的数量占全部批量的比重较小，完工产品成本的计价可采用（　　）。

A.本月实际单位成本　　B.近期相同产品的实际单位成本

C.定额单位成本　　D.计划单位成本

3.分批法主要适用于（　　）企业。

A.船舶制造　　B.辅助生产的工具模具制造

C.专用设备生产　　D.新产品试验生产

4.采用简化分批法（　　）。

A.不计算全部在产品总成本　　B.不计算在产品成本

C.计算全部在产品总成本　　D.不分批计算在产品成本

5.基本生产成本计算的分批法适用于（　　）。

A.成批生产　　B.单步骤生产

C.小批生产　　D.单件生产

6.采用简化的分批法，下列说法中正确的有（　　）。

A.必须设立基本生产成本二级账

B.在产品完工之前，基本生产成本明细账只登记直接计入费用和生产工时

C.在产品成本二级账中累计登记间接计入费用

D.不分批计算在产品成本

7.分批法成本计算的特点是（　　）。

A.以生产批次作为成本计算对象

B.基本生产成本计算期不固定

C.按月计算基本生产成本

D.一般不需要进行完工产品和在产品成本分配

8.采用简化的分批法计算产品成本必须同时具备的条件有（　　）。

A.同一月份投产的产品批数很多　　B.月末完工产品的批数较少

C.各月间接计入费用水平相差不多　　D.各月生产费用水平相差较多

9.采用简化的分批法，在产品完工以前，产品成本明细账（　　）。

A.登记直接计入费用

B. 只登记间接计入费用，不登记直接计入费用

C. 登记生产工时

D. 不登记任何费用

三、判断题

1. 在单件和小批生产中，产品成本有可能在某批产品完工后计算，因而成本计算是不定期的，而是与生产周期相一致。（　　）

2. 分批法也称订单法，其成本计算对象是购货单位的订单。（　　）

3. 采用分批法计算产品成本，只有在该批产品全部完工时才能计算成本。（　　）

4. 只要产品批数多，就应采用简化分批法计算产品成本。（　　）

5. 在小批或单件生产的企业或车间中，如果同一月份投产的产品批数很多，月末未完工产品的批数也比较多，而且各月间接计入费用水平相差不多时，可采用简化分批法计算产品成本。（　　）

6. 采用简化分批法，必须设立基本生产成本二级账。（　　）

7. 采用简化分批法计算产品成本时，在产品完工时，利用累计间接计入费用分配率可以计算出各批产品的完工产品和在产品的成本。（　　）

8. 在单件和小批生产中，产品成本有可能在某批产品完工后计算，因而成本计算是不定期的，而是与生产周期相一致。（　　）

9. 如果在一张订单中只规定一件产品，但其属于大型复杂的产品，价值大，生产周期长，也可以按照产品的组成部分分批组织生产，计算成本。（　　）

10. 如果同一时期内，几张订单规定有相同的产品，应按各订单确定批别，分批组织生产，计算成本。（　　）

11. 简化的分批法，由于只对完工产品分配间接计入费用，而不分批计算在产品成本，因而又被称为不分批计算在产品成本的分批法。（　　）

12. 为了使同一批产品同时完工，避免跨月陆续完工的情况，减少在完工产品与月末在产品之间分配费用的工作，产品的批量越小越好。（　　）

四、实训题

实训一

目的：实训分批法的核算。

资料：江南制造有限公司生产甲、乙两种产品，生产组织属于小批生产，采用分批法计算成本。

（1）5月份的产品批号有：5414批号：甲产品12台，本月投产，本月完工6台。5415批号：乙产品10台，本月投产，本月完工2台。

（2）5月份各批号生产费用分配表见表9-33。

表9-33　生产费用分配表

2023年5月　　单元：元

批号	原材料	工资及福利费	制造费用
5414	3 948	3 951	2 952
5415	4 926	3 629	1 945

5414批号甲产品完工数量较多，原材料在生产开始时一次投入，其他费用在完工产品与在产品之间采用约当产量比例法分配，在产品完工程度为50%。

5415批号乙产品完工数量较少，完工产品按计划成本结转。每台产品单位计划成本：原材料费用453元，工资及福利费379元，制造费用287元。

要求：根据上述资料，采用分批法计算各批产品的完工成本和月末在产品成本，填入表9-34和表9-35。

表9-34 产品成本计算单

2023年5月31日

批号：5414 产品名称：甲产品 金额单位：元

摘要	直接材料	直接人工	制造费用	合计
本月生产费用				
完工产品数量（件）				
在产品约当产量（件）				
约当总产量（件）				
分配率				
本期完工总成本				
期末在产品成本				

表9-35 产品成本计算单

2023年5月31日

批号：5415 产品名称：乙产品 金额单位：元

摘要	直接材料	直接人工	制造费用	合计
本月生产费用				
完工产品数量（件）				
完工产品计划成本				
本期完工总成本				
期末在产品成本				

实训二

目的：实训简化分批法的核算。

资料：江南制造有限公司生产组织属于小批生产，产品批数多，而且月末有许多批号未完工，因而采用简化的分批法计算产品成本。

（1）6月份生产批号有：

6420号：甲产品5件，5月投产，6月20日全部完工。

6421号：乙产品10件，5月投产，6月完工6件。

6422号：丙产品5件，5月末投产，尚未完工。

6423号：丁产品6件，6月初投产，尚未完工。

（2）各批号6月末累计原材料费用（原材料在生产开始时一次投入）和工时为：

6420号：原材料费用18 000元，工时9 020小时。

6421号：原材料费用24 000元，工时21 500小时。

6422号：原材料费用15 800元，工时8 300小时。

6423号：原材料费用11 080元，工时8 220小时。

（3）6月末，该厂全部产品累计原材料费用68 880元，工时47 040小时，工资及福利费18 816元，制造费用28 224元。

（4）6月末，完工产品工时22 520元，其中乙产品13 500小时。

要求：

（1）设置基本生产成本二级明细账（见表9-36）。

表9-36 基本生产成本二级账

产品批号：642X 金额单位：元

2023年		摘要	直接材料	生产工时（小时）	直接人工	制造费用	合计
月	日						
6	30	生产费用和生产工时累计数					
6	30	全部产品累计间接计入费用分配率					
6	30	结转完工产品成本					
6	30	期末在产品					

（2）计算全部产品各项间接计入费用累计水平分配率，并将各项间接计入费用分配率记入基本生产成本二级明细账。

（3）登记各批基本生产成本明细账（见表9-37至表9-40），计算完工产品成本。

表9-37 基本生产成本明细账

产品批号：6420 投产日期：2023年5月 产品名称：甲产品

批量：5件 完工日期：2023年6月20日 金额单位：元

2023年		摘要	直接材料	生产工时（小时）	直接人工	制造费用	合计
月	日						
6	30	生产费用和生产工时累计数					
6	30	全部产品累计间接计入费用分配率					
6	30	完工产品成本转出					
6	30	完工产品单位成本					

表9-38　　基本生产成本明细账

产品批号：6421　　投产日期：2023年5月　　产品名称：乙产品

批量：10件　　完工日期：2023年6月（完工6件）　　金额单位：元

2023年		摘要	直接材料	生产工时（小时）	直接人工	制造费用	合计
月	日						
6	30	生产费用和生产工时累计数					
6	30	全部产品累计间接计入费用分配率					
6	30	完工产品成本转出					
6	30	完工产品单位成本					
6	30	月末在产品					

表9-39　　基本生产成本明细账

产品批号：6422　　投产日期：2023年5月　　产品名称：丙产品

批量：5件　　完工日期：　　金额单位：元

2023年		摘要	直接材料	生产工时（小时）	直接人工	制造费用	合计
月	日						
6	30	生产费用和生产工时累计数					

表9-40　　基本生产成本明细账

产品批号：6423　　投产日期：2023年6月　　产品名称：丁产品

批量：6件　　完工日期：　　金额单位：元

2023年		摘要	直接材料	生产工时（小时）	直接人工	制造费用	合计
月	日						
6	30	生产费用和生产工时累计数					

（4）登记“基本生产成本二级账”，并最后结账。

（5）结转完工产品成本，编制结转成本的会计分录。

能力测评

在专业能力测评表内打“√”，A掌握，B基本掌握，C未掌握。

业务能力	评价指标	自测结果	要求
分批法及其应用	1.分批法的含义	□A　□B　□C	理解记忆 计算准确
	2.分批法的适用范围	□A　□B　□C	
	3.分批法的特点	□A　□B　□C	
	4.分批法成本计算程序	□A　□B　□C	

续表

业务能力	评价指标	自测结果	要求
	5.分批法的应用	□A　□B　□C	
简化分批法	1.简化分批法的含义	□A　□B　□C	理解记忆 对比记忆 思路清晰 计算准确
	2.简化分批法的特点	□A　□B　□C	
	3.简化分批法成本计算程序	□A　□B　□C	
	4.简化分批法与一般分批法的区别	□A　□B　□C	
	5.简化分批法的应用	□A　□B　□C	
教师评语：			
成绩：		教师签字：	

项目十

分步法

职业能力目标

1. 知识目标

（1）了解分步法的含义和特点；

（2）熟悉分步法的生产费用核算流程及方法；

（3）熟识平行结转分步法与逐步结转分步法的差异。

2. 能力目标

（1）掌握分项结转分步法的特点及成本计算；

（2）掌握综合结转分步法的特征及成本计算；

（3）熟悉并掌握综合结转方式下的成本还原法；

（4）掌握平行结转分步法与约当产量法相结合的成本计算；

（5）掌握平行结转分步法与定额比例法相结合的成本计算；

（6）掌握平行结转与逐步结转分步法的适用范围及差异。

3. 素养目标

（1）能够根据产品生产特点、企业管理要求和成本管理水平，正确选择不同的分步法；

（2）及时提供准确的产品分步成本信息，为企业进行成本控制和决策服务。

4. 思政元素

（1）结合钢铁行业的品牌钢企，配合视频感染力的讲解，树立民族品牌自信心和自豪感，从而激发学生爱国情怀；

（2）运用分步法进行产品核算，通过练习实践，让学生从实践当中体会团队协作、职业素养、管理责任感等思政元素。

典型工作任务

1. 分步法的特点及应用；

2. 综合结转分步法的成本核算和会计处理；

3. 成本还原法的原理及应用；

4. 分项结转分步法的成本核算和会计处理；

5. 平行结转分步法的成本计算。

任务一 分步法的基本内容

学习情境10-1

小张会计专业毕业后去某服装制造企业面试，面试前提前了解了企业生产组织情况以及服装生产的工艺过程。面试当天被问到：服装制造成本应该用什么方法来计算？小张胸有成竹地回答："成衣的生产过程分为剪裁、缝纫、平整、包装4个阶段，是多阶段多工艺的，因此，在产品成本核算中应该采取分步的方法"。回答过后，面试官肯定了小张做过一些准备，但认为不是完全正确，建议继续深入学习。

请问：你认为小张的回答准确吗？

任务导入

工作任务	技能要点及任务成果	重要知识点	学时
阅读学习情境10-1的资料，根据服装制造企业组织管理程序和产品的工艺特点解答：是否多步骤生产的企业，一定要采用分步法计算产品成本？	1.掌握分步法的概念和特点 2.掌握分步法的适用范围，选择合适的企业和产品加以运用 3.掌握分步法的分类，掌握逐步结转分步法和平行结转分步法的适用情况	1.分步法的含义和特点 2.分步法适用范围，回顾品种法和分批法的适用范围 3.逐步结转分步法和平行结转分步法的含义和特点	1

任务学习

一、知识准备

（一）分步法的概念及适用范围

分步法是指按照生产过程中各个生产步骤（分品种）归集和分配生产费用，计算产品成本的一种方法。

它适用于大量大批的多步骤生产，管理上要求按步骤进行产品成本计算的企业，如冶金、纺织、造纸，以及大量大批生产的机械制造等行业的企业。在这些类型的企业里，产品的生产过程一般可分为若干个生产步骤进行，例如，纺织企业可分为纺纱、织布等生产步骤；钢铁企业可分为炼铁、炼钢、轧钢等生产步骤；机械企业可分为铸造、加工、装配等生产步骤。这些企业产品生产的特点就是前面生产步骤生产出的半成品往往是后面生产步骤的加工对象。因此，为了适应这一生产特点，企业不仅要按照产品品种计算产品成本，而且还要按生产步骤计算半成品成本，以加强各步骤的成本核算。

（二）分步法的特点

产品成本计算分步法的一般特点，主要表现在以下几个方面。

1. 成本计算对象是各种产品的生产步骤

采用分步法计算产品成本时，应该以各个生产步骤和产品品种作为成本计算对象，按每个生产步骤的各种产品设置基本生产成本明细账。如果只生产一种产品，成本计算对象就是该种产品及其所经过的各生产步骤，基本生产成本明细账需按各生产步骤设置；如果同一步骤生产几种产品，成本计算对象应是各种产成品及其所经过的各生产步骤，则基本生产成本明细账不仅要分别步骤，而且还要分别产品品种设置。

但是，会计上讲的产品成本计算步骤与实际的生产步骤不一定完全一致。在实际核算工作中，为了简化成本核算，我们可以只对管理上有必要分步计算成本的生产步骤单独开设基本生产成本明细账，计算产品成本；或者将管理上不要求单独计算成本的生产步骤，与其他生产步骤合并设立基本生产成本明细账，计算产品成本。

此外，分步计算成本不一定是分车间计算成本。有时一个生产步骤就是一个车间，则可按车间计算成本，此时，按步骤计算成本即是按车间计算成本；但若管理上不要求分车间计算成本，也可以将几个车间合并为一个生产步骤计算成本；有时，还会出现一个车间分为若干个生产步骤，要求对每个生产步骤分别计算成本的情况。

2. 定期计算完工产品成本

分步法下，各步骤发生的费用（直接材料、直接人工和制造费用等），能直接计入某种成本计算对象的，要直接计入；不能直接计入成本计算对象的，应先按步骤归集，月末再按一定的标准分配计入。由于分步法主要适用于大量大批的多步骤复杂生产企业，在这种类型的企业里，生产具有连续不断性，为满足管理的需要，产品成本计算一般定期在每月月末进行，因此，产品的成本计算期与会计报告期一致，而与产品的生产周期不一致。

3. 费用在完工产品与在产品之间进行分配

大量大批多步骤生产企业，产品往往是跨月陆续完工，月末各步骤都存在较多的在产品。因此，企业在计算产品成本时，还需要将归集在基本生产成本明细账中的生产费用，采用适当的分配方法在完工产品与在产品之间进行分配，以便正确计算完工产品和在产品的成本。

4. 各步骤之间成本的结转

分步法下，产品生产是多步骤进行的，上一步骤生产的半成品往往是下一步骤继续加工的对象。为了考核成本管理水平，加强半成品实物管理，企业往往要求计算并结转各步骤半成品成本。即在采用分步法计算产品成本时，各步骤之间存在半成品成本结转的问题。可以说，计算和结转产品的各步骤成本是分步法的主要特点。

（三）分步法的种类

由于各个企业生产工艺过程的特点和成本管理对各步骤成本资料的要求不同。有些企业只需要按步骤归集生产费用，而不需要计算各步骤完工半成品成本；有些企业则不但要求按步骤归集生产费用，而且要求计算各步骤完工半成品成本，因此，考虑到各企业成本管理和简化成本计算工作的要求，各生产步骤成本的计算和结转分为逐步结转和平行结转两种方法。所以，产品成本计算的分步法按照各步骤成本计算和结转的方法不同，也就分为逐步结转分步法和平行结转分步法两种。

二、任务导学

【工作实例10-1】宏业公司大量大批生产乙产品，该产品需要经过两个生产车间，第一车间投入原材料后生产出甲半成品，第二车间对甲半成品进一步加工生产出乙产成品。该企业的半成品可以对外销售，该企业管理上要求按步骤进行成本计算，半成品在各生产步骤之间直接移交，并按实际成本结转。原材料在第一步骤生产开始时一次投入，各步骤月末在产品的完工程度均为50%。

该企业2023年5月有关成本计算资料见表10-1和表10-2。

表10-1　各车间产品产量资料表　单位：件

项目	本月投产	本月完工	月末在产品
第一车间（甲半成品）	280	240	40
第二车间（乙产成品）	240	160	80

表10-2　生产费用汇总表　金额单位：元

项目	直接材料	直接人工	制造费用	合计
第一车间（甲半成品）	28 000	5 200	9 360	42 560
第二车间（乙产成品）		1 800	3 960	5 760

从背景资料分析，该企业进行大量大批生产，且管理上要求分步，符合分步法的特点和适用范围，该企业的半成品可以对外出售，说明企业也要重视半成品的成本核算，掌握半成品成本核算资料，因此只能选择分步法下的逐步结转分步法。

第一车间完工半成品单位成本的计算：

直接材料 = 28 000 ÷（240 + 40）= 100（元/件）

直接人工 = 5 200 ÷（240 + 40 × 50%）= 20（元/件）

制造费用 = 9 360 ÷（240 + 40 × 50%）= 36（元/件）

完工半成品成本 = 240 ×（100 + 20 + 36）= 37 440（元）

根据计算过程，编制第一车间基本生产成本明细账（见表10-3）。

表10-3　基本生产成本明细账

车间名称：第一车间　　完工产量：240件

产品名称：甲半成品　　金额单位：元

2023年		凭证编号	摘要	成本项目			
月	日			直接材料	直接人工	制造费用	合计
5	31	略	本月生产费用	28 000	5 200	9 360	42 560
5	31		合计	28 000	5 200	9 360	42 560
5	31		单位产品成本	100	20	36	156
5	31		完工半成品成本	24 000	4 800	8 640	37 440
5	31		月末在产品成本	4 000	400	720	5 120

根据表10-2和表10-3中转出的半成品成本，编制第二车间乙产成品成本明细账（见

表10-4）。

表10-4　　基本生产成本明细账

车间名称：第二车间　　完工产量：160件

产品名称：乙产成品　　金额单位：元

2023年		凭证编号	摘要	成本项目			
月	日			直接材料	直接人工	制造费用	合计
5	31	略	第一车间转入甲半成品成本	24 000	4 800	8 640	37 440
5	31		本月本车间生产费用		1 800	3 960	5 760
5	31		合计	24 000	6 600	12 600	43 200
5	31		单位产品成本	100	33	63	196
5	31		完工产成品成本	16 000	5 280	10 080	31 360
5	31		月末在产品成本	8 000	1 320	2 520	11 840

第二车间完工产成品单位成本的计算：

直接材料 = 24 000 ÷（160 + 80）= 100（元/件）

直接人工 = 6 600 ÷（160 + 80 × 50%）= 33（元/件）

制造费用 = 12 600 ÷（160 + 80 × 50%）= 63（元/件）

完工产成品成本 = 160 ×（100 + 33 + 63）= 31 360（元）

将第二车间完工产品按实际成本结转入库：

借：库存商品——乙产品　　31 360

　　贷：基本生产成本——第二车间　　31 360

三、任务实施

根据学习情境10-1的资料，在老师指导下，完成下列任务：

（1）结合分步法的含义和特点，辨析案例中小张面试的多步骤服装生产企业是否一定要采用分步法计算；

（2）体会逐步结转分步法相当于品种法的多次运用的特点，分析分步法与品种法的区别与联系；

（3）清晰描述逐步结转分步法与平行结转分步法适用特点，展示逐步结转分步法核算程序。

任务二　逐步结转分步法

学习情境10-2

华盛公司用逐步综合结转法计算产品成本，2023年1-7月连续7个月该产品总成本和单位成本一直在不断上升。7月末为了找出问题所在，公司总部要求负责成本核算的小张提供资料，了解本月产品的直接材料、直接人工和制造费用成本项目的构成，同时，还需要对其进行成本分析，以发现其潜在的降低成本的方法。成本会计小张整理了基本生产成本明细账中的成本数据，并采用成本还原法分解出按原始成本项目反映的产品成本构成（见表10-5）。

表10-5　产成品成本还原计算表　金额单位：元

项目	产量	还原分配率	半成品	直接材料	直接人工	制造费用	合计
还原前产成品成本	220		22 400		3 600	8 200	34 200
本月耗用半成品成本			24 000				24 000
本月所产半成品成本				6 200	3 600	6 200	16 000
半成品还原		1.5		9 300	5 400	9 300	24 000
还原后产成品总成本	220			9 300	9 000	17 500	35 800
还原后产成品单位成本				42.27	40.91	79.55	162.73

其中：半成品成本还原分配率 = 24 000 ÷ 16 000 = 1.5

总经理看后，百思不得其解，产成品总成本34 200元，为什么还原后却为35 800元呢？他提出了疑问。

请问：小张的计算是否正确？

任务导入

工作任务	技能要点及任务成果	重要知识点	学时
阅读学习情境10-2的资料，分析小张出现错误的原因，并正确利用成本还原法对产品成本进行重新计算	1.掌握逐步结转分步法的含义和特点 2.掌握逐步结转分步法下分项结转分步法的运用 3.掌握逐步结转分步法下综合结转分步法的运用，并能通过成本还原反映完工产品成本构成的原始项目	1.逐步结转分步法的特点及核算程序 2.综合结转法的运用 3.综合结转法成本还原 4.分项结转分步法的运用	4

任务学习

一、知识准备

（一）逐步结转分步法概述

逐步结转分步法是指按照产品的加工顺序，逐步计算并结转半成品成本，直到最后加工步骤完成才能计算产成品成本的一种方法。逐步结转分步法就是为了分步计算半成品成本而采用的一种分步法，也称计算半成品成本分步法。

逐步结转分步法把每一步的半成品费用转移到下一步，分为两种情况：一是从半成品仓库收发，费用的结转流程如图10-1所示；二是将半成品转移到下一个工序而不经过仓储（如图10-2所示）。

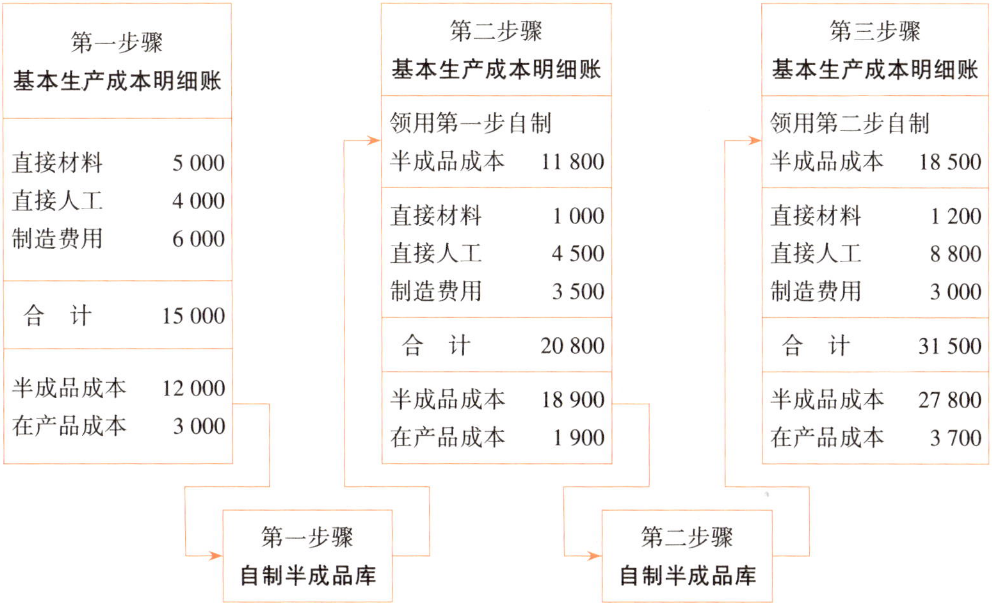

图10-1　半成品通过半成品库的核算的示意图

图10-2　半成品不通过半成品库的核算的示意图

（二）逐步结转分步法的主要特点

逐步结转分步法主要适用于大量大批多步骤连续式生产企业，在这类企业中，由于以下主要原因，成本管理往往需要成本核算提供各个生产步骤的半成品成本资料。

第一，各生产步骤所产的半成品不仅由本企业进一步加工，而且还经常作为商品产品对外销售。为了计算外售半成品的成本，全面地考核和分析商品产品成本计划的执行情况，就需要计算这些半成品的成本。例如钢铁企业的生铁、钢锭，纺织企业的棉纱就是如此。

第二，有的半成品虽然不一定外售，但要进行同行业成本的评比，因而也要计算这种半成品的成本。例如，作为化肥工业成本评比重要指标之一的半成品合成氨的成本就是如此。

第三，有些半成品，为本企业几种产品所耗用，为了分别计算各种产品的成本，也要计算这些半成品的成本。例如造纸企业所产的纸浆、机械企业所产的铸件就是如此。

第四，在实行责任会计或厂内经济核算的企业中，为了全面地考核和分析各生产步骤的生产耗费和资金占用水平，需要随着半成品实物在各生产步骤之间的转移，结转半成品成本，这也要求计算半成品成本。

逐步结转分步法的成本计算对象是各种产成品的成本及其各步骤的半成品成本，其成本结转特点是各步骤的半成品成本要随着半成品实物数量的转移而进行逐步转移，以便逐步计算出各步骤半成品成本和最后一个步骤的产成品成本。

【小思考10-1】为什么在钢铁、纺织等企业需要分步计算半成品成本？

（三）逐步结转分步法的结转方式

根据耗用自制半成品成本向下一生产步骤结转的方式不同，逐步结转分步法又可以分为综合结转分步法和分项结转分步法两种。

1.综合结转分步法

所谓的综合逐步结转分步法是指每一步消耗前一工序的半成品费用，列入下一步骤基本生产成本明细账中的“直接材料”或专设“半成品”项目，依此类推，直到最后一个生产步骤。此方法以每一工序的半成品为基础，以最终步骤的成品为最终产品。

综合结转法的特征是：除第一步骤基本生产成本明细账以外，其他各步骤无法反映原始成本项目的成本构成，不利于对成本进行评价与分析，需要进行成本还原。但是，这种方法核算工作量不大。

2.分项结转分步法

运用分项逐步结转分步法，是指每一步消耗前一工序的半成品费用，对应列入下一步骤基本生产成本明细账中的“直接材料”、“直接人工”和“制造费用”项目中去，依此类推，直到最后一个生产步骤。

分项结转法的特征是：能够提供原始成本项目的成本构成，无须进行成本还原，有利于对产品成本方案实施全面评价与分析。如果半成品需要经过半成品库收发，需要分成本项目分别计算发出成本，核算工作量大。

3.综合结转方式下的成本还原

采用综合结转法，转账时较为简单，但不能提供按原项目反映的核算资料。如果产品成本计算的步骤多，最后一个步骤基本生产成本明细账上“直接材料”或“自制半成品”项目的成本在产成品成本中所占的比重就很大，而“直接人工”和“制造费用”等成本项目比重就很小。显然，这不符合产品成本构成的实际情况，因而不能据以从整个企业角度分析和考核产品成本的构成水平。为了有利于成本分析，寻求降低成本的途径，需要将综合结转计算出来的产成品成本进行成本还原，提供按原始成本项目反映的成本资料。

成本还原的步骤是从最后的生产步骤开始，一个步骤、一个步骤地将各步骤所耗上一步骤的半成品综合成本，按上步骤的成本项目进行分解，然后将还原后的各步骤成本项目数加总起来，计算出产成品成本按原始成本项目反映的成本资料。

成本还原通常有成本比重还原法和成本还原率法两种。

（1）成本比重还原法

计算确定产成品所耗上步骤半成品各成本项目占该步骤完工产品成本的比重，得出的项目比重与产成品耗用上步骤的半成品成本相乘得到半成品成本项目还原值。

$$\text{上步骤完工半成品某成本项目比重}=\frac{\text{上步骤完工半成品该成本项目金额}}{\text{本月所产该种完工半成品成本合计}}$$

（2）成本还原率法

$$\text{成本还原分配率}=\frac{\text{产成品耗用的上一步骤半成品成本}}{\text{本月所产该种完工半成品成本合计}}$$

$$\text{成本项目还原数}=\text{本月完工产品耗用上步骤半成品综合成本}\times\text{成本还原分配率}$$

二、任务导学

（一）综合结转分步法的应用

微课10-1

综合结转分步法按实际成本结转

【工作实例10-2】瑞丰公司2023年4月份大量大批生产丙产品，该产品的生产需要经过三个生产步骤，分别由三个车间完成。为了便于核算，半成品在各车间之间直接移交，不通过“自制半成品库”收发。原材料或半成品在各步骤开始生产时一次投入，各步骤月末在产品的完工程度均为50%，该企业采用综合逐步结转分步法计算产品成本。有关资料见表10-6至表10-8。

表10-6　产品产量资料　单位：套

项目	月初在产品	本月投入或上车间转入	本月完工转入下步或交库	月末在产品
第一车间	48	528	480	96
第二车间	96	480	480	96
第三车间	96	480	528	48

表10-7　期初在产品成本资料　单位：元

项目	直接材料	自制半成品	直接人工	制造费用	合计
第一车间	11 760		2 820	2 256	16 836
第二车间		23 040	4 800	3 600	31 440
第三车间		37 920	4 800	3 600	46 320
合计	11 760	60 960	12 420	9 456	94 596

表10-8　本月各步骤发生的生产费用　单位：元

项目	直接材料	直接人工	制造费用	合计
第一车间	66 000	31 500	25 200	122 700
第二车间		48 000	36 000	84 000
第三车间		50 400	37 800	88 200
合计	66 000	129 900	99 000	294 900

根据表10-6至表10-8中的数据，该企业丙产品综合结转法下的成本计算程序见表10-9至表10-11。

表10-9　　基本生产成本明细账

车间名称：第一车间　　完工产量：480件

产品名称：甲半成品　　金额单位：元

2023年		凭证字号	摘要	成本项目			
月	日			直接材料	直接人工	制造费用	合计
4	1	略	月初在产品成本	11 760	2 820	2 256	16 836
4	30		本月生产费用	66 000	31 500	25 200	122 700
4	30		合计	77 760	34 320	27 456	139 536
4	30		在产品约当产量（件）	96	48	48	
4	30		完工产量＋约当产量（件）	576	528	528	
4	30		单位产品成本	135	65	52	252
4	30		完工半成品成本	64 800	31 200	24 960	120 960
4	30		月末在产品成本	12 960	3 120	2 496	18 576

表10-9中有关数据计算如下：

“直接材料”项目：在产品约当产量＝96×100%＝96（件）

“直接人工”和“制造费用”项目：在产品约当产量＝96×50%＝48（件）

根据表10-9基本生产成本明细账中计算的成本数据，编制会计分录如下：

借：基本生产成本——乙半成品　　120 960

　　贷：基本生产成本——甲半成品　　120 960

表10-10　　基本生产成本明细账

车间名称：第二车间　　完工产量：480件

产品名称：乙半成品　　金额单位：元

2023年		凭证字号	摘要	成本项目			
月	日			自制半成品	直接人工	制造费用	合计
4	1	略	月初在产品成本	23 040	4 800	3 600	31 440
4	30		本月生产费用	120 960	48 000	36 000	204 960
4	30		合计	144 000	52 800	39 600	236 400
4	30		在产品约当产量（件）	96	48	48	
4	30		完工产量＋约当产量（件）	576	528	528	
4	30		单位产品成本	250	100	75	425
4	30		完工半成品成本	120 000	48 000	36 000	204 000
4	30		月末在产品成本	24 000	4 800	3 600	32 400

表10-10中有关数据计算如下：

“直接材料”项目：在产品约当产量 = 96 × 100% = 96（件）

“直接人工”和“制造费用”项目：在产品约当产量 = 96 × 50% = 48（件）

根据表10-10基本生产成本明细账中计算的成本数据，编制会计分录如下：

借：基本生产成本——丙产品　　204 000

　　贷：基本生产成本——乙半成品　　204 000

表10-11　基本生产成本明细账

车间名称：第三车间　　完工产量：528件

产品名称：丙产品　　金额单位：元

2023年		凭证字号	摘要	成本项目			
月	日			自制半成品	直接人工	制造费用	合计
4	1	略	月初在产品成本	37 920	4 800	3 600	46 320
4	30		本月生产费用	204 000	50 400	37 800	292 200
4	30		合计	241 920	55 200	41 400	338 520
4	30		在产品约当产量	48	24	24	
4	30		完工产量 + 约当产量	576	552	552	
4	30		单位产品成本	420	100	75	595
4	30		完工产成品成本	221 760	52 800	39 600	314 160
4	30		月末在产品成本	20 160	2 400	1 800	24 360

表10-11中有关数据计算如下。

“直接材料”项目：在产品约当产量 = 48 × 100% = 48（件）

“直接人工”和“制造费用”项目：在产品约当产量 = 48 × 50% = 24（件）

根据表10-11基本生产成本明细账中计算的成本数据，编制会计分录如下：

借：库存商品——丙产品　　314 160

　　贷：基本生产成本——丙产品　　314 160

【工作实例10-3】安达公司2023年4月大量大批生产乙产品，该产品需要经过两个生产车间，第一生产车间生产的甲半成品是第二生产车间继续加工的对象，半成品交自制半成品库收发，采用月末一次加权平均法核算。原材料在第一步骤生产开始时一次投入，各步骤月末在产品的完工程度均为50%。自制半成品月初库存200件，单位成本1 614元。一车间本月完工甲半成品400件，二车间领用甲半成品280件，完工乙产品180件。两个生产车间的月末在产品按定额成本计价（为简化叙述，不再列示月末在产品定额成本的计算过程）。背景资料见表10-12和表10-13。

微课10-2

综合结转分步法按计划成本结转

表10-12　月初在产品成本及本期生产费用　单位：元

步骤	摘要	直接材料	直接人工	制造费用	合计
第一步骤	月初在产品（定额成本）	220 000	24 400	18 800	263 200
	本月生产费用	322 000	39 000	45 000	406 000
第二步骤	月初在产品（定额成本）	122 700	10 100	23 000	155 800
	本步骤发生生产费用		40 000	69 400	109 400

表10-13　月末在产品定额成本　金额单位：元

步骤	摘要	直接材料	直接人工	制造费用	合计
第一步骤	月末在产品定额成本	110 000	13 000	11 000	134 000
第二步骤	月末在产品定额成本	64 100	6 900	7 800	78 800

根据背景资料及已知条件，按照综合结转分步法的计算程序可以得到甲半成品的基本生产成本明细账见表10-14。

表10-14　基本生产成本明细账

车间名称：一车间　完工产量：400件

产品名称：甲半成品　金额单位：元

2023年		凭证字号	项目	成本项目			合计
月	日			直接材料	直接人工	制造费用	
4	1	略	月初在产品（定额成本）	220 000	24 400	18 800	263 200
4	30		本月生产费用	322 000	39 000	45 000	406 000
4	30		合计	542 000	63 400	63 800	669 200
4	30		完工半成品成本	432 000	50 400	52 800	535 200
4	30		单位成本	1 080	126	132	1 338
4	30		月末在产品定额成本	110 000	13 000	11 000	134 000

根据得到的表10-14基本生产成本明细账反映的完工半成品的成本，进行账务处理：

借：自制半成品——甲半成品　535 200

　　贷：基本生产成本——甲半成品　535 200

同时根据第二步骤领用甲半成品的情况，登记自制半成品入库和领用情况明细账（见表10-15）。

表10-15　自制半成品明细账

产品名称：甲半成品　金额单位：元

2023年		凭证字号	摘要	收入			付出			结存		
月	日			数量	单价	金额	数量	单价	金额	数量	单价	金额
4	1	略	月初结存							200	1 614	322 800
4	30		入库	400	1 338	535 200				600		858 000
4	30		发出				280	1 430	400 400	320	1 430	457 600

$$加权平均单价=\frac{322\ 800+535\ 200}{200+400}=1\ 430（元）$$

根据表10–15计算得到第二步骤领用甲半成品的成本，进行账务处理如下：

借：基本生产成本——第二车间　　　　400 400

　　贷：自制半成品——甲半成品　　　　400 400

根据第一步骤完工半成品的资料以及领用甲半成品的情况，登记二车间乙产品的基本生产成本明细账（见表10–16）。

表10–16　　基本生产成本明细账

车间名称：二车间　　　　完工产量：180件

产品名称：乙产成品　　　　金额单位：元

2023年		凭证字号	项目	成本项目			合计
月	日			直接材料	直接人工	制造费用	
4	1	略	月初在产品（定额成本）	122 700	10 100	23 000	155 800
4	30		本步骤发生生产费用		40 000	69 400	109 400
4	30		领用乙半成品	400 400			400 400
4	30		合计	523 100	50 100	92 400	665 600
4	30		完工产品成本	459 000	43 200	84 600	586 800
4	30		单位成本	2 550	240	470	3 260
4	30		月末在产品（定额成本）	64 100	6 900	7 800	78 800

根据第二车间乙产品基本生产成本明细账和产成品入库单，编制会计分录如下：

借：库存商品——乙产品　　　　586 800

　　贷：基本生产成本——第二车间　　　　586 800

微课 10–3

综合结转分步法成本还原

（二）成本还原法的应用

1. 成本比重还原法

【工作实例10–4】沿用【工作实例10–2】的资料，该企业生产丙产品，本月最终完工产品528件，每一步骤半成品的生产费用以及最终完工产成品的各项费用资料汇总见表10–17。

表10–17　　各步骤产品生产费用项目汇总表

单位：元

项目	产量	半成品	直接材料	直接人工	制造费用	合计
第一步骤半成品成本	480		64 800	31 200	24 960	120 960
第二步骤半成品成本	480	120 000		48 000	36 000	204 000
第三步骤半成品成本	528	221 760		52 800	39 600	314 160

由此利用项目比重还原法，相关的程序和步骤见表10–18。

表10-18　　完工产成品成本还原计算表

产品名称：丙产品　　完工产量：528件　　金额单位：元

行次	摘要	乙半成品	甲半成品	直接材料	直接人工	制造费用	合计
1	还原前产成品成本	221 760			52 800	39 600	314 160
2	第二步骤乙半成品成本		120 000		48 000	36 000	204 000
3	乙半成品各成本项目的比重		58.82%		23.53%	17.65%	100%
4	第一次成本还原（221 760×第3行）		130 439.23		52 180.13	39 140.64	
5	第一步骤甲半成品成本			64 800	31 200	24 960	120 960
6	甲半成品各成本项目的比重			53.57%	25.79%	20.64%	100.00%
7	第二次成本还原（130 439.23×6行）			69 876.30	33 640.28	26 922.65	
8	还原后产成品总成本（1+4+7）			69 876.30	138 620.41	105 663.29	314 160
9	还原后产成品单位成本			132.34	262.54	200.12	595

注：本题中的比重均保留两位小数，部分数据为倒挤得出

依据完工产成品成本还原计算表分析得到“完工成品成本还原前后项目比重变化对比表”（见表10-19），可以清晰地看到，丙产品成本314 160元中原始成本项目直接材料69 876.30元，占比22.24%，较还原前下降48.35%；原始成本项目直接人工138 620.41元，占比44.12%，较之前上升27.31%；原始成本项目制造费用105 663.29元，占比33.63%，较之前上升21.02%。

表10-19　　完工成品成本还原前后项目比重变化对比表　　金额单位：元

项目	半成品成本	直接材料	直接人工	制造费用	合计
还原前产成品成本	221 760		52 800	39 600	314 160
成本项目比重	70.59%		16.81%	12.61%	100%
还原后产成品成本		69 876.30	138 620.41	105 663.29	314 160
原始成本项目比重		22.24%	44.12%	33.63%	100%
比重差异		−48.35%	27.31%	21.02%	0

2. 还原分配率法

仍以表10-17的资料，采用成本还原率法还原的程序和结果见表10-20。

表10-20　　产成品成本还原计算表

产品名称：丙产品　　产量：528件　　单位：元

行次	项目	还原分配率	乙半成品	甲半成品	直接材料	直接人工	制造费用	合计
1	还原前产成品成本		221 760			52 800	39 600	314 160
2	第二步骤半成品成本			120 000		48 000	36 000	204 000
3	第一次成本还原（分配率×第2行）	1.087		130 440		52 176	39 144*	
4	第一步骤半成品成本				64 800	31 200	24 960	120 960
5	第二次成本还原（分配率×第4行）	1.078			69 854	33 634	26 952*	
6	还原后产成品总成本（1+3+5）				69 854	138 610	105 696	314 610
7	还原后产成品单位成本				132.30	262.52	200.18	595

注：*计算结果，尾差调整。

①第一次还原分配率＝221 760÷204 000＝1.087；

②第二次还原分配率＝130 440÷120 960＝1.078。

【小思考10-2】综合结转法的优缺点有哪些?

（三）分项结转法的应用

微课10-4
分项结转分步法

【工作实例10-5】沿用【工作实例10-2】的资料，该企业采用分项结转分步法计算甲产品成本。在分项结转分步法的计算程序如下：

（1）由于第一步骤处于最开始阶段，无上一生产步骤结转，故采用分项结转法核算第一车间产品的成本时与综合结转法在结果上完全一致。为使该方法计算程序完整，同时也方便直观感受，仍列示第一车间甲半成品基本生产成本明细账（见表10-21）。

表10-21　　基本生产成本明细账

车间名称：第一车间　　完工产量：480件

产品名称：甲半成品　　金额单位：元

2023年		凭证字号	摘要	成本项目			
月	日			直接材料	直接人工	制造费用	合计
4	1	略	月初在产品成本	11 760	2 820	2 256	16 836
4	30		本月生产费用	66 000	31 500	25 200	122 700
4	30		合计	77 760	34 320	27 456	139 536
4	30		在产品约当产量（件）	96	48	48	
4	30		完工产量＋约当产量（件）	576	528	528	
4	30		单位产品成本	135	65	52	252
4	30		完工半成品成本	64 800	31 200	24 960	120 960
4	30		月末在产品成本	12 960	3 120	2 496	18 576

（2）继续计算第二车间乙半成品成本，将第一步骤中完工的甲半成品按照项目一一对应地结转至第二步骤中去，得到表10-22的结果。

表10-22　　乙半成品基本生产成本明细账

车间名称：第二车间　　完工产量：480件

产品名称：乙半成品　　金额单位：元

2023年		凭证字号	摘要	成本项目			合计
月	日			直接材料	直接人工	制造费用	
4	1	略	月初在产品成本	23 040	4 800	3 600	31 440
4	30		本步骤发生的费用		48 000	36 000	84 000
4	30		上步骤转入的费用	64 800	31 200	24 960	120 960
4	30		合计	87 840	84 000	64 560	236 400
4	30		约当产量（件）	96	48	48	
4	30		完工产量＋约当产量（件）	576	528	528	
4	30		单位产品成本	152.5	159.09	122.27	433.86
4	30		完工半成品成本	73 200	76 364	58 691	208 255
4	30		月末在产品成本	14 640	7 636	5 869	28 145

注：由于单位成本除不尽，结果有误差，应先计算出月末在产品成本，倒挤完工产品成本，成本均保留到整数。

（3）根据第二车间生产出的乙半成品基本生产成本明细账即表10-22将得到的完工的乙半成品的成本按照项目一一对应地结转至第三步骤中去，第三步骤丙产成品的成本费用资料结果见表10-23。

表10-23 丙产品基本生产成本明细账

车间名称：第三车间　　完工产量：528件

产品名称：丙产品　　金额单位：元

2023年 月	日	凭证字号	摘要	成本项目 直接材料	直接人工	制造费用	合计
5	1		月初在产品成本	37 920	4 800	3 600	46 320
5	31		本步骤发生的费用		37 920	4 800	42 720
5	31		上步骤转入的费用	73 200	76 364	58 691	208 255
5	31		合计	111 120	119 084	67 091	297 295
5	31		约当产量（件）	48	24	24	
5	31		完工产量＋约当产量（件）	576	552	552	
5	31		单位产品成本	192.92	215.73	121.54	530.19
5	31		完工产成品成本	101 860	113 906	64 174	279 940
5	31		月末在产品成本	9 260	5 178	2 917	17 355

三、任务实施

根据学习情境10-2的资料，在老师指导下，完成下列任务：

（1）利用成本比重还原法对完工产品的成本进行还原（见表10-24）。

表10-24 完工产成品成本还原计算表

产品名称：　　完工产量：　　金额单位：元

行次	摘要	第二步骤半成品	第一步骤半成品	直接材料	直接人工	制造费用	合计
1	还原前产成品成本						
2	第二步骤半成品成本						
3	第二步骤半成品各成本项目的比重百分比						
4	第一次成本还原						
5	第一步骤甲半成品成本						
6	甲半成品各成本项目的比重%						
7	第二次成本还原						
8	还原后产成品总成本（1＋4＋7）						
9	还原后产成品单位成本						

（2）利用还原分配率法对完工产品的成本进行还原（见表10–25）。

表10–25　产成品成本还原计算表

产品名称：　　产量：　　金额单位：元

行次	项目	还原分配率	第二步骤半成品	第一步骤半成品	直接材料	直接人工	制造费用	合计
1	还原前产成品成本							
2	第二步骤半成品成本							
3	第一次成本还原（分配率×第2行）							
4	第一步骤半成品成本							
5	第二次成本还原（分配率×第4行）							
6	还原后产成品总成本（1+3+5）							
7	还原后产成品单位成本							

（3）阐述两种还原方法的内在联系。

（4）根据工作实例，绘图展示综合结转法和分项结转法计算程序差异。

任务三　平行结转分步法

学习情境10-3

鼎汇公司有3个基本生产车间，每个车间都是一道工序，按照车间的生产成本明细账。第一生产车间制造甲半成品，第二车间继续将甲半成品直接加工成乙半成品，第三车间直接将乙半成品组装成为丙产成品，半成品不经过仓储而直接移交下一步骤。原料一次投入生产。每个车间的完工产品成本和在产品均按约当产量比率法进行分摊。该公司2023年12月的相关生产数据见表10–26。

表10–26　产量记录表　单位：件

项　目	第一车间	第二车间	第三车间
月初在产品	300	220	200
本月投入或上步骤转入	700	800	700
本月完工转出数量	800	700	850
月末在产品数量	200	320	50
月末在产品完工程度（%）	40	50	60

根据企业的生产特性及成本管理的需要，成本核算制度规定了产品成本的计算方法是平行结转分步法结合约当产量法，基于提供的数据，小张作为成本会计首先计算了月末在产品的约当产量，而直接人工和制造费用的在产品约当产量则根据每一步骤的完工程度计算，具体结果如下：

第一车间直接人工和制造费用约当产量：200 × 40% = 80（件）

第二车间直接人工和制造费用约当产量：320 × 50% = 160（件）

第三车间直接人工和制造费用约当产量：50 × 60% = 30（件）

再依据相关数据，对每一道工序的生产成本进行垂直分配，并计算出最终完工成品的总成本和单位成本。请问：小张的做法正确吗？

任务导入

工作任务	技能要点及任务成果	重要知识点	学时
阅读学习情境10-3的资料，分析小张的做法是否正确，回答狭义完工产品和广义在产品的有关问题	1. 掌握平行结转分步法的原理 2. 掌握平行结转分步法结合约当产量法计算最终产成品的成本 3. 掌握定额比例法与平行结转分步法结合的应用	1. 平行结转法概念和计算程序 2. 约当产量法下平行结转分步法中某步骤在产品约当产量计算 3. 平行结转分步法与定额比例法结合的计算	2

任务学习

一、知识准备

（一）平行结转分步法的概念

微课10-5

平行结转分步法的概念与特点

平行结转分步法又称不计算半成品成本分步法，即在计算各步骤成本时，不计算其所产半成品成本，也不计算各步骤所耗上步骤的半成品成本，而只计算各步骤生产费用中应计入最终完工产成品的“份额”，将相同产品在各步骤的成本份额平行结转、汇总，计算出该种产成品的成本。

（二）平行结转分步法的特点

（1）各生产步骤不计算半成品成本。

无论该产品在生产工艺上是连续式的多步骤生产，还是装配式的多步骤生产，生产步骤之间有没有半成品收发，各生产步骤只核算本步骤的生产费用，不核算其他步骤转入的生产费用。

（2）半成品成本结转与其实物转移相分离。

平行结转分步法下归集的生产费用是本步骤发生的加工费用，即使本步骤生产的半成品转入下一步骤，会计上也不结转本步骤半成品成本，也就是说，半成品成本不随半成品实物转移而结转。

（3）计算应计入产成品成本的“份额”。

月末，每一生产步骤发生的费用划分为用于产成品部分和尚未最后形成产成品的在产品部分。平行结转分步法下各步骤的在产品是“广义的在产品”，这里的在产品包括：①尚在本步骤加工中的在产品，即狭义在产品；②本步骤已完工转入半成品库的半成品；③已从半成品库转到以后各步骤进一步加工、尚未最后制成产成品的半成品。

（4）将各步骤费用中应计入产成品的份额，平行结转、汇总，计算该种产成品的总成本和单位成本。

【小思考10-3】怎样理解广义在产品的含义？

（三）平行结转分步法的计算程序

（1）按产品生产步骤和产品品种开设基本生产成本明细账。

（2）各步骤基本生产成本明细账按成本项目只归集本步骤发生的生产费用，不归集耗用上一步骤半成品的成本。

（3）月终，将各步骤归集的生产费用在狭义完工产品（即产成品）与广义在产品之间进行分配，计算各步骤应计入产成品成本的费用“份额”。

（4）将各步骤应计入产成品成本的费用“份额”平行相加汇总后，就得到产成品总成本。

平行结转分步法的成本计算程序，如图10-3所示。

图10-3　平行结转分步法的核算程序图

从图10-3可以看出，各步骤生产成本并不随着半成品实物的转移而结转。因此，在平行结转分步法下，不论半成品是直接在各步骤之间转移，还是通过半成品库收发，都不通过“自制半成品”账户进行核算。只是在产成品验收入库、各步骤将应计入产成品成本的份额从基本生产成本明细账中转销时，借记“库存商品”账户，贷记“基本生产成本——××步骤”账户。

在平行结转分步法中，可以采用约当产量法、在产品按定额成本计算法、定额比例法等多种方式来确定已完工产品与在产品间的成本分摊。

约当产量法的关键是确定在产品的约当产量。由于平行结转分步法下各步骤的在产品是“广义的在产品”，既包括本步骤尚未加工完成的在产品（即狭义的在产品），也包括本步骤已完工转入半成品库的、或转到以后各步骤进一步加工的自制半成品。显然，在约当产量法下，约当产量应该等于本步骤在产品按照完工程度折算的约当产量，加上以后各步骤月末在产品产量。

约当产量计算公式如下：

$$\text{某步骤在产品约当产量合计(约当产量)}=\text{该步骤月末半成品数量}\times\text{本步骤某成本项目的完工程度}+\text{以后各步骤月末在产品数量}$$

$$\text{某步骤完工产品单位成本}=\frac{\text{该步骤月初在产品成本}+\text{本期发生费用}}{\text{产成品数量}+\text{某步骤在产品约当产量合计}}$$

$$\text{某步骤应计入产成品的份额}=\text{产成品数量}\times\text{单位产成品耗用某步骤半成品数量}\times\text{某步骤完工产品单位成本}$$

$$\text{某步骤月末广义在产品成本}=\text{该步骤月初在产品成本}+\text{该步骤本月生产费用}-\text{该步骤应计入产成品成本的份额}$$

如果企业的定额管理水平较高，各项消耗定额准确、稳定，可以采用定额比例法计算产成品成本和在产品成本。

（四）平行结转分步法的优缺点及改进办法

1. 平行结转分步法的优缺点

（1）平行结转分步法与逐步结转分步法相比较，具有以下优点：

① 各步骤可以同时计算产品成本，然后将应计入完工产品成本的份额平行结转、汇总计入产成品成本，不必逐步结转半成品成本，从而可以简化和加速成本计算工作。

② 能够直接提供按原始成本项目反映的产成品成本资料，不必进行成本还原。

（2）由于平行结转分步法各步骤不计算、也不结转半成品成本，因而存在以下缺点：

① 不能提供各步骤半成品成本资料及各步骤所耗上一步骤半成品费用资料，因而不能全面地反映各步骤生产耗费的水平，不利于各步骤的成本管理。

② 各步骤之间不结转半成品成本，使半成品实物转移与半成品成本结转相脱离，因而不能为各步骤在产品的实物管理和资金管理提供资料。

③ 各生产步骤的产品成本不包括所耗半成品费用，因而不能全面地反映各该步骤产品的生产耗费水平（第一步骤除外），不能更好地满足这些步骤成本管理的要求。

2. 平行结转分步法的改进办法

在采用平行结转分步法时，应该加强各步骤在产品收发结存的数量核算，以便为在产品的实物管理和资金管理提供资料。同时，通过加强各步骤废品损失的核算和在产品的清查工作，及时发现在产品的报废和短缺、毁损情况，核算在产品加工报废和盘亏、毁损造成的损失，弥补由于在产品成本与在产品实物脱节所导致的不足。

二、任务导学

（一）平行结转分步法与约当产量法结合的应用

【工作实例 10-6】宏业公司大批量生产甲产品，该产品生产需要连续经过三个工序（车间），甲产品需要经过第一车间、第二车间、第三车间3个生产车间连续加工。第一车间生产的所有产品完工后直接交付给第二车间进一步加工；在第二车间加工完成后，所有产品将移交给第三车间加工成甲产成品，然后将产成品移交仓库进行验收。该企业不存在自制半成品对外销售的情况，且不要求计算半成品的成本。

微课 10-6

平行结转分步法的应用

产品所耗的原材料在第一车间开始生产时一次投入，第二车间和第三车间得到的上一步骤的半成品也在每个生产车间开始生产时一次投入。各生产车间完工产品（最终产成品）和月末在产品（广义在产品）之间费用的分配，采用约当产量法。各生产车间的直接人工和制造费用发生比较均衡，月末在产品完工程度按50%计算。

要求：根据上述资料，计算相关成本，并编制会计分录。

解析：（1）各车间产品的产量和产品成本等资料见表10-27和表10-28。

表10-27　每一车间产品的产量和投入情况记录

产品名称：甲产品　　2023年7月　　计量单位：件

车间或部门	月初在产品	本月投入或上步转入	本月完工或转入下步	月末在产品
一车间	65	320	345	40
二车间	80	345	365	60
三车间	60	365	415	10

表10-28　本月各步骤发生的生产费用　　单位：元

项　目		直接材料	直接人工	制造费用	合计
第一车间	月初在产品成本	13 900	1 400	1 500	16 800
	本月发生费用	23 900	5 165	4 560	33 625
第二车间	月初在产品成本		1 300	970	2 270
	本月发生费用		7 800	4 490	12 290
第三车间	月初在产品成本		2 160	1 720	3 880
	本月发生费用		9 600	7 520	17 120
合计		37 800	27 425	20 760	85 985

（2）根据表10-27和表10-28的资料，采用约当产量法计算各步骤成本（见表10-29至表10-31）。

表10-29 基本生产成本明细账

产品名称：第一步骤 金额单位：元

2023年		凭证号数	摘要	直接材料	直接人工	制造费用	合计
月	日						
7	1	略	月初在产品成本	13 900	1 400	1 500	16 800
7	31		本月发生费用	23 900	5 165	4 560	33 625
7	31		合计	37 800	6 565	6 060	50 425
7	31		约当产量（件）	110	90	90	
7	31		产成品数量+约当产量（件）	525	505	505	
7	31		单位成本	72	13	12	97
7	31		应由产成品成本负担的份额	29 880	5 395	4 980	40 255
7	31		月末在产品成本	7 920	1 170	1 080	10 170

注：直接材料的在产品约当产量 = 40 × 100%+ 60 + 10 = 110（件）

直接人工和制造费用的在产品约当产量 = 40 × 50%+ 60 + 10 = 90（件）

表10-30 基本生产成本明细账

产品名称：第二步骤 金额单位：元

2023年		凭证号数	摘要	直接材料	直接人工	制造费用	合计
月	日						
7	1	略	月初在产品成本		1 300	970	2 270
7	31		本月发生费用		7 800	4 490	12 290
7	31		合计		9 100	5 460	14 560
7	31		约当产量（件）		40	40	
7	31		产成品数量+约当产量（件）		455	455	
7	31		单位成本		20	12	32
7	31		应由产成品成本负担的份额		8 300	4 980	13 280
7	31		月末在产品成本		800	480	1 280

注：直接人工和制造费用的在产品约当产量 = 60 × 50%+ 10 = 40（件）

表10-31　基本生产成本明细账

产品名称：第三步骤　金额单位：元

2023年		凭证号数	摘要	直接材料	直接人工	制造费用	合计
月	日						
7	1	略	月初在产品成本		2 160	1 720	3 880
7	31		本月发生费用		9 600	7 520	17 120
7	31		合计		11 760	9 240	21 000
7	31		约当产量（件）		5	5	
7	31		产成品数量＋约当产量（件）		420	420	
7	31		单位成本		28	22	50
7	31		应由产成品成本负担的份额		11 620	9 130	20 750
7	31		月末在产品成本		140	110	250

注：直接人工和制造费用的在产品约当产量＝10×50%＝5（件）

（3）将每一步骤基本生产成本明细账中的“应由产成品成本负担的份额”进行汇总，计算出月末完工产品成本和单位成本（见表10-32）。

表10-32　产成品成本计算汇总表

产品名称：甲产品　金额单位：元

生产步骤（或车间）	产成品数量（件）	直接材料	直接人工	制造费用	合计
第一车间		29 880	5 395	4 980	40 255
第二车间			8 300	4 980	13 280
第三车间			11 620	9 130	20 750
产成品成本合计	415	29 880	25 315	19 090	74 285
产成品单位成本		72	61	46	179

（4）根据“产成品成本计算汇总表”和产成品入库单，编制会计分录如下：

借：库存商品——甲产品　74 285

　贷：基本生产成本——第一车间　40 255

　　　　　　　　——第二车间　13 280

　　　　　　　　——第三车间　20 750

（二）平行结转分步法与定额比例法结合的应用

【工作实例10-7】宏业公司生产乙产品，生产分两个步骤在两个车间进行：第一车间为第二车间提供半成品，第二车间将其加工成产成品。2023年9月有关生产费用资料见表10-33、表10-34、表10-35。生产费用采用定额比例法在产成品和月末在产品之间进行分配。具体来说，原材料成本按定额材料成本的比例分配，其他项目的成本按定额工时的比例分配。

要求：根据上述资料，计算相关成本，并编制会计分录。

解析：（1）定额标准资料见表10-33。假设企业未对月末在产品进行盘查清点，月末在产品的定额数据应等于月初在产品的定额数据加上当月的生产定额数据减去最终产品的定额数据。

表10-33 乙产品定额资料 金额单位：元

生产步骤	月初在产品		本月投入		本月产成品				
	定额材料成本	定额工时	定额材料成本	定额工时（小时）	单位定额		产量	总定额	
					材料成本	工时		材料成本	工时
第一车间份额	82 000	3 500	118 800	6 300	266	16	450	119 700	7 200
第二车间份额		2 200		8 000		20	450		9 000
合计	82 000	5 700	118 800	14 300		36		119 700	16 200

（2）根据产品乙的定额数据，记录第一车间和第二车间的生产成本（见表10-34和表10-35）。

表10-34 基本生产成本明细账

车间名称：第一车间 金额单位：元

摘要	产成品产量（件）	直接材料		定额工时（小时）	直接人工	制造费用	合计
		定额	实际				
月初在产品成本		82 000	72 400	3 500	7 240	9 800	89 440
本月生产费用		118 800	88 240	6 300	14 320	12 740	115 300
合计		200 800	160 640	9 800	21 560	22 540	204 740
费用分配率			0.8		2.20	2.3	
转入产成品份额	450	119 700	95 760	7 200	15 840	16 560	128 160
月末在产品		81 100	64 880	2 600	5 720	5 980	76 580

表10-35 基本生产成本明细账

车间名称：第二车间 金额单位：元

摘要	产成品产量（件）	直接材料		定额工时（小时）	直接人工	制造费用	合计
		定额	实际				
月初在产品成本				2 200	8 400	7 900	16 300
本月生产费用				8 000	19 140	28 820	47 960
合计				10 200	27 540	36 720	64 260
费用分配率					2.7	3.6	
转入产成品份额	450			9 000	24 300	32 400	56 700
月末在产品				1 200	3 240	4 320	7 560

（3）对第一车间、第二车间产品成本中应计入产成品乙的成本份额的部分，平行汇总于产品成本汇总表中（见表10-36）。

表10-36　　产品成本汇总计算表

产品名称：乙产品　　金额单位：元

车间名称	产成品产量（件）	直接材料	直接人工	制造费用	合计
第一车间		95 760	15 840	16 560	128 160
第二车间			24 300	32 400	56 700
产成品总成本	450		40 140	48 960	184 860
单位成本		212.8	89.2	108.8	410.8

（4）根据“产成品成本计算汇总表”和产成品入库单，编制会计分录如下：

借：库存商品——乙产品　　184 860

　　贷：基本生产成本——第一车间　　128 160

　　　　　　　　　　——第二车间　　56 700

三、任务实施

根据学习情境10-3的资料，在老师指导下，完成下列任务：

（1）利用约当产量法在平行结转分步中的应用过程，梳理平行结转分步法的计算程序（见表10-37至表10-40）。

表10-37　　基本生产成本明细账

车间名称：第一车间　　金额单位：元

年		凭证号数	摘要	直接材料	直接人工	制造费用	合计
月	日						
		略	月初在产品成本	13 900	1 400	1 500	
			本月发生费用	23 900	5 165	4 560	
			合计				
			约当产量（件）				
			产成品数量 + 约当产量（件）				
			单位成本				
			应结转完工产品份额				
			月末在产品成本				

表10-38 基本生产成本明细账

车间名称：第二车间 金额单位：元

年		凭证号数	摘要	直接材料	直接人工	制造费用	合计
月	日						
		略	月初在产品成本		1 300	970	
			本月发生费用		7 800	4 490	
			合计				
			约当产量（件）				
			产成品数量＋约当产量（件）				
			单位成本				
			应结转完工产品份额				
			月末在产品成本				

表10-39 基本生产成本明细账

车间名称：第三车间 金额单位：元

年		凭证号数	摘要	直接材料	直接人工	制造费用	合计
月	日						
		略	月初在产品成本		2 160	1 720	
			本月发生费用		9 600	7 520	
			合计				
			约当产量（件）				
			产成品数量＋约当产量（件）				
			单位成本				
			应结转完工产品份额				
			月末在产品成本				

表10-40 产成品成本计算汇总表

产品名称：丙产品 金额单位：元

生产步骤（或车间）	产成品数量（件）	直接材料	直接人工	制造费用	合计
第一车间					
第二车间					
第三车间					
产成品成本合计					
产成品单位成本					

（2）准备一个关于平行结转分步法的应用案例，向同学们展示计算过程。

成本会计与中国经济

价值链收缩视域下的成本结构

【关键词】价值链收缩；成本结构；创新发展；高质量发展

小米科技有限责任公司成立于2010年3月3日，是专注于智能硬件和电子产品研发、智能手机、智能电动汽车、互联网电视及智能家居生态链建设的全球化移动互联网企业、创新型科技企业。小米公司创造了用互联网模式开发手机操作系统、发烧友参与产品开发改进的模式。“为发烧而生”是小米的产品概念。“让每个人都能享受科技的乐趣”是小米公司的愿景。小米公司通过摒弃价值链上产品附加值较低的生产和销售环节，在价值链收缩的基础上进行关键要素投入，建立起以用户维护成本为核心的独特成本结构模式，为制造业企业提升价值链地位、培育成本竞争优势提供了实践参考。

其值得借鉴之处有：

第一，企业优势资源决定企业的成本结构。

小米公司在成立初期就充分认识到，人数高达上千万的粉丝群是其相对于其他手机厂商的优势资源。因此，小米对价值链上的大投入、低增值环节进行了一定程度的剥离，利用粉丝效应，充分发挥互联网优势，从外界获取资源。在从外部获取大量的互补性资源之后，小米大胆采用“按需定制”的生产模式，有效避免了建厂房、买设备等大额成本投入，同时对价值链进行横向延伸，将有限的成本资源投入附加值较高的研发与营销环节，形成特有的以客户关系维护成本为核心的成本结构。

第二，能力重构是企业成本结构匹配的核心。

小米公司的顾客独创价值模式下，创新能力、服务能力成为企业动态能力的重要组成部分。顾客需求高度差异化要求企业通过学习发掘，充分发挥信息网络优势，形成信息挖掘能力，在此基础上适时投入研发、营销成本，动态匹配创新能力、服务能力，实现顾客独创模式下的价值创造最大化。

第三，开放式的成本结构是企业价值创造的源泉。

顾客满意是企业成本结构优化的最终目标。围绕顾客价值实施成本投入要求企业采用面向消费者的开放式成本结构，不断与外界环境进行物质、能量的交换，获取新的资源和能力来满足不断变化的顾客需求。

资料来源：洪荭，熊念念，熊巧. 价值链收缩视域下的企业成本结构——基于小米公司的案例［J］. 财会月刊，2018（02）：105-111.

【启示】小米公司的成本结构表现为以客户关系维护成本为主，前期以MIUI系统开发为核心，以客户关系维护为战略重点的针对性成本投入，充分利用外包模式，形成了暂时的差异化优势；后期主要依靠规模经济带来的规模化成本。党的二十大指出：教育、科技、人才是全面建设社会主义现代化国家的基础性、战略性支撑。必须坚持科技是第一生产力、人才是第一资源、创新是第一动力。小米公司创造性地应用了互联网开发模式开发产品，用极客精神做产品，用互联网模式“干掉”中间环节，致力于让全球每个人都能享用来自中国的优质科技产品，满足广大消费者的需求和期待，为实现中国梦做出了积极贡献。

习题与实训

一、单项选择题

1.产品成本计算的分步法是（　　）。

A.分车间计算产品成本的方法

B.计算各步骤半成品和最后步骤产成品成本的方法

C.计算产品成本中各步骤“份额”的方法

D.按照产品品种和生产步骤计算产品成本的方法

2.采用逐步结转分步法，按照半成品成本在下一步骤成本明细账中的反映方式，可以分为（　　）。

A.实际成本结转法和计划成本结转法

B.综合结转法和分项结转法

C.平行结转法和分项结转法

D.平行结转法和综合结转法

3.按计划成本综合结转半成品成本能够简化成本计算工作，是因为（　　）。

A.不必进行成本还原

B.可以分类调整各步骤所耗半成品成本差异

C.不计算各步骤的实际成本

D.各步骤能够分清所耗半成品的计划成本和成本差异

4.在逐步结转分步法下，其完工产品与在产品之间的费用分配是指在（　　）两者之间进行分配。

A.产成品与狭义在产品　　B.产成品与广义的在产品

C.广义完工产品与狭义在产品　　D.广义完工产品与广义在产品

5.下列方法中，需要进行成本还原的是（　　）。

A.平行结转法　　B.逐步结转法

C.综合结转法　　D.分项结转法

6.成本还原的对象是（　　）。

A.产成品成本

B.各步骤半成品成本

C.产成品成本和各步骤半成品成本

D.产成品成本中所耗上一步骤半成品的综合成本

7.成本还原的目的是求得按（　　）反映的产品成本资料。

A.计划成本项目　　B.定额成本项目

C.半成品成本项目　　D.原始成本项目

8.某产品制作过程由四个生产步骤组成，采用逐步结转分步法计算产品成本，需要进行成本还原的次数是（　　）。

A.1次　　B.2次　　C.3次　　D.4次

9.进行成本还原，应以还原分配率分别乘以（　　）。

A.本月所产半成品各个成本项目的费用

B.本月所耗半成品各个成本项目的费用

C.本月所产该种半成品各个成本项目的费用

D.本月所耗该种半成品各个成本项目的费用

10.下列方法中，属于不计算半成品成本的分步法是（　　）。

A.逐步结转分步法　　B.平行结转分步法

C.综合结转分步法　　D.分项结转分步法

11.狭义的在产品是指（　　）。

A.正在本步骤加工的在产品

B.本步骤已完工转入半成品库的半成品

C.已从半成品库转到以后各步骤进一步加工、尚未最后产成的在产品

D.尚未产成的全部在产品和半成品

12.采用平行结转分步法来计算产品成本的决定性条件是（　　）。

A.不需要计算半成品成本

B.必须是连续式多步骤生产

C.必须是装配式多步骤生产

D.需要提供按原始成本项目反映的产成品成本资料

13.采用平行结转分步法时，完工产品是指（　　）。

A.企业最后完工的产品，即产成品　　B.广义的在产品

C.第一步骤的半成品　　D.各步骤所耗上一步骤的半成品

14.采用平行结转分步法（　　）。

A.不能全面地反映各个生产步骤的生产费用水平

B.能够全面地反映各个生产步骤的生产费用水平

C.能够全面地反映第一个生产步骤的生产费用水平

D.能够全面地反映最后一个生产步骤的生产费用水平

15.在平行结转分步法下，每一生产步骤结转的完工产品的费用，是（　　）。

A.该步骤在产品成本

B.该步骤完工半成品的成本

C.该步骤生产费用中用于产成品成本的份额

D.该步骤生产费用中用于在产品成本的份额

16.在平行结转分步法下，完工产品与在产品之间的费用分配，是指在（　　）之间的费用分配。

A.各步骤完工半成品与月末加工中的在产品

B.各步骤完工半成品与广义在产品

C.产成品与狭义在产品

D.产成品与月末广义在产品

二、多项选择题

1.采用分步法计算各步骤半成品成本是（　　）。

A.成本计算的需要　　B.成本控制的需要

C.对外销售的需要　　D.企业管理的需要

2.作为分步法计算对象的生产步骤可能是（　　）。

A.一个生产车间　　B.几个生产车间之和

C.一个企业　　D.一个生产车间内的某一个生产步骤

3.分步法适用于（　　）。

A.大量生产　　B.大批生产　　C.多步骤生产　　D.单步骤生产

4.分步法按是否计算半成品成本，可以分为（　　）。

A.逐步结转分步法　　B.分项结转分步法

C.综合结转分步法　　D.平行结转分步法

5.成本管理需要提供各生产步骤半成品成本资料的原因有（　　）。

A.计算外销半成品的损益

B.全面考核和分析商品产品成本计划的执行情况以及各生产步骤等内部单位的生产耗费水平和资金占用水平

C.进行同行业半成品指标的评比

D.为计算各种产成品成本提供所耗用同一种半成品费用的数据

6.采用逐步结转分步法，按照半成品成本在下一步骤成本明细账中的反映方法，分为（　　）。

A.综合结转法　　B.分项结转法

C.按计划成本结转　　D.按实际成本结转

7.按计划成本综合结转半成品成本的优点有（　　）。

A.可以简化和加速半成品核算及产成品成本计算工作

B.便于各步骤进行成本的考核和分析

C.便于从整个企业角度进行成本的考核和分析

D.便于考核产品成本的构成和水平

8.按实际成本综合结转半成品成本的缺点有（　　）。

A.领用半成品的实际单位成本计算繁琐

B.各步骤不能同时计算成本

C.不能直接提供按原始成本项目反映的产品成本

D.不能从整个企业角度考核和分析产品成本的构成及水平

9.下列各项中，需要进行成本还原的原因有（　　）。

A.各步骤半成品成本结转采用按实际成本综合结转法

B.各步骤半成品成本结转采用按实际成本分项结转法

C.各步骤半成品成本结转采用按计划成本综合结转法

D.管理上要求从整个企业角度考核和分析产品成本的构成及水平

10.采用综合结转法结转半成品成本的优点有（　　）。

A.便于各生产步骤进行成本管理

B.便于各生产步骤进行完工产品的成本分析
C.便于从整个企业角度分析和考核产品成本的构成及水平
D.不必进行成本还原
11.采用分项结转法结转半成品成本的优点有（ ）。
A.便于各生产步骤的成本分析
B.便于各生产步骤进行完工产品的成本分析
C.可以直接、正确地提供按原始成本项目反映的产品成本资料
D.便于从整个企业角度考核和分析产品成本计划的执行情况
12.逐步结转分步法与平行结转分步法相比，优点是（ ）。
A.能够提供各生产步骤的半成品成本资料
B.能够加速成本计算工作
C.能够为在产品的实物管理和资金管理提供资料
D.能够简化成本计算工作
13.平行结转分步法的特点是（ ）。
A.各生产步骤不计算半成品成本，只计算本步骤发生的生产费用
B.各步骤间不结转半成品成本
C.各步骤应计算本步骤发生的费用中应计入产成品成本的“份额”
D.各步骤发生的生产费用平行结转、汇总计入产成品成本
14.广义的在产品是指（ ）。
A.尚在各步骤加工中的在产品
B.转入半成品库的半成品
C.已从半成品库转发到以后各步骤，尚未加工的在产品
D.已从半成品库转入以后各步骤，正在加工的在产品
15.采用平行结转分步法计算产品成本，最后一个步骤的产品成本明细账中能够反映的数据有（ ）。
A.产成品实际成本
B.所耗上一步骤的半成品成本
C.本步骤费用
D.本步骤费用中应计入产成品成本的份额
16.平行结转分步法与逐步结转分步法相比，缺点是（ ）。
A.各步骤不能同时计算产品成本
B.需要进行成本还原
C.不能为实物管理和资金管理提供资料
D.不能提供资料各步骤的半成品成本资料
17.平行结转法适合在（ ）的情况下采用。
A.产品种类多，计算和结转半成品成本工作量大
B.管理上不要求提供各步骤半成品成本资料
C.管理上不要求提供按原始成本项目反映的产成品成本资料
D.管理上不要求全面地反映各个生产步骤的生产耗费水平

18.采用平行结转分步法计算产品成本是因为（ ）。

A.管理上不需要计算半成品成本

B.可以加速和简化成本计算工作

C.可以加强成本管理的经济责任制

D.可以全面地反映各步骤生产耗费水平

三、判断题

1.在多步骤生产中，为了加强各生产步骤的成本管理，都应当按照生产步骤计算产品成本。（ ）

2.分生产步骤计算产品成本不一定就是分车间计算产品成本。（ ）

3.由于各个企业生产组织的特点不同，各生产步骤成本的计算和结转采用两种不同的方法：逐步结转法和平行结转法。（ ）

4.采用逐步结转分步法，半成品成本的结转与半成品实物的转移是一致的，因而有利于半成品的实物管理和在产品的资金管理。（ ）

5.逐步结转分步法实际上是多个品种法的连用。（ ）

6.综合结转半成品成本有利于企业分析和考核产成品成本的结构。（ ）

7.成本还原的对象是产成品成本。（ ）

8.在需要进行成本还原的情况下，如果各月所产半成品的成本构成变动较大，且半成品的定额成本或计划成本比较准确，也可以按照半成品的定额成本或计划成本的成本构成进行还原。（ ）

9.采用分项结转分步法时，不需要进行成本还原。（ ）

10.在分项结转分步法时，不能提供各步骤半成品成本资料。（ ）

11.不论是综合结转还是分项结转，半成品成本都随着半成品实物的转移而结转。（ ）

12.狭义的在产品是指正在本步骤加工中的在产品。（ ）

13.凡是尚未最后完工的产品都是广义在产品。（ ）

14.平行结转分步法不能提供各个步骤的半成品成本资料。（ ）

15.在平行结转分步法下，各步骤只核算本步骤发生的费用。（ ）

16.在平行结转分步法下，各步骤完工产品与在产品之间的费用分配，都是指产成品与广义在产品之间的费用分配。（ ）

17.采用平行结转分步法，各步骤可以同时计算产品成本，但各步骤间不结转半成品成本。（ ）

四、实训题

实训一

目的：实训综合结转分步法的核算。

资料：广发制造有限公司生产甲产品需经过两个加工步骤，第一步骤生产出甲半成品，完工半成品全部交第二步骤；第二步骤对甲半成品加工，生产出甲产成品。该企业采用综合结转分步法计算产品成本，设有“直接材料”“自制半成品”“直接人工”“制造费用”四个成本项目，原材料在生产开始时一次投入。

该企业2023年6月有关成本资料见表10-41至表10-43。

表10-41　本月产量记录表

	第一步骤	第二步骤
月初在产品	120件	20件
本月投入	480件	500件
本月完工	500件	400件
月末在产品	100件（完工程度40%）	120件（完工程度50%）

表10-42　各步骤月初在产品成本资料　单位：元

	直接材料	自制半成品	直接人工	制造费用
第一步骤	5 340		480	1 000
第二步骤		1 950	92	184

表10-43　本月各步骤发生的生产费用　单位：元

	直接材料	直接人工	制造费用
第一步骤	42 960	4 920	9 800
第二步骤		506	7 222

要求：根据以上资料，采用综合逐步结转分步法计算完工甲产品成本（见表10-44和表10-45）。

表10-44　基本生产成本明细账

户名：第一步骤——甲半成品　金额单位：元

2023年		凭证字号	项　目	直接材料	直接人工	制造费用	合　计
月	日						
6	30		月初在产品成本				
6	30		本月发生费用				
6	30		合计				
6	30		在产品约当产量（件）				
6	30		完工产量＋约当产量（件）				
6	30		单位成本				
6	30		转出半成品成本				
6	30		月末在产品成本				

表10-45 基本生产成本明细账

户名：第二步骤——甲产品 金额单位：元

2023年 月	日	凭证字号	项目	自制半成品	直接人工	制造费用	合计
6	30		月初在产品成本				
6	30		本月发生费用				
6	30		合计				
6	30		在产品约当产量（件）				
6	30		完工产量 + 约当产量（件）				
6	30		单位成本				
6	30		转出产成品成本				
6	30		月末在产品成本				

实训二

目的：实训综合结转分步法成本还原的核算。

资料：宏远制造有限公司2023年6月生产乙产品100件，经过三个生产步骤，采用综合逐步结转分步法计算产品成本，有关资料见表10-46。

表10-46 各步骤半成品成本和完工产品成本资料 单位：元

生产步骤	半成品	直接材料	直接人工	制造费用	合计
第一步骤A半成品成本		284 000	48 000	60 000	392 000
第二步骤B半成品成本	303 373.9		29 000	37 626.1	370 000
第三步骤产成品成本	425 500		29 475	59 264	514 239

要求：采用成本还原率法将产成品成本还原为按原始成本项目反映的成本结构（见表10-47）。

表10-47 产成品成本还原计算表 金额单位：元

行次	项目	产量（件）	成本还原率	B半成品	A半成品	直接材料	直接人工	制造费用	合计
1	还原前产成品成本								
2	第二步骤完工半成品成本								
3	第一次成本还原								
4	第一步骤完工半成品成本								
5	第二次成本还原								
6	还原后产成品总成本（1 + 3 + 5）								
7	还原后产成品单位成本								

实训三

目的：实训分项结转分步法的核算。

资料：广发制造有限公司2023年5月生产A产品，经过三个生产步骤，月末在产品按约当产量法计算，原材料在开始生产时一次。有关资料见表10-48和表10-49。

表10-48　本月产量资料　数量单位：件

项　目	第一步骤	第二步骤	第三步骤
月初在产品数量	15	10	25
本月投产数量	210	205	185
本月完工产品数量	205	185	190
月末在产品数量	20	30	20
在产品完工程度	40%	50%	60%

表10-49　生产费用资料　单位：元

摘　要		直接材料	直接人工	制造费用	合计
第一步骤	月初在产品成本	2 836	1 538	482	4 856
	本月发生生产费用	25 289	15 502	14 002	54 793
第二步骤	月初在产品成本	1 528	529	428	2 485
	本月发生生产费用	6 817	2 271	2 232	11 320
第三步骤	月初在产品成本	5 182	1 945	1 835	8 962
	本月发生生产费用	11 368	7 363	6 848	25 579

要求：采用综合分项结转分步法计算产品成本（见表10-50至表10-52）。

表10-50　基本生产成本明细账

户名：第一步骤　金额单位：元

2023年		凭证字号	项　目	直接材料	直接人工	制造费用	合　计
月	日						
5	1		月初在产品成本				
5	31		本月发生费用				
5	31		合计				
5	31		在产品约当产量（件）				
5	31		完工产量＋约当产量（件）				
5	31		单位成本				
5	31		转出半成品成本				
5	31		月末在产品成本				

表10-51 基本生产成本明细账

户名：第二步骤 金额单位：元

2023年		凭证字号	项目	直接材料	直接人工	制造费用	合计
月	日						
5	1		月初在产品成本				
5	31		转入半成品成本				
5	31		本月发生费用				
5	31		合计				
5	31		在产品约当产量（件）				
5	31		完工产量＋约当产量（件）				
5	31		单位成本				
5	31		转出半成品成本				
5	31		月末在产品成本				

表10-52 基本生产成本明细账

户名：第三步骤 金额单位：元

2023年		凭证字号	项目	直接材料	直接人工	制造费用	合计
月	日						
5	1		月初在产品成本				
5	31		转入半成品成本				
5	31		本月发生费用				
5	31		合计				
5	31		在产品约当产量（件）				
5	31		完工产量＋约当产量（件）				
5	31		单位成本				
5	31		转出产成品成本				
5	31		月末在产品成本				

实训四

目的：实训平行结转分步法的核算。

资料：江南制造有限公司生产的丁产品经过三个车间连续加工制成，第一车间生产D半成品，直接转入第二车间加工制成E半成品，E半成品直接转入第三车间加工成丁产成品。其中，1件丁产品耗用1件E半成品，1件E半成品耗用1件D半成品。原材料于第一车间生产开始时一次投入，第二车间和第三车间不再投入材料。各车间月末在产品完工率均为50%。各车间生产费用在完工产品和在产品之间的分配采用约当产量法。

本月各车间产量资料见表10-53。

表10-53　　各车间产量资料表　　单位：件

摘　要	第一车间	第二车间	第三车间
月初在产品数量	40	50	50
本月投产数量或上步转入	260	270	260
本月完工产品数量	270	260	300
月末在产品数量	30	60	10

各车间月初及本月生产费用见表10-54。

表10-54　　各车间月初及本月生产费用　　单位：元

摘　要		直接材料	直接人工	制造费用	合计
第一车间	月初在产品成本	7 936	1 756	1 201	10 893
	本月发生生产费用	20 264	8 254	5 729	34 247
第二车间	月初在产品成本		4 491	3 304	7 795
	本月发生生产费用		15 297	9 276	24 573
第三车间	月初在产品成本		1 529	1 026	2 555
	本月发生生产费用		18 662	12 089	30 751

要求：采用平行结转法计算丁产品的生产成本。

（1）编制各生产步骤的约当产量的计算表（见表10-55）。

表10-55　　各生产步骤约当产量的计算表　　单位：件

摘　要	直接材料	直接人工	制造费用
第一车间的约当总产量			
第二车间的约当总产量			
第三车间的约当总产量			

（2）编制各生产步骤的成本计算单（见表10-56至表10-58）。

表10-56　　产品成本计算单

车间：第一车间　　品名：丁产品（D半成品）　　金额单位：元

摘　要	直接材料	直接人工	制造费用	合计
月初在产品成本				
本月发生费用				
合计				
第一步骤的约当总产量（件）				
分配率				
应计入产成品成本份额				
月末在产品成本				

表10-57　　产品成本计算单

车间：第二车间　　品名：丁产品（E半成品）　　金额单位：元

摘　要	直接人工	制造费用	合计
月初在产品成本			
本月发生费用			
合计			
第二步骤约当总产量			
分配率			
应计入产成品成本份额			
月末在产品成本			

表10-58　　产品成本计算单

车间：第三车间　　品名：丁产品　　金额单位：元

摘　要	直接人工	制造费用	合计
月初在产品成本			
本月发生费用			
合计			
第三步骤约当总产量（件）			
分配率			
应计入产成品成本份额			
月末在产品成本			

（3）编制产品成本汇总表，编制结转完工入库产品生产成本的会计分录（见表10-59）。

表10-59　　产品成本汇总计算表

产品名称：丁产品　　金额单位：元

项目	数量（件）	直接材料	直接人工	制造费用	总成本	单位成本
第一车间						
第二车间						
第三车间						
合计						

能力测评

在专业能力测评表内打“√”，A掌握，B基本掌握，C未掌握。

业务能力	评价指标	自测结果	要求
分步法基本内容	1.熟练判定适用范围	□A　□B　□C	思路清晰 表述准确
	2.理解特点	□A　□B　□C	
	3.掌握分步法的分类依据	□A　□B　□C	
综合结转分步法	1.理解结转特点	□A　□B　□C	思路清晰 结果准确 登记规范
	2.掌握计算程序并准确计算	□A　□B　□C	
	3.规范登记基本生产成本明细账	□A　□B　□C	
	4.熟悉会计账务处理	□A　□B　□C	
成本还原	1.掌握成本还原程序	□A　□B　□C	理解记忆 计算准确
	2.编制成本还原表并准确计算	□A　□B　□C	
分项结转分步法	1.理解结转特点	□A　□B　□C	理解记忆 计算准确 登记规范
	2.掌握计算程序并准确计算	□A　□B　□C	
	3.规范登记基本生产成本明细账	□A　□B　□C	
	4.熟悉会计账务处理	□A　□B　□C	
平行结转分步法	1.理解结转特点	□A　□B　□C	理解记忆 计算准确 登记规范
	2.结合约当产量法进行计算与应用	□A　□B　□C	
	3.结合定额比例法进行计算与应用	□A　□B　□C	
	4.规范登记基本生产成本明细账	□A　□B　□C	
教师评语：			
成绩：		教师签字：	

项目十一

分类法

职业能力目标

1.知识目标

（1）了解分类法的含义和特点；

（2）熟悉以产品类别作为成本计算对象的计算程序。

2.能力目标

（1）能够根据分类法的概念和特点，确定该方法的适用范围；

（2）能够熟练应用分类法的成本计算程序，组织计算联产品成本计算；

（3）能够熟练应用分类法的成本计算程序，组织计算副产品成本计算。

3.素养目标

（1）通过对分类法的学习，提高成本核算的职业判断；

（2）通过对分类法的运用，使学生的成本会计知识体系更加完整，提升实际解决问题的能力。

4.思政元素

（1）对产品进行科学分类，分类核算产品成本，既要谨慎也要敬业；

（2）科学制定定额，严格按照定额生产，保持底线思维。

典型工作任务

1.掌握联产品的成本计算；

2.掌握副产品的成本计算。

任务一　分类法的基本内容

学习情境11-1

光明工厂为大量大批单步骤小型生产企业，设有一个基本生产车间，大量生产5种规格不同的电子元件，根据产品结构特点和耗用的原材料及工艺技术过程的不同，可以将这5种产品划为一类（甲类），甲类产品包括101、102、103、104、105这5种不同规格的产品。根据该厂产品生产特点和成本管理要求，可先采用品种法的基本原理计算出甲类产品本月完工产品的实际总成本，然后，采用系数分配法将本类产品的总成本分配计入类内各种规格的产品成本。本月生产的甲类产品的成本已经按照品种法的基本原理进行归集和分配，本类产品的生产费用在本月完工产品和月末在产品之间的分配采用定额比例法。会计小张了解完产品生产和工艺特点后，建议采用分类法来计算甲类产品的成本，你认为会计小张的建议对吗?

任务导入

工作任务	技能要点及任务成果	重要知识点	学时
阅读学习情境11-1的资料，为光明工厂甲类产品选用合适的成本分配方法	1.了解分类法的主要特点 2.理解分类法的优缺点 3.掌握类内各种产品成本计算的方法 4.熟练地应用分类法基本原理解决企业的成本计算 5.依据企业的不同环境选择相应的成本计算方法	1.分类法的主要特点 2.分类法计算产品成本的程序	2

任务学习

一、知识准备

（一）分类法的含义、适用范围和特点

1.分类法的含义

分类法是指以产品的类别作为成本计算对象，归集生产费用，计算产品成本的一种成本计算方法。

2.分类法的适用范围

某些企业生产的产品品种多、规格繁杂，如无线电元件、针织品、食品、化学试剂生产企业等，如果仍按产品的品种计算成本，则成本计算工作过于繁重。在这种情况下，如果不同品种、规格的产品可以按照一定标准分类，为简化成本计算工作，就可以采用分类法计算产品成本。分类法与产品生产的类型没有直接关系，可以在各种类型的生产中应用。它一般适用于产品品种和规格繁多，并可以按照一定标准将产品划分为若干类别的大量生产企业或部门。

此外，分类法还适用于联产品、副产品、等级产品（指由于内部结构、所用原材料的质量或工艺技术上的要求不同产生的不同产品）生产的企业以及企业除主要产品以外的零星产品的成本计算。

3.分类法的特点

（1）以产品类别作为成本计算对象

分类法按照产品的类别作为产品成本计算对象，设置基本生产成本明细账，归集生产费用，计算各类产品成本。企业在具体计算时，先根据产品的结构、性能、工艺特点及所耗原材料的不同，将产品划分为若干类别，按照产品的类别设置成本计算单，归集每类产品的费用支出，计算每类产品的成本，然后选择合适的分配标准，在类内各种产品之间进行分配，计算类内各种产品的成本。采用分类法时，成本计算期的确定、生产费用在完工

产品和月末在产品之间的分配等，都取决于它所依据的成本计算的基本方法。

（2）需要采用一定的方法在类内各种产品之间进行成本分配

分类法在采用品种法、分步法和分批法计算出完工产品和月末在产品成本之后，还需要将该类完工产品的总成本在类内各种不同品种产品之间再分配，计算类内各种完工产品的总成本和单位成本。这是分类法的一个典型特点。

（二）分类法的计算程序

分类法的计算程序是：

（1）以产品类别为成本计算对象，按类设置基本生产成本明细账，归集和分配各项生产费用，计算出各类产品的总成本。

（2）采用合理的分配方法将各类产品的总成本在类内各种产品之间进行分配，计算每类产品内各种产品的成本。

假定某企业产品品种、规格繁多，但可以按一定标准将其划分为甲、乙、丙三类产品。其中甲类产品包括A、B两种产品；乙类产品包括C、D两种产品，丙类产品包括E、F、G三种产品。那么，基本生产成本明细账的设置，以及分类法成本计算的一般程序如图11-1所示。

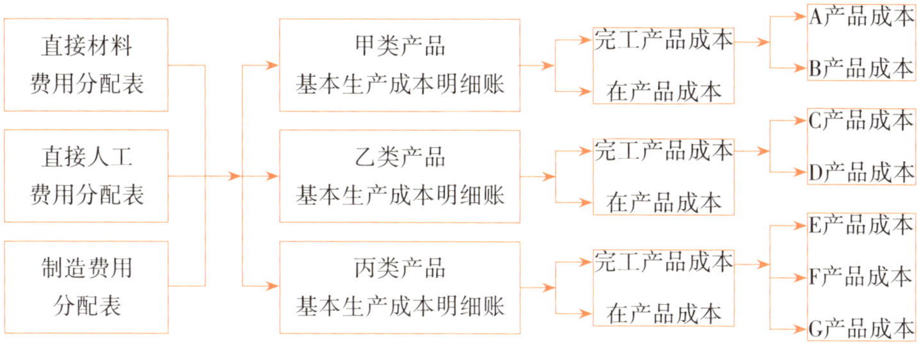

图11-1　分类法成本计算程序图

同类产品内各种产品之间分配费用的标准，一般有定额消耗量、定额费用、售价、重量、体积、长度等。在选择费用的分配标准时，主要考虑与产品生产耗费的关系，即应选择与产品各项耗费有密切关系的分配标准。

（三）简单的分类法

为了简化分配工作，可以将分配标准折算成相对固定的系数，按照固定的系数分配同类产品内各种产品成本，这种方法称为简化的分类法或系数法。系数分配法的步骤如下：

（1）确定分配标准，即选择与耗用费用关系密切的因素作为分配标准，比如定额消耗量、定额成本、计划成本、售价或者重量等。

（2）将分配标准折合成固定系数，方法是，在同类产品中选择一种有代表性的产品，如将产销量大、生产正常、售价稳定的产品作为标准产品，定其系数为“1”，并定出其他产品与标准产品的比率即系数。公式如下：

某产品系数＝该产品分配标准÷标准产品分配标准额

（3）将同类产品内各产品的产量按照系数折算出相当于标准产品的产量。公式如下：

某产品相当于标准产品的产量＝该产品的实际产量×该产品系数

（4）计算出全部产品相当于标准产品的总产量，并以此标准分配同类产品内各产品成本。公式如下：

某种产品应分配的某项费用 = 该种产品的标准产量 × 该类产品某项耗用分配率

二、任务导学

【工作实例 11-1】某企业大量生产 A、B、C 三种产品，这三种产品结构类似，使用原材料相同，生产工艺过程相同，只是规格不同。为简化成本核算，将这三种产品归为一类——甲类，采用分类法计算产品成本。甲类产品的月末在产品按定额成本计算，该类产品资料见表 11-1 。

表11-1　甲类月初在产品成本、本月生产费用及月末在产品成本　单位：元

项目	直接材料	直接人工	制造费用	合计
月初在产品成本	5 800	1 800	1 700	9 300
本月生产耗费	25 800	15 720	10 880	52 400
月末在产品成本	3 500	1 500	1 300	6 300

该类各种产品的耗费分配标准为：直接材料按各种产品的原材料费用系数分配，原材料费用系数按原材料消耗定额确定，选定 B 产品作为标准产品；直接人工、制造费用等加工费用按定额工时比例分配。甲类各种产品产量、原材料消耗定额和工时定额资料见表 11-2。

表11-2　甲类各种产品产量、原材料消耗定额和工时定额资料

产品名称	产量（件）	原材料消耗定额（千克）	工时定额（时）
A 产品	500	7	16
B 产品	600	10	18
C 产品	400	14	22

要求：计算甲类产品成本。

解析：（1）根据类别设置产品成本明细账（见表 11-3）。

表11-3　产品成本明细账　单位：元

摘要	直接材料	直接人工	制造费用	合计
月初在产品定额成本	5 800	1 800	1 700	9 300
本月生产耗费	25 800	15 720	10 880	52 400
生产耗费累计	31 600	17 520	12 580	61 700
完工产品成本	27 180	13 800	11 040	52 020
月末在产品定额成本	4 420	3 720	1 540	9 680

（2）根据原材料消耗定额计算原材料系数（见表11-4）。

表11-4　原材料系数计算表

产品名称	原材料消耗定额（千克）	系数
A 产品	7	0.7
B 产品	10	1
C 产品	14	1.4

（3）分配计算甲类产品 A、B、C 三种产品成本（见表11-5）。

表11-5　甲类各种产品成本计算表

项目	产量（件）	原材料系数	原材料总系数	工时定额（时）	定额工时（时）	总成本				单位成本
						直接材料	直接人工	制造费用	合计	
分配率						18	0.5	0.4		
A 产品	500	0.7	350	16	8 000	6 300	4 000	3 200	13 500	27
B 产品	600	1	600	18	10 800	10 800	5 400	4 320	20 520	34.2
C 产品	400	1.4	560	22	8 800	10 080	4 400	3 520	18 000	45
合计			1 510		27 600	27 180	13 800	11 040	52 020	

直接材料分配率 = 27 180 ÷ 1 510 = 18

直接人工分配率 = 13 800 ÷ 27 600 = 0.5

制造费用分配率 = 11 040 ÷ 27 600 = 0.4

（4）完工产品入库，会计分录如下：

借：库存商品——A 产品	13 500	
——B 产品	20 520	
——C 产品	18 000	
贷：基本生产成本—　甲类		52 020

三、任务实施

根据学习情境11-1的资料和甲类产品的成本计算单以及甲类产品中各种产品的消耗定额表可知，103号产品生产比较稳定、产量较大、规格比较适中，故选择103号产品为标准产品。相关资料见表11-6和表11-7。

表11-6　光明工厂产品成本计算单

产品：甲类　　2023年6月　　单位：元

项　目	直接材料	直接人工	制造费用	合计
月初在产品成本	24 000	4 800	3 600	32 400
本月生产费用	120 000	36 000	26 400	182 400
生产费用合计	144 000	40 800	30 000	214 800
本月完工产品总成本	120 000	38 250	28 050	186 300
月末在产品成本	24 000	2 550	1 950	28 500

表11-7 光明工厂甲类产品的材料和工时消耗定额

产品名称	材料消耗定额（元）	工时消耗定额（小时）
101产品	3.60	0.84
102产品	3.30	0.72
103产品	3.00	0.60
104产品	2.40	0.54
105产品	2.10	0.48

要求：在老师的指导下，完成产品总系数计算表（见表11-8），并计算甲类产品中各种产品的成本。

表11-8 明光工厂产品总系数计算表

产品名称	产品产量（件）	材料		工时	
		系数	总系数	系数	总系数
101产品					
102产品					
103产品					
104产品					
105产品					
合计					

任务二　联产品和副产品的成本计算

学习情境11-2

对于安徽明彩服装公司来说，每天生产出来的成衣甲产品就是它的主要产品。为了节省成本开支，明彩服装公司会把那些被裁掉的边角料加工成一些小的配饰挂件——乙产品来对外进行售出。已知安徽明彩服装公司本月甲、乙两种产品的实际生产费用为：甲产品领用材料120 000元，甲车间的生产工人工资为24 000元，制造费用为30 000元。本月甲、乙两种产品的生产工时和产量情况为：甲产品产量为2 000件，乙产品产量为500件，甲产品的生产工时为11 000小时，乙产品的生产工时为1 000小时。本月生产甲产品的过程中生产出乙产品的原料8 000千克，每千克定价为0.6元，全部为乙产品所耗用。甲产品的在产品按所耗直接材料的定额成本计价，其月初在产品定额成本为8 000元，月末在产品定额成本为9 000元。乙产品的月末在产品很少，不计算月末在产品成本。请问：甲产品和乙产品的实际成本应该如何计算呢？

任务导入

工作任务	技能要点及任务成果	重要知识点	学时
阅读学习情境11-2的资料，思考安徽明彩服装公司甲产品和乙产品成本计算的方法	1.了解联产品、副产品的主要特点 2.理解联产品、副产品成本计算的一般程序 3.熟练地应用联产品、副产品基本原理解决企业的产品成本计算问题	1.联产品、副产品的主要特点 2.联产品、副产品成本计算的程序与方法	2

任务学习

一、知识准备

（一）联产品成本的计算

1.联产品的概念

联产品是指企业用同样的原材料，在同一个生产过程中生产出的性质和用途不同、具有同等地位的多种主要产品。例如，炼油企业生产的汽油、柴油和煤油等产品；奶制品厂同时生产的牛奶、奶油、奶片等产品；肉类罐头企业使用牛肉同时生产的烤肉、牛排、罐头等产品。联产品所用的原材料和工艺过程相同，最易于归为一类，采用分类法计算成本可以大大简化成本计算工作。

2.联产品的成本特点

在生产开始时，各产品尚未分离，在同一加工过程中对所有产品进行联合加工。当生产进行到一定生产步骤时，产品才会陆续分离。在分离点以前发生的生产成本，称为联合成本。分离点是指在联产品生产中，投入相同材料，经过同一生产过程，分离为各种联产品的时点。分离后的联产品，有的可以直接销售，有的还需要继续加工才可以销售。需进一步继续加工的产品发生的成本称为可归属成本，应采用合适的成本计算方法（如品种法）进行计算。

3.联产品成本计算的一般程序

（1）将联产品作为成本核算对象，设置成本明细账

联产品的特点决定了联产品在分离之前，不可能按各种产品分别计算产品成本，只能以联产品作为成本核算对象。

（2）归集联产品成本，计算联合成本

联产品分离前的费用属于联合成本，应将其作为一类产品进行归集。此外，由于联产品的在产品一般比较稳定，可不计算期初、期末在产品成本，本期发生的生产费用全部作为联产品的完工产品成本。如果联产品期末在产品变化较大，还是需要将生产费用在完工

产品和在产品之间进行分配。

（3）计算各种产品成本

联合成本的分配是联产品成本计算的关键。企业应当根据生产经营特点和联产品的工艺要求，选择实物量分配法、系数分配法、相对销售价格分配法等合理的方法分配联合成本。

（4）计算联产品分离后的加工成本

联产品分离后继续加工的，按产品品种分别设置基本生产成本细账，归集其分离后所发生的加工成本，计算产品成本。

4.联产品成本的计算方法

（1）实物量分配法

实物量分配法是将联产品的联合成本按照各联产品的实物数量的比例进行分配以求得各种产品成本的方法。该方法通常适用于所生产的产品的价格很不稳定或无法直接确定的情形。

这种方法假定各联产品的单位成本相同，但忽略了各产品售价差异，导致售价低的联产品可能出现亏损，让人质疑联产品成本决策信息的正确性。

（2）相对销售价格分配法

相对销售价格分配法是将联产品的联合成本按照各联产品的销售价格占销售价格总额的比例进行分配以求得各种产品成本的方法。

采用这种方法，首先计算各联产品的销售价格，汇总计算销售价格总额；其次计算各种联产品销售价格占销售价格总额的比重；最后，将联合成本乘以各产品销售价格比重计算各联产品的成本。

该方法假设每种联产品的毛利率是相同的，因为联产品是在联合生产过程中同时生产出来的，材料相同，生产工艺相同，理应从销售上所获得的收益水平相等。采用这种方法，要求每种产品在分离点的销售价格能够准确计量。

如果联产品在分离点上即可销售，则可采用销售价格进行分配。如果这些产品尚需要继续进一步加工后才可以销售，则需要对分离点上的销售价格进行估计。此时，可采用可变现净值进行分配。

（二）副产品成本的计算

1.副产品的概念

在企业生产主要产品的过程中，会附带生产出一些非主要产品，这些附带产生的产品称为副产品。例如，炼油厂在提炼原油的过程，附带生产出的渣油、石油焦等。副产品有它们特定的用途，可以部分或全部出售或自用。

2.副产品成本计算的特点

副产品与联产品是利用同一原料在同一生产过程中生产出来的，它们的区别主要在于价值的大小，一般来讲，联产品的价值较大，而副产品的价值较小；联产品是企业的主要生产目的、是主要产品，而副产品则是企业为生产主要产品附带生产出来的附属的非主要产品，即次要产品。

如果企业的副产品比重较大，应该将主、副产品视同联产品采用分类法计算成本；如果副产品比重较小，为了简化核算，可以将副产品与主产品合为一类设立基本生产成本明细账，归集主副产品的生产费用，然后将副产品成本从总成本中扣除，求得主产品成本。副产品在分离后，有的可作为商品直接销售，也可以进一步继续加工以后再销售。副产品成本的计价既不能过高，也不能过低，否则不仅不能正确反映副产品的成本，而且会影响主产品成本的准确性。

3.副产品成本的计算方法

在分配主产品和副产品的生产成本时，通常先确定副产品的生产成本，然后再确定主产品的生产成本。确定副产品成本的方法有：不计算副产品成本扣除法、副产品成本按固定单价计价法、副产品作价扣除法等。

（1）不计算副产品成本扣除法

如果副产品价值很小，副产品可不承担联合成本，全部成本由主产品承担。

（2）副产品成本按固定单价计价法

如果副产品价值较低，为了简化成本计算工作，可以按事先确定的单位售价、单位计划成本或单位定额成本计价扣除。

（3）副产品作价扣除法

副产品作价扣除法是指按照副产品售价扣除继续加工成本、销售费用、销售税金及正常利润后的余额计价。

副产品扣除单价 = 单位售价 -（继续加工成本 + 销售费用 + 销售税金 + 正常单位利润）

副产品的成本一般从总成本中的原材料项目中扣除，也可以按照一定方法从各个成本项目中分别扣除。

如果副产品与主产品分离后，还需要进一步加工，才能形成市场所需的产品。此时，企业应根据副产品进一步加工生产的特点和管理要求，采用适当的方法单独计算副产品的成本。

主产品和副产品不是一成不变的，随着经济的发展、科学技术的进步，某些副产品的用途扩大，经济价值提高，副产品也可能变成主产品，反之，一些主产品由于条件的变化、过时而被淘汰成为副产品。

二、任务导学

【工作实例11-2】某企业2023年10月采用同一原材料，在同一工艺过程中生产出甲、乙、丙、丁四种主要产品（归为A类产品），采用相对销售价格分配法计算各联产品的完工产品成本。本月完工产品成本及四种产品的产量和售价见表11-9。

表11-9　联产品产量及售价表

产品名称	实际产量（千克）	单位售价（元/千克）
甲	15 000	22
乙	3 000	14
丙	12 000	8
丁	2 500	25

要求：根据上述资料，计算相关成本，并编制会计分录。

解析：(1) 计算联产品的联合成本（见表11-10）。

表11-10 基本生产成本明细账 单位：元

2023年		摘要	直接材料	直接人工	制造费用	合计
月	日					
10	1	月初在产品成本	8 000	8 500	7 900	24 400
10	31	本月发生费用	63 200	75 860	68 000	207 060
10	31	合计	71 200	84 360	75 900	231 460
10	31	完工产品成本	65 600	74 880	69 850	210 330
10	31	月末在产品成本	5 600	9 480	6 050	21 130

(2) 根据表11-10的资料，采用相对销售价格分配法计算联产品中各产品的成本（见表11-11）。

表11-11 A类产品成本计算表 金额单位：元

产品名称	实际产量	单位售价	销售价格	比重	产品成本	单位成本
甲	15 000	22	330 000	62%	130 404.6	8.69
乙	3 000	14	42 000	8%	16 826.4	5.61
丙	12 000	8	96 000	18%	37 859.4	3.15
丁	2 500	25	62 500	12%	25 239.6	10.10
合计	—	—	530 500	100%	210 330	—

(3) 如果企业需要各种产品的直接材料、直接人工和制造费用等成本项目的成本资料，可以根据计算的各种产品总成本分别乘以其占A类成本比重计算各成本项目的成本。根据计算表编制会计分录如下：

借：库存商品——甲产品 130 404.6

——乙产品 16 826.4

——丙产品 37 859.4

——丁产品 25 239.6

贷：基本生产成本——A类产品 210 330

【工作实例11-3】某企业生产G产品的同时，附带生产出F副产品。有关资料如下：

(1) 将主副产品归为一类，设置基本生产成本明细账进行核算。

(2) 该类产品的期初在产品成本（定额成本）为68 000元，本月发生生产费用855 000元，月末在产品材料定额成本为65 000元，直接人工和制造费用项目成本全部由完工产品承担。

(3) 本月完工G主产品产量为50 000千克。

(4) 本月完工F副产品3 000千克，每千克计划单价为5.70元，直接从主产品成本

“直接材料”项目中扣除。副产品完工后直接出售，不再继续加工。

要求：根据上述资料，计算相关成本，并编制会计分录。

解析：（1）登记基本生产成本明细账（见表11-12），计算产品成本。

表11-12　基本生产成本明细账

户名：G产品　　单位：元

2023年		摘　要	产量	直接材料	直接人工	制造费用	合　计
月	日						
10	1	月初在产品成本		68 000			68 000
10	31	本月发生费用		515 000	113 400	226 600	855 000
10	31	合　计		583 000	113 400	226 600	923 000
10	31	减：F副产品成本	3 000	-17 100			-17 100
10	31	G产品成本合计		565 900	113 400	226 600	905 900
10	31	完工产品成本	50 000	500 900	113 400	226 600	840 900
10	31	单位成本		10.018	2.268	4.532	16.818
10	31	月末在产品定额成本		65 000			65 000

（2）编制结转完工产品成本入库的会计分录如下：

借：库存商品——G产品　　840 900

　　　　　　——F产品　　17 100

　　贷：基本生产成本　　858 000

【工作实例11-4】某企业生产主要产品——甲产品的同时，附带生产出B副产品。B产品分离后需进一步加工后才能出售。有关资料如下：

（1）由于生产稳定，甲产品无期初、期末在产品成本。

（2）本月发生联合成本600 000元，其中：直接材料290 000元，直接人工120 000元，制造费用190 000元。

（3）B产品进一步加工发生直接人工3 000元，制造费用2 100元。

（4）当月甲产品40 000千克全部完工，B产品6 000千克也全部完工。

（5）B产品成本采用“副产品作价扣除法”计算，其单位售价为18元，单位税金为2元，单位产品正常利润6元。副产品的成本按主副产品的成本比重从各个成本项目中分别扣除。

要求：根据上述资料，计算相关成本，并编制会计分录。

解析：（1）计算副产品成本。

B产品成本 = 6 000 ×（18 - 2 - 6）= 60 000（元）

B产品应负担的直接材料 = 290 000 ×（60 000 ÷ 600 000）= 29 000（元）

B产品应负担的直接人工 = 120 000 ×（60 000 ÷ 600 000）= 12 000（元）

B产品应负担的制造费用 = 190 000 ×（60 000 ÷ 600 000）= 19 000（元）

（2）登记甲产品基本生产成本明细账，计算甲产品成本，见表11-13。

表11-13 基本生产成本明细账

户名：甲产品　　　　　　　　　　　　　　　　　　　　　　　　单位：元

2023年		摘　要	直接材料	直接人工	制造费用	合　计
月	日					
8	31	本月发生费用	290 000	120 000	190 0 00	600 000
8	31	合　计	290 000	120 000	190 0 00	600 000
8	31	减：B产品成本	29 000	12 000	19 000	60 000
8	31	甲产品负担的联合成本	261 000	108 000	171 000	540 000
8	31	甲产品单位成本	6.525	2.7	4.275	13.5

（3）登记B产品基本生产成本明细账，计算B产品成本，见表11-14。

表11-14 基本生产成本明细账

户名：B产品　　　　　　　　　　　　　　　　　　　　　　　　单位：元

2023年		摘　要	直接材料	直接人工	制造费用	合　计
月	日					
8	31	分摊的联合成本	29 000	12 000	19 000	60 000
8	31	加工成本		3 000	2 100	5 100
8	31	总成本	29 000	15 000	21 100	65 100
8	31	B产品单位成本	4.83	2.5	3.52	10.85

（4）编制结转完工产品成本入库的会计分录如下：

借：库存商品——甲产品　　　　540 000

　　　　　　——B产品　　　　65 100

　　贷：基本生产成本　　　　　　605 100

三、任务实施

根据学习情境11-2，在老师的指导下登记甲产品和乙产品的成本明细账（见表11-15和表11-16），并计算两种产品的实际成本。

表11-15 甲产品成本明细账　　　　　　　　　　　　单位：元

项目	产量	直接材料	直接人工	制造费用	成本合计
月初在产品成本					
本月生产费用					
扣减副产品原料价值（8 000千克，每千克0.6元）					
合计					
产成品成本					
单位成本					
月末在产品成本					

表11-16　乙产品成本明细账

项目	产量	直接材料	直接人工	制造费用	成本合计
本月生产费用					
产成品成本					
单位成本					

成本会计与中国经济

宝钢特钢的“三化”成本管理

【关键词】“三化”成本管理；三级管控；四到班组

据《新会计》2017年第03期“制造业‘三化’成本管理创新探索——来自宝钢特钢的实践”介绍，宝钢特钢结合自身产品差异大、小批量多工序的特点，按照标准成本法的基本思路，构建了“三化”（责任体系化、数据精细化、价值可视化）成本管理法，有效解决了成本体系、数据准确和价值引导等问题，实现了成本管理对企业经营目标的有效支撑。

第一，责任体系化。

以“三级管控、四到班组”为手段，建立三级成本管控体系，强调体系完整、责任落地、对标找差和PDCA（计划（Plan）、实施（Do）、检查（Check）、处理（Act）），做到责任清晰、体系完备，从而实现责任体系化。

“三级管控”指建立和完善二级厂部、三级分厂和作业区/班组的三级成本管控体系，分三级开展指标“PDCA”循环管理，实现基层成本管理体系的全覆盖。厂部推行成本目标管控，建立目标成本倒逼机制；分厂聚焦生产线，推进成本指标管控“PDCA”，对目标层层分解，提出了“三个不”的指标管控要求；班组重点开展班组对标、实时分析和持续改善。

“四到班组”以班组或作业区为核心，分别指“成本指导到班组”、“成本分析到班组”、“成本评价到班组”和“成本对标到班组”。通过每周一次成本巡导，周指标对比分析到班组，将成本指标纳入每个员工的绩效考核中，以及开展班组指标横向对标等举措，全面推进现场成本管理与改善。

第二，数据精细化。

从“成本炉炉清与效益单单明”着手，全面推进成本数据精细化管理。根据冶炼区域特点，设计相关跟踪台账与分析报表，满足“成本炉炉清”数据精细化管理的要求。通过对每单合同全流程成材率和成本及盈利情况进行跟踪分析，做到“效益单单明”，支撑公司经营决策。

第三，价值可视化。

宝钢特钢根据各生产现场主要工序，分门别类针对作业动因，编制“价值可视化”卡片，并印刷张贴；设计作业动因跟踪表，按月进行跟踪分析，消除不增值的作业，优化各项成本作业；通过公司宣传平台以及成本例会等，对“价值可视化”推进工作进行宣传和推广；通过评选“标杆班组”等手段，对“价值可视化”工作的落实进行推进和检查，同时加强应用。

资料来源：陈国荣. 制造业“三化”成本管理创新探索——来自宝钢特钢的实践［J］. 新会计，2017（3）.

【启示】宝钢特钢“三化”成本管理探索，为我们进行成本管理研究提供了一个非常好的参考与借鉴。创新是企业发展的灵魂，是企业不断成长壮大的源泉。成本管理内容涉及企业的各个方面，成本竞争力是企业核心竞争力的重要表现，是企业核心竞争力的基石。企业要发展，成本管理也要发展。成本管理要适应企业战略发展的需要，为提升企业核心竞争力服务。成本管理研究任重而道远！

习题与实训

一、单项选择题

1.产品成本计算的分类法（　　）。

A.是一种计算产品成本必不可少的成本计算方法

B.是一种可单独使用的产品成本计算方法

C.是一种需要与基本方法结合运用的产品成本计算的辅助方法

D.是一种提高企业产品成本管理水平必不可少的产品成本计算的基本方法

2.按照系数比例分配同类产品中各种产品成本的方法（　　）。

A.是一种简化的分类法

B.是副产品的一种计价方法

C.是一种分配间接费用的方法

D.是一种在完工产品和月末在产品之间分配费用的方法

3.分类法的主要目的是（　　）。

A.使成本计算工作更精确

B.简化成本计算工作

C.适应分类这一成本计算对象的要求

D.加强成本控制

4.分类法的基本生产成本明细账是按（　　）设置的。

A.产品品种　　　B.产品批别

C.生产步骤　　　D.产品类别

5.产品成本计算的分类法适用于（　　）。

A.品种、规格繁多的产品

B.可以按照一定标准分类的产品

C.品种、规格繁多，而且可以按照产品结构、所用原材料和工艺过程的不同划分为若干类别的产品

D.只适用于大批大量生产的产品

6.分类法是以（　　）为成本计算对象，归集费用，计算产品成本的一种方法。

A.产品品种　　B.产品类别　　C.生产批别　　D.生产步骤

7.按照系数比例分配同类产品中各种产品成本的方法是（　　）。

A.在类内分配完工产品成本的方法

B.在类内分配直接费用的方法

C.在类内分配间接费用的方法

D.在完工产品与在产品之间分配费用的方法

8.下列各项中，属于分类法优点的是（　　）。

A.加强成本控制　　B.能提高成本计算的正确性

C.能简化产品成本的计算工作　　D.能分品种掌握产品成本水平

9.采用系数法时，被选定为标准产品的应是（　　）。

A.盈利最多的产品

B.成本计算工作量最大的产品

C.产量较大、生产较稳定或规格适中的产品

D.占企业产品成本比重最大的产品

二、多项选择题

1.辅助的生产成本计算方法，主要包括（　　）。

A.分类法　　B.定额法　　C.分步法　　D.分批法

2.对于产品成本计算分类法，下列说法中正确的有（　　）。

A.按照产品类别设置生产成本明细账，归集生产费用，计算各类产品成本

B.需要根据各类产品的生产工艺特点和管理要求，与基本方法结合运用

C.在产品品种规格繁多，而且可以按一定标准分类的企业运用，可简化成本计算工作

D.会计期末一般要在完工产品与月末在产品之间分配生产费用

3.采用分类法计算产品成本的企业，应按（　　）将产品划分为比较相近的若干类。

A.产品性质　　B.产品结构

C.所用材料　　D.工艺技术过程

4.下列企业中，适用于分类法计算产品成本的有（　　）。

A.针织品生产企业　　B.食品生产企业

C.灯泡生产企业　　D.机械制造企业

5.计算类内各种产品的成本，可采取的分配标准有（　　）。

A.产品的定额成本　　B.产品的定额工时

C.产品的售价　　D.产品的重量

6.下列产品中，可以采用分类法计算产品成本的是（　　）。

A.联产品　　B.工艺原因形成的等级产品

C.零星产品　　D.开发试制产品

7.用系数法计算类内各种产品成本时，作为标准产品的产品应具备的条件为（　　）。

A.产销量较大　　B.产量较小

C.生产比较稳定　　D.售价较稳定

8.分类法下，既要简化成本计算工作，又使成本计算相对正确的关键是（　　）。

A.产品的分类适当　　B.选择费用的分配标准要恰当
C.产品分类的类距要适当　　D.产品分类的类距要尽量小
9.分类法不是独立的成本计算方法，需要结合（　　）使用。
A.品种法　　B.分批法　　C.分步法　　D.平均法

三、判断题

1.成本计算的辅助方法与企业生产类型的特点没有直接联系，不涉及成本计算对象。（　　）

2.成本计算的辅助方法，一般应与基本方法结合起来使用，而不单独使用。（　　）

3.把分类法划为成本计算的辅助方法，是因为分类法在成本计算中并不重要。（　　）

4.分类法是以产品类别为成本计算对象的一种产品成本计算的基本方法。（　　）

5.分类法主要解决企业产品成本规格繁多、成本核算工作量繁重等问题。（　　）

6.只要产品的品种、规格繁多，就可以采用分类法计算产品成本。（　　）

7.是否选用分类法计算产品成本与产品的生产类型无直接关系。（　　）

8.产品成本计算的分类法是指以产品的批别作为成本计算对象归集生产费用，计算产品成本的一种成本计算方法。（　　）

9.分类法可以合理准确地计算类内各种产品的实际成本。（　　）

10.凡是产品的品种规格繁多，又可以按一定标准划分成为若干类别的企业或车间，均可采用分类法计算产品成本。（　　）

11.分类法下，采用系数法在类内各种产品之间分配费用，所选择的标准产品，必定是产量最高的产品。（　　）

12.系数分配法是运用系数分配计算类内各种规格产品成本的一种方法，系数一经确定，一定时期内应稳定不变。（　　）

13.分类法不需要按照产品品种计算成本，因而可以简化成本计算工作。（　　）

14.用分类法计算出的类内各种产品的成本具有一定的假定性。（　　）

15.采用分类法计算产品成本的主要目的是加强成本管理。（　　）

16.分类法的适用与否与产品的生产类型有着直接的关系。（　　）

17.按系数分配计算类内各种产品成本的方法，是一种简化的分类法。（　　）

18.联产品必须采用分类法计算成本。（　　）

19.主、副产品在分离前应合为一类产品计算成本。（　　）

四、实训题

实训一

目的：练习分类法的成本计算。

资料：宏远制造有限公司大量生产X、Y、Z三种产品。这三种产品的直接材料和生产工艺相近，因而归为甲类产品，采用分类法计算成本。

该类产品的消耗定额比较准确、稳定，各月在产品变动不大，月初、月末在产品按定额成本计价。该企业各种产品成本的分配方法是：直接材料费用按定额消耗量比例分配，其他各项费用都按定额工时比例分配。以Y产品为标准产品。产量及定额资料见表11-17。

表11-17　产量及定额资料

产品名称	实际产量（件）	材料消耗定额（千克）	工时消耗定额（小时）
X产品	7 600	2.2	12
Y产品	9 000	2	10
Z产品	3 400	1.9	8

2023年6月月初、月末在产品的定额及本月发生的生产费用见表11-18。

表11-18　生产费用资料

2023年6月　单位：元

成本项目	直接材料	直接人工	制造费用	合计
月初在产品定额成本	99 261	68 538	65 204	233 003
本月发生费用	819 103	574 387	394 047	1 787 537
月末在产品定额成本	109 177	69 825	69 543	248 545

要求：

（1）编制系数计算表，确定X、Y、Z三种产品的系数（见表11-19）。

表11-19　系数计算表

产品名称	原材料单位消耗定额	原材料成本系数	工时消耗定额	加工费成本系数
X产品				
Y产品				
Z产品				

（2）编制产品成本计算表，采用分类法分配计算X、Y、Z三种产成品成本（见表11-20和表11-21）。

表11-20　基本生产成本明细账

户名：甲类产品　单位：元

2023年		凭证字号	项　目	直接材料	直接人工	制造费用	合　计
月	日						
6	1		月初在产品成本				
6	30		本月发生费用				
6	30		合计				
6	30		完工产品成本				
6	30		月末在产品成本				

表11-21　　甲类产品成本计算表　　金额单位：元

产品名称	实际产量	单位系数		标准产量（总系数）		原材料	工资费用	制造费用	总成本	单位成本
		材料	其他费用	原材料	其他费用					
	①	②	③	④=①×②	⑤=①×③	⑥	⑦	⑧	⑨=⑥+⑦+⑧	⑩=⑨/①
分配率										
X产品										
Y产品										
Z产品										
合计	—	—	—							—

实训二

目的：练习副产品的成本计算。

资料：宏远制造有限公司生产乙产品过程中同时附带生产出P、Q两种副产品。2023年6月发生的生产费用见表11-22。本月共生产乙产品3 000吨，P产品80吨，Q产品210吨，月末无在产品。P产品单位售价230元，Q产品单位售价110元，副产品按售价确认其成本。

表11-22　　生产费用资料

2023年6月　　单位：元

成本项目	直接材料	直接人工	制造费用	合计
月初在产品成本	54 050	18 300	29 150	101 500
本月发生费用	920 000	260 000	110 000	1 290 000

要求：按项目比重法计算各产品成本（见表11-23）。

表11-23　　主副产品成本计算表

2023年6月　　金额单位：元

项目		应负担的联合成本			
		直接材料	直接人工	制造费用	合计
总成本	月初在产品成本				
	本月生产费用				
	合计				
成本项目比重					
产品名称	乙产品				
	P产品				
	Q产品				

能力测评

在专业能力测评表内打“√”，A掌握，B基本掌握，C未掌握。

<table>
<tr><th>业务能力</th><th>评价指标</th><th>自测结果</th><th>要求</th></tr>
<tr><td rowspan="4">分类法计算</td><td>1.分类法的定义和特点</td><td>□A　□B　□C</td><td rowspan="4">思路清晰，结果准确，并能够借助EXCEL进行快速准确计算</td></tr>
<tr><td>2.分类法范围和程序</td><td>□A　□B　□C</td></tr>
<tr><td>3.分类法计算步骤</td><td>□A　□B　□C</td></tr>
<tr><td>4.分类法下的成本计算</td><td>□A　□B　□C</td></tr>
<tr><td rowspan="4">联产品的成本计算</td><td>1.联产品的概念</td><td>□A　□B　□C</td><td rowspan="4">思路清晰，结果准确，并能够借助EXCEL进行快速准确计算</td></tr>
<tr><td>2.联产品的成本特点</td><td>□A　□B　□C</td></tr>
<tr><td>3.联产品的成本计算程序</td><td>□A　□B　□C</td></tr>
<tr><td>4.联产品成本的计算</td><td></td></tr>
<tr><td rowspan="4">副产品的成本计算</td><td>1.副产品的概念</td><td>□A　□B　□C</td><td rowspan="4">思路清晰，结果准确，并能够借助EXCEL进行快速准确计算</td></tr>
<tr><td>2.副产品的成本特点</td><td>□A　□B　□C</td></tr>
<tr><td>3.副产品的成本计算程序</td><td>□A　□B　□C</td></tr>
<tr><td>4.副产品成本的计算</td><td></td></tr>
<tr><td colspan="4">教师评语：</td></tr>
<tr><td colspan="2">成绩：</td><td colspan="2">教师签字：</td></tr>
</table>

项目十二

成本报表的编制与分析

职业能力目标

1. 知识目标

（1）熟知成本报表的编制要求与编制方法；

（2）了解成本分析的意义和具体分析过程。

2. 能力目标

（1）能够编写常用成本报表；

（2）能够熟练运用连环替代法和差额计算法进行成本分析。

3. 素养目标

（1）通过本项目的学习使学生形成从全局思考问题，解决问题的思维和习惯；

（2）通过报表的编制，养成严谨的职业态度。

4. 思政元素

（1）不能造假编制不真实的财务报表，从而引出企业和个人的诚信教育，树立诚信为本的社会主义核心价值观元素；

（2）提供的成本报表真实准确、及时完整，培养会计人才坚持准则、客观公正的会计职业道德精神。

典型工作任务

1. 对成本报表进行正确分类；
2. 独立编制产品成本报表；
3. 正确编制制造费用明细表；
4. 熟练使用成本报表分析的基本方法。

任务一　认知成本报表

学习情境 12-1

成本猛涨莫着急，追根究底找原因，找对原因再施策

星火公司主要生产甲、乙两种产品，甲、乙产品的主要原材料钢材受国际供需影响，最近市场价格猛涨，由于临近春节，用工荒也随之出现，人力成本大幅上升。面对不断上升的产品成本，公司高管一筹莫展。公司现有的财务报表以及资产负债表无法反映产品成本构成情况，管理层开会讨论，决定扭转这一被动局面，询问公司成本会计小王，上述原材料与人工的涨价对产品成本的影响是多少。请问：假设你是小王，你该如何提出可行的建议？如何分析星火公司材料因素以及人工因素最终对甲、乙产品的影响情况？

任务导入

工作任务	技能要点及任务成果	重要知识点	学时
阅读学习情境12-1的资料，了解各产品成本要素价格上涨对企业产品成本的影响	1. 了解企业编制成本报表的作用 2. 了解成本报表的种类 3. 熟悉成本报表编制的要求 4. 掌握企业产品成本报表、主要产品单位成本报表的编制方法 5. 掌握制造费用明细表等主要成本报表的编制方法	1. 成本报表编制的要求 2. 企业产品成本报表、主要产品单位成本报表编制方法	2

任务学习

一、知识准备

（一）成本报表的概念及其特点

1. 成本报表的概念

成本报表是企业根据管理需要，依据日常核算资料和其他有关资料定期或不定期编制的，用来反映和控制企业一定时期内生产耗费和成本水平及其成本构成的一种企业内部报告文件。

通过编制和分析成本报表，可以向企业职工、各管理职能部门和上级主管部门提供成本信息，考核企业成本计划和费用预算的执行情况，为正确进行成本决策提供资料，进而加强成本管理，降低成本，提高企业的经济效益。因此，编制成本报表是企业成本会计工作的一项重要内容。

2. 成本报表的特点

成本报表是服务于企业内部经营管理的内部管理会计报表，不对外报送或公布，与财务会计报表中的资产负债表、利润表和现金流量表等对外会计报表相比，具有以下特点：

（1）针对性

成本报表编报的主要目的是满足企业内部经营管理的需要，它不受政府部门的管理，不对外报送。报表采取什么形式，填列哪些内容，按什么程序报送到哪些部门以及什么时候编制等，完全由企业或公司根据自身的特点和管理要求决定。并且，随着企业生产条件的改善和管理水平的提高，成本报表应随时进行修改和调整。

（2）灵活性

成本报表与企业的生产工艺技术过程和生产组织特点及成本管理要求密切相关，因而不同企业所需要得到的有用成本信息是不同的。企业应根据管理的要求，对某一方面问题或从某一侧面进行重点反映，对于不同内容可以有不同的格式，指标的多少由企业自行决定，自己设计。没有必要拘泥于固有的种类、格式、内容、编制方法和编制周期，可以具有多样性、灵活性和实用性。

（3）时效性和灵敏性

对外报表一般都是定期编制和报送，而作为对内报表的成本报表，编制时间比较灵活。除了为满足定期考核，分析成本计划的完成情况，定期编报一些报表外，为了及时地反映成本信息，揭示成本工作中存在的问题，还可采用日报、周报或旬报的形式，定期或不定期地向有关部门和人员编报成本报表，尽可能使报表提供的信息与报表反映的内容在时间上保持一致，以发挥成本会计及时指导生产的作用，灵活地为日常管理和成本控制提供及时有用的信息资料。成本报表对企业生产过程的控制以及对经济前景的预测，有着不可替代的时效性和灵敏性。

（4）综合性

成本报表是会计核算与其他经济资料结合的产物，成本报表需要同时满足会计部门和各级生产部门、各级职能管理部门参与成本管理工作的要求，不仅要提供事后分析的信息资料，更要能提供事前计划、事中控制所需要的大量数据指标。生产中的各项费用和成本指标都是反映企业生产技术水平、经营管理水平的综合性指标。

（5）保密性

成本报表与企业特定的生产工艺特点、技术经济构成和生产组织形式有着密切的关系，有着高度的保密性。成本报表能够及时提供各车间、部门费用开支和产品成本的实际详细情况，使成本控制和成本决策能够建立在可靠的基础上，在日趋紧张激烈的市场竞争条件下，企业为了既满足管理需要，又加强对生产工艺、技术构成和生产组织以及成本费用水平等各种信息资料的保密，按照国际惯例不予对外公开成本报表，而只在企业内部报告使用。

（6）可比性

企业的对外报表，由于提供的是综合的资产负债情况、损益情况和现金流量变动情况，因而可在同行业之间进行比较。但成本报表由于它自身的灵活性和不公开性，从形式到内部都受制于企业的生产特点和管理要求，不同企业之间难以通过成本报表进行相互对比。相反，在企业内部，由于相同成本报表各项经济指标的经济含义都是相同的，因此，在成本报表中可以设计本期实际、上期实际、历史先进水平和本期计划等内容，以便进行对比考核，借以挖掘生产潜力，降低成本费用，提高经济效益。

（二）成本报表的作用

正确、及时编制成本报表，对加强成本管理和节约费用支出具有重要作用。

1.成本报表能综合反映报告期内企业产品生产耗费和成本水平

产品成本是反映企业生产经营成果的一项综合性指标，企业在一定时期内的物质消耗、劳动效率、工艺水平、生产经营管理水平，都会直接或间接地在产品成本中综合地体现出来。通过编制成本报表能够及时地发现企业在生产、技术、质量、管理等方面取得的成绩和存在的问题，不断总结经验，提高企业经济效益。

2.成本报表是评价和考核成本管理业绩、成本计划完成情况的重要依据

成本报表是企业重要的成本信息尺度，利用成本报表提供的信息，可明确各有关部门

和人员执行成本计划或预算的成绩和责任；总结经验，奖励先进，鞭策后进，激励职工增强岗位责任感，为全面完成或超额完成企业降低成本任务而努力。

3. 成本报表为制订和修订成本计划、确定产品价格提供信息

计划年度的成本计划是在报告年度产品成本实际水平的基础上，结合报告年度成本计划执行情况，考虑计划年度中可能出现的有利因素和不利因素而制订的，所以本期报表所提供的资料，是制订下期成本计划的重要参考依据。各管理部门还可以根据成本报表的资料对未来时期的成本进行预测，为企业制定正确的经营决策及时提供相关而有用的数据。根据成本报表提供的成本费用的变化趋势以及报告期内的有关分析结果，结合现行的政策、制度及市场变化原因，可对今后经济活动进行科学的预测和决策。

4. 成本报表是进行成本差异分析的依据，有利于加强日常成本控制

对成本报表进行分析，可以发现成本管理工作中存在的问题，揭示成本差异对产品成本升降的影响程度，从而把注意力放在那些不正常的对成本有重要影响的关键性差异上，查明原因和责任，以便采取有针对性的措施来控制成本，促使成本水平的不断降低，为企业挖掘降低成本的潜力指明方向。

（三）成本报表的种类

成本报表作为内部报表，不对外报送或发布。因此，成本报表的种类、项目、格式和编制方法，由企业自行确定。主管企业的上级机构为了对本系统所属企业的成本管理工作进行指导，也可要求所属企业上报成本报表。这时，就可由企业和主管企业的上级机构共同确定企业成本报表的种类、项目、格式和编制方法。

1. 按成本报表反映的经济内容分类

成本报表按其反映的经济内容，一般可分为反映企业费用水平及其构成情况的报表和反映企业产品成本水平及其构成情况的报表两类。

（1）反映企业生产经营过程中费用水平及其构成情况的报表主要有“制造费用明细表”等。

（2）反映企业产品成本及其构成情况的报表主要有“产品生产成本表”“主要产品单位成本表”等。

2. 按成本报表编制的时间分类

成本报表按其编制的时间，可以分为年度报表、季度报表、月度报表、旬报、周报、日报和班报等。企业成本报表是对内编制的报表，是为了满足企业生产经营管理特别是成本控制和成本考核的需要，更加注重旬报、周报、日报和班报等形式。

（四）成本报表的编制依据

企业编制成本报表的依据主要是报告期的成本费用类账簿资料，但其全部内容的填列，往往从以下四方面获得数据资料。

（1）报告期的成本账簿资料。

这是报表的首要资料，成本报表的本期实际数和本年累计实际数，应根据各有关成本明细账中本期实际发生额和累计实际发生额直接或整理填列。

（2）以前年度会计报表资料。

这是指一些需要与以前年度（期间）实际水平相互比较的项目或要素。

（3）报告期成本费用计划。

这是指一些需要与实际水平相互比较的有关项目或要素的计划数。这些项目或要素的计划数应根据本年度各项成本费用的计划资料填列。

（4）企业内部基层报表。

一些大型企业、公司、集团等的成本报表，往往是根据所属基层报表提供的资料汇总编制而成的。它们能够综合地反映整个企业的成本费用状况。但是汇总成本报表应注意将所属各基层单位报来的报表与本部门发生的成本费用一并汇总。

二、任务实施

根据学习情境12-1的资料，在老师指导下，完成下列任务：

（1）企业编制的产品成本报表是否可以对外进行报送？

（2）国家是否有相关制度规定，要求企业提供成本会计报表？

（3）影响产品成本高低的主要因素有哪些？

（4）企业的管理费用、销售费用是否影响产品成本？为什么？

任务二　主要成本报表的编制和分析

学习情境12-2

编对成本表，对比考核用，提效又节能

王强在高职会计专业毕业后任职于一家生产企业担任成本核算会计。已知公司生产甲、乙、丙三种产品，本年实际产量分别为1 250件、500件和500件，实际平均单位成本分别为2 896元、2 455元和2 650元；本年计划单位成本分别为2 910元、2 450元和2 775元。丙产品为本年新生产产品，甲、乙两种产品上年实际平均单位成本分别为3 000元和2 500元。请问：如果你是王强，那么你认为三种产品中谁的成本控制做得更好呢？

任务导入

工作任务	技能要点及任务成果	重要知识点	学时
阅读学习情境12-2的资料，帮助王强解决心中的疑惑	1.掌握产品成本报表编制的方法 2.理解产品成本报表的作用 3.会编制主要产品成本报表 4.帮助王强解决心中的疑惑	1.产品成本报表编制的方法 2.产品成本报表的作用 3.编制主要产品成本报表	2

任务学习

一、知识准备

（一）产品生产成本表的编制和分析

1. 产品生产成本表的编制

产品生产成本表是反映企业报告期内生产的全部产品的总成本的报表。利用产品生产成本表可以考核企业全部产品成本计划的完成情况并分析各种可比产品成本升降情况。产品生产成本表一般分为两种：一种按照成本项目反映，另一种按照产品种类反映。两种报表有各自不同的结构。

（1）按成本项目反映的产品生产成本表

按照成本项目反映的产品生产成本表是指按成本项目汇总反映企业在报告期内发生的全部生产成本以及产品生产成本合计额的成本报表。该表在结构上由生产成本和产品生产成本两部分组成。生产成本部分按照成本项目反映报告期内发生的各种生产成本及其合计数，在此基础上加上在产品和自制半成品的期初余额，即可计算出产品生产成本的合计数。该表的生产成本部分和产品生产成本部分分别按照上年实际数、本年计划数、本月实际数和本年累计实际数设置相应的小专栏。

按照成本项目反映的产品生产成本表的格式见表12-1。

表12-1 产品生产成本表（按成本项目反映） 单位：元

项目	上年实际数	本年计划数	本月实际数	本年累计实际数
生产成本：				
直接材料				
直接人工				
制造费用				
生产成本合计				
加：在产品、自制半成品期初余额				
减：在产品、自制半成品期末余额				
产品生产成本合计				

按成本项目反映的产品生产成本表可以反映报告期内全部产品生产成本的支出和产品成本的构成；通过与本年计划和上年实际的对比，可以反映成本计划的完成程度及产品生产成本的上升或下降情况。

（2）按照产品类别反映的产品生产成本表

按照产品类别反映的产品生产成本表是按照产品种类汇总反映企业在报告期内生产的全部产品的单位成本和总成本的报表。该表的结构分为基本报表和补充资料两部分。

按照产品类别反映的产品生产成本表的格式见表12-2。

表12-2 产品生产成本表（按产品类别反映）

单位名称：　　　　年　　月　　　　金额单位：元

<table>
<tr><th rowspan="2">产品名称</th><th rowspan="2">计量单位</th><th colspan="3">实际产量</th><th colspan="3">单位成本</th><th colspan="3">本月总成本</th><th colspan="3">本年累计总成本</th></tr>
<tr><th>本月实际</th><th>本年计划</th><th>本年实际累计</th><th>上年实际平均</th><th>本年计划</th><th>本年实际</th><th>按上年实际平均单位成本计算</th><th>按本年计划单位成本计算</th><th>本月实际</th><th>按上年实际平均单位成本计算</th><th>按本年计划单位成本计算</th><th>本年实际</th></tr>
<tr><td>可比产品合计</td><td></td><td></td><td></td><td></td><td></td><td></td><td></td><td></td><td></td><td></td><td></td><td></td><td></td></tr>
<tr><td>甲产品</td><td></td><td></td><td></td><td></td><td></td><td></td><td></td><td></td><td></td><td></td><td></td><td></td><td></td></tr>
<tr><td>乙产品</td><td></td><td></td><td></td><td></td><td></td><td></td><td></td><td></td><td></td><td></td><td></td><td></td><td></td></tr>
<tr><td>不可比产品合计</td><td></td><td></td><td></td><td></td><td></td><td></td><td></td><td></td><td></td><td></td><td></td><td></td><td></td></tr>
<tr><td>丙产品</td><td></td><td></td><td></td><td></td><td></td><td></td><td></td><td></td><td></td><td></td><td></td><td></td><td></td></tr>
<tr><td>⋮</td><td></td><td></td><td></td><td></td><td></td><td></td><td></td><td></td><td></td><td></td><td></td><td></td><td></td></tr>
<tr><td>合　计</td><td></td><td></td><td></td><td></td><td></td><td></td><td></td><td></td><td></td><td></td><td></td><td></td><td></td></tr>
</table>

补充资料：①可比产品成本实际降低额________；②可比产品成本实际降低率________；③可比产品成本计划降低额________；④可比产品成本计划降低率________。

2.产品生产成本表的编制方法

（1）按照成本项目反映的产品生产成本表的编制

该表的编制方法如下：

“上年实际数”根据上年12月份本表的本年累计实际数填列；

“本年计划数”根据成本计划有关数据填列；

“本月实际数”根据各种产品成本明细账的实际发生额填列；

“本年累计实际数”的各成本项目是自年初起至本月止各项目的实际累计发生额，应根据本月实际数加上月本表的本年累计实际数计算填列；

“在产品、自制半成品期初余额”根据各种基本生产成本明细账的期初余额与各种自制半成品明细账的期初余额汇总填列；

“在产品、自制半成品期末余额”根据各种产品成本明细账的期末余额与各种自制半成品明细账的期初末余额汇总填列。

（2）按照产品种类反映的产品生产成本表的编制

按照产品类别反映的产品生产成本表分为基本报表和补充报表两部分。基本报表部分按可比产品和不可比产品分别填列，其中：

可比产品是指企业过去曾经正式生产过，有完整的成本资料可以进行比较的产品。

不可比产品是指企业本年度初次生产的新产品，或虽非初次生产，但以前仅属试制而未正式投产、缺乏可比的成本资料的产品。

该表基本部分的编制如下：

“本月实际产量”根据相应的产品成本明细账计算填列；

“本年计划产量”根据成本计划有关资料填列；

“本年实际累计产量”根据本月实际产量与上月本表的本年实际累计产量合计填列；

“上年实际平均单位成本”根据上年度本表所列全部累计实际平均单位成本填列；

“本年计划单位成本”根据本年度成本计划有关资料填列；

“本月实际单位成本”根据表中本月实际总成本除以本月实际产量计算填列；

“按上年实际平均单位成本计算的本月总成本和本年累计总成本”根据本月实际产量和本年累计实际产量，乘以上年实际平均单位成本计算填列；

“按本年计划单位成本计算的本月总成本和本年累计总成本”根据本月实际产量和本年实际累计产量，乘以本年计划单位成本计算填列；

“本月实际总成本”根据产品成本明细账或产成品成本汇总表填列；

“本年实际累计总成本”根据产品成本明细账或产成品成本汇总表本年各月产成品成本计算填列。

如果有不合格品，应单列一行，并注明“不合格品”字样，不应与合格产品合并填列。

（3）补充资料

补充资料部分主要反映可比产品成本的降低额和降低率。如果企业规定有本年成本比上年成本的降低额和降低率的计划指标，需要根据产品生产成本表资料计算成本的实际降低额和实际降低率，填列于本表的下端。如果本年可比产品成本比上年不是降低，而是升高，上列成本的降低额和降低率应用负数填列；如果企业可比产品品种不多，其成本降低额和降低率也可以按产品品种分别计划和计算。本年可比产品成本的实际降低额和实际降低率按以下公式计算：

$$\text{可比产品成本实际降低额} = \text{可比产品按上年实际平均单位成本计算的本年累计总成本} - \text{本年实际累计总成本}$$

$$\text{可比产品成本实际降低率} = \frac{\text{可比产品成本实际降低额}}{\text{可比产品按上年实际平均单位成本计算的本年累计总成本}} \times 100\%$$

3.产品生产成本表的分析

产品生产成本表的分析，主要是对全部产品成本计划完成情况和可比产品成本降低目标完成情况的分析。在分析中，重点是可比产品成本分析。

（1）全部产品成本计划完成情况的分析

企业全部产品包括可比产品和不可比产品。由于在成本计划中，对两类产品规定了不同的成本指标，它们在考核和分析方法上是不相同的。对于可比产品可将本期实际成本分别与本期计划成本、上年实际成本进行对比分析，以衡量报告期实际成本较上年成本降低的幅度和数额，检查企业生产技术和经营管理工作的改进情况；对不可比产品，因为以前年度没有正式生产过，其本期实际成本只能与本期计划成本进行比较分析。由于全部产品成本中包括了不可比产品成本，这样，只能用实际总成本与计划总成本进行比较，以确定成本降低额和降低率。若全部产品中均是可比产品，则可以将本期实际成本与本期计划成本、上年实际成本进行对比分析。

①按成本项目进行成本计划完成情况的分析

按成本项目进行分析，是将全部产品总成本按成本项目进行逐一汇总，将实际总成本与按实际产量调整后的计划总成本进行比较，确定每个成本项目的降低额和降低率。

按成本项目反映的产品生产成本表，一般可以采用对比分析法、构成比率分析法和相关指标比率分析法进行分析。

A.对比分析法

对比分析法也称比较分析法，它是通过实际数与基数的对比来揭示实际数与基数之间的差异，借以了解经济活动的成果和问题的一种分析方法。

对比的基数由于分析的目的不同而有所不同，一般有计划数、定额数、前期实际数、以往年度同期实际数以及本企业历史先进水平和国内外同行业的先进水平等。

B.构成比率分析法

构成比率分析法是通过计算某项指标的各个组成部分占总体的比重，即部分与全部的比率，进行数量分析的方法。这种比率分析法也称比重分析法。通过这种分析，可以反映产品成本的构成是否合理。

产品成本构成比率的计算公式列示如下：

$$\text{直接材料成本比率}=\text{直接材料成本}\div\text{产品成本}\times 100\%$$

$$\text{直接人工成本比率}=\text{直接人工成本}\div\text{产品成本}\times 100\%$$

$$\text{制造费用比率}=\text{制造费用}\div\text{产品成本}\times 100\%$$

C.相关指标比率分析法

相关指标比率分析法是通过计算两个性质不同而又相关的指标的比率进行数量分析的方法。在实际工作中，由于企业规模不同等原因，单纯地对比产值、销售收入或利润等绝对数多少，不能说明各个企业经济效益好坏，如果计算成本与产值、销售收入或利润相比的相对数，即产值成本率、销售收入成本率或成本利润率，就可以反映各企业经济效益的好坏。

产值成本率、销售收入成本率和成本利润率的计算公式如下：

$$\text{产值成本率}=\frac{\text{成本}}{\text{产值}}\times 100\%$$

$$\text{销售收入成本率}=\frac{\text{成本}}{\text{销售收入}}\times 100\%$$

$$\text{成本利润率}=\frac{\text{利润}}{\text{成本}}\times 100\%$$

从上述计算公式可以看出，产值成本率和销售收入成本率高的企业经济效益差；这两个比率低的企业经济效益好。而成本利润率则与之相反，成本利润率高的企业经济效益好；成本利润率低的企业经济效益差。

②按产品种类进行成本计划完成情况分析

按产品种类进行分析时根据企业产品生产成本表的资料，分别确定全部产品、可比产品和不可比产品成本的降低额和降低率。分析产品成本计划完成情况时，并不是将成本报表中的实际总成本与成本计划中的计划总成本直接对比，因为两者的产量基础不同。为了保证成本指标的可比性，就需要将计划总成本换算为按照实际产量和计划单位成本计算的总成本，然后与实际总成本对比，以确定产品成本计划的完成程度。

其计算公式如下：

$$\begin{aligned}成本降低额 &= 实际总成本 - 计划总成本\\ &=\sum[实际产量\times(实际单位成本-计划单位成本)]\end{aligned}$$

$$成本降低率=\frac{成本降低额}{\sum(实际产量\times计划单位成本)}\times100\%$$

（2）可比产品成本计划完成情况的分析

在全部产品生产成本中，可比产品成本一般都占有相当大的比重，因此，在分析了产品总成本之后，还需要进一步对可比产品成本进行分析。

可比产品成本降低计划是以上年实际平均单位成本为依据确定的，具体包括降低额和降低率两个指标。可比产品成本降低计划完成情况分析，就是将可比产品按实际产量计算的实际降低额、降低率与按计划产量计算的计划降低额、降低率进行比较，进而检查是否完成成本降低任务，确定各因素的影响程度，为进一步挖掘潜力，降低成本指明方向。

其计算公式如下：

$$可比产品成本计划降低额=\sum[计划产量\times(上年实际单位成本-本年计划单位成本)]$$

$$可比产品成本计划降低率=\frac{可比产品成本计划降低额}{\sum(计划产量\times上年实际单位成本)}\times100\%$$

$$可比产品成本实际降低额=\sum[实际产量\times(上年实际单位成本-本年实际单位成本)]$$

$$可比产品成本实际降低率=\frac{可比产品成本实际降低额}{\sum(实际产量\times上年实际单位成本)}\times100\%$$

$$超计划成本降低额=可比产品成本实际降低额-可比产品成本计划降低额$$

$$超计划成本降低率=可比产品成本实际降低率-可比产品成本计划降低率$$

需要说明的是，按照上述降低指标计算出的结果，正数代表的是降低额和降低率，负数代表的是增长额和增长率。

（3）可比产品成本降低任务完成情况的因素分析

影响可比产品成本的因素有产品的产量、产品品种结构和单位成本。

其中：对于可比产品成本降低额，三个因素均产生影响；对可比产品成本降低率，只有产品结构和单位成本两个因素产生影响。

①产量因素。

成本计划降低额是根据各种产品的计划产量制定的，实际产量发生变动，必然会影响到成本降低额。当产品的品种结构和单位成本不变时，单纯的产量变动只影响产品成本的降低额，而不影响产品成本的降低率。

②产品品种结构变动因素的影响。

产品品种结构是指各种产品在全部产品中所占的比重。全部可比产品成本降低率实质上是在各种产品的个别成本降低率的基础上，以各种产品的产量品种结构为权数计算的平均成本降低率。由于各种产品的成本降低程度的不同，当产品品种结构发生变化时，成本降低额、成本降低率也会随之发生变化。一般情况下，产品成本降低率高的产品在全部可比产品产量中所占的比例比计划提高，就会使得全部可比产品成本降低率提高，成本降低额也会随之增加；反之，全部可比产品成本降低率就会下降、降低额也会减少。

③单位成本变动因素的影响。

可比产品计划成本降低额和实际成本降低额都是以上年成本为计算基础的。因此，可比产品成本降低任务的完成程度，实际上是各种产品单位成本发生变化的结果。产品实际单位成本比计划单位成本升高或降低，都会引起成本的降低额和降低率的变动。产品单位成本的变动与成本降低额或降低率的变动呈反方向。

综上所述，影响可比产品成本降低任务完成的三个因素是产品的产量、品种结构和单位成本。其中产量因素只影响成本降低额，不影响降低率，品种结构和单位成本因素则同时影响降低额和降低率。

（二）主要产品单位成本表的编制和分析

1. 主要产品单位成本表的编制

主要产品单位成本表是反映企业在报告期内生产的各种主要产品单位成本水平、构成及其变化情况的成本报表。该表应当按照主要产品分别编制，是按产品种类反映的产品生产成本表中某些主要产品成本的进一步反映，是对产品生产成本表的补充说明。主要产品单位成本表的格式见表12-3。

表12-3　主要产品单位成本表

2023年12月

产品名称：甲产品　　规格：

本月计划产量：　　本月实际产量：5

计量单位：件　　本年累计计划产量：

本年累计实际产量：60　　金额单位：元

成本项目	历史先进水平	上年实际水平	本年计划	本月实际	本年累计实际平均
直接材料（元）	3 560	3 570	3 550	3 600	3 550
直接人工（元）	1 600	1 600	1 650	1 630	1 655
制造费用（元）	900	900	910	920	915
单位成本合计（元）	6 060	6 070	6 110	6 150	6 120
主要技术经济指标	用量	用量	用量	用量	用量
1. 直接材料（千克）	220	210	200	180	160
2.……	……	……	……	……	……

该表分为上下两部分，上半部分按成本项目反映报告期内发生额及各项目的合计数，即产品单位成本；下半部分反映单位产品所耗用的各种主要原材料的数量和生产工时等主要经济技术指标。为了便于考核产品单位成本的变动情况，各成本项目和主要经济技术指标分别按照历史先进水平、上年实际平均、本年计划、本月实际和本年累计实际平均等项目设置不同的专栏。各项目或专栏填写方法如下：

（1）“本月计划产量”及“本年累计计划产量”根据生产计划有关资料填列；

（2）“本月实际产量”根据产品成本明细账填列；

（3）“本年累计实际产量”根据上月本表的本年累计实际产量与本月实际产量的合计

填列；

（4）成本项目根据财政部门和企业主管部门的规定填列；

（5）“主要技术经济指标”各项目，根据企业或上级机构规定的指标名称和填列方法计算填列，反映单位产品所耗用的各种主要原材料和生产工时情况；

（6）“历史先进水平”栏目，根据历史上该种产品成本最低年度成本表的实际平均单位成本填列；

（7）“上年实际平均”栏目，根据上年度本表实际平均单位成本填列；

（8）“本年计划”栏目，根据本年度成本计划填列；

（9）“本月实际”栏目，根据该种产品成本明细账或产品成本汇总表填列；

（10）“本年累计实际平均”栏目，根据该种产品成本明细账所记录年初至报告期期末完工入库实际总成本除以本年累计实际产量后的商计算填列。

表中的不可比产品不填列上年实际平均和历史先进单位成本。

2. 主要产品单位成本表的分析

主要产品单位成本表是反映企业在报告期内生产的各种主要产品单位成本构成情况的报表。该表应当按照主要产品分别编制，是按产品种类反映的产品生产成本表中某些主要产品成本的进一步反映。

主要产品单位成本表的分析应当选择成本超支或节约较多的产品有重点地进行，以更有效地降低产品的单位成本。进行分析时，企业可以根据表中本期实际的生产成本（即本期实际的单位成本合计数）与其他各种生产成本进行对比，对产品单位成本进行一般的分析；然后按其成本项目（包括直接材料、直接人工、制造费用等项目）进行具体的分析。分析的方法主要有对比分析法和趋势分析法等。

（1）一般分析

一般分析要求企业将主要产品的实际成本与其他各种生产成本进行对比分析和趋势分析。

（2）各主要项目具体分析

①直接材料的分析。

直接材料实际成本与计划成本之间的差额构成了直接材料成本差异。形成该差异的基本原因：一是用量偏离标准；二是价格偏离标准。前者按计划价格计算，称为数量差异；后者按实际用量计算，称为价格差异。

②直接人工的分析。

直接人工实际成本与计划成本之间的差额构成了直接人工成本差异。形成该差异的基本原因：一是量差，指实际工时偏离计划工时，其差额按计划小时工资率计算确定的金额，称为单位产品所耗工时变动的影响；二是价差，指实际小时工资率偏离计划小时工资率，其差额按实际工时计算确定的金额，称为小时工资率变动的影响。

③制造费用的分析。

制造费用实际成本与计划成本之间的差额构成了制造费用差异。形成该差异的基本原因：一是量差，指实际工时偏离计划工时，其差额按计划小时分配率计算确定的金额，称为单位产品所耗工时变动的影响；二是价差，指实际小时分配率偏离计划小时分配率，其差额按实际工时计算确定的金额，称为小时分配率变动的影响。

（三）制造费用明细表的编制和分析

1. 制造费用明细表的编制

制造费用明细表是反映企业在报告期内发生的全部制造费用及其构成情况的报表。由于辅助生产车间的制造费用已通过辅助生产费用的分配转入基本生产车间制造费用、管理费用等有关的成本、费用项目，因而该表的制造费用只反映基本生产车间制造费用，不包括辅助生产车间制造费用，以免重复反映。

编制该表有利于企业分析制造费用的构成和增减变动情况，考核制造费用预算执行情况，节约费用、降低成本。制造费用明细表的基本格式见表12-4。

表12-4 制造费用明细表

年 月 单位：元

项 目	本年计划数	上年同期实际数	本月实际数	本年累计实际数
职工薪酬				
折旧费				
办公费				
水电费				
机物料消耗				
停工损失				
其 他				
合 计				

该表设置有“本年计划数”、“上年同期实际数”、“本月实际数”和“本年累计实际数”四个栏目，分别反映各项制造费用的发生额情况。

制造费用明细表的各栏目应依照下面的方法填列：

① “本年计划数”栏目，根据本年制造费用计划填列；

② “上年同期实际数”栏目，根据上年同期本表的本月实际数填列；

③ “本月实际数”栏目，根据“制造费用”总账账户所属各基本生产车间制造费用明细账本月末的累计数汇总计算填列；

④ “本年累计实际数”栏目，根据“制造费用”总账账户所属各基本生产车间制造费用明细账本年年初起至本月月末止的本年累计发生额汇总计算填列，也可以根据上月本表的本年累计实际数与本月实际数之和填列。

2. 制造费用明细表的分析

对制造费用明细表的分析，主要可以采用对比分析法和构成比率分析法等。

在采用对比分析法进行分析时，通常先将本月实际数与上年同期实际数进行对比，揭示本月实际与上年同期实际之间的增减变化。在表中列有本月计划数的情况下，则先应进行这两者的对比，以便分析和考核制造费用月份计划的执行结果。在将本年累计实际数与本年计划数进行对比时，如果该表不是12月份的报表，这两者的差异只是反映年度内计划执行的情况，可以据以发出信号，提醒人们应该注意的问题。例如，如果该表是7月份的报表，而其本年累计实际数已经接近、达到甚至超过本年计划的半数时，就应注意节约以后各月的成本，以免全年的实际数超过计划数。如果该表是12月份报表，则本年累计实际数与本年计划数的差异，就是全年制造费用计划执行的结果。为了具体分析制造费用增减变动和计划执行好坏的情况和原因，上述对比分析应当按照成本项目进行。由于制造费用的项目很多，分析时应选择超支或节约数额较大或者成本比重较大的项目有重点地进行。

需要说明的是，各项制造费用的性质和用途不同，评价各项目成本超支或节约时应联系成本的性质和用途具体分析，不能简单地将一切超支都看成是不合理的、不利的，也不能简单地将一切节约都看成是合理的、有利的。例如，职工薪酬的节约，可能缺少必要的劳动保护措施，影响安全生产。又如，机物料消耗的超支也可能是由于追加了生产计划，增加了开工班次，相应增加了机物料消耗的结果。这样的超支也是合理的，不是成本管理的责任。此外，在分项目进行制造费用分析时，还应特别注意“停工损失”项目的分析，其发生额是生产管理不善的结果。

在采用构成比率法进行制造费用分析时，可以计算某项成本占制造费用合计数的比例（即构成比率），也可将制造费用分为与机器设备使用有关的成本（如机器设备的折旧费、机物料消耗等，如果动力成本不专设成本项目，还应包括动力成本）、与机器设备使用无关的成本（如车间管理人员职工薪酬、办公费等），以及非生产性损失等几类，分别计算其占制造费用合计数的比例（即构成比率）。可以将这些构成比率与企业或车间的生产、技术的特点联系起来，分析其构成是否合理；也可以将本月实际和本年累计实际的构成比率与本年计划的构成比率和上年同期实际的构成比率进行对比，揭示其差异和与上年同期的增减变化，分析其差异和增减变化是否合理。

二、任务导学

【工作实例12-1】长风公司2023年12月按成本项目反映的产品生产成本表见表12-5，假定全部为可比产品且已消除了产量因素影响。

要求：请进行成本分析。

表12-5 产品生产成本表（按成本项目反映）

2023年12月 单位：元

项 目	上年实际	本年计划	本月实际	本年实际
生产成本：				
直接材料	234 600	220 800	22 500	225 000
直接人工	178 500	153 600	16 500	175 000
制造费用	96 900	105 600	11 000	100 000
生产成本合计	510 000	480 000	50 000	500 000
加：期初在产品、半成品余额	20 000	24 000	2 000	20 000
减：期末在产品、半成品余额	19 000	19 000	3 000	36 000
产品生产成本合计	511 000	485 000	49 000	484 000

解析：由于全部产品中均是可比产品且已消除了产量因素影响，则可以将本期实际成

本与本期计划成本、上年实际成本进行对比分析。对比情况见表12-6。

表12-6　　产品生产成本分析表（对比分析）

2023年12月　　金额单位：元

项目	上年实际 ①	本年计划 ②	本年实际 ③	实际比计划		实际比上年实际	
				降低额 ④=②-③	降低率 ⑤=④/②	降低额 ⑥=①-③	降低率 ⑦=⑥/①
生产成本：							
直接材料	258 060	242 880	247 500	-4 620	-1.90%	10 560	4.09%
直接人工	196 350	168 960	192 500	-23 540	-13.93%	3 850	1.96%
制造费用	106 590	116 160	110 000	6 160	5.30%	-3 410	-3.20%
生产成本合计	561 000	528 000	550 000	-22 000	-4.17%	11 000	1.96%
加：期初在产品、半成品余额	22 000	26 400	22 000	4 400	16.67%	0	0
减：期末在产品、半成品余额	20 900	20 900	39 600	-18 700	-89.47%	-18 700	-89.47%
产品生产成本合计	562 100	533 500	532 400	1 100	0.21%	29 700	5.28%

以上对比分析显示：该企业全部产品本年累计实际比本年计划数降低了1 100元，而且也比上年实际数降低了29 700元，表明本年产品总成本降低了，但产品总成本的降低是否合理，还应进一步分析具体原因。生产成本合计中本年累计实际低于上年实际11 000元，但高于本年计划22 000元，原因在于本年计划的期初在产品、半成品余额和期末在产品、半成品余额的差额5 500元大于上年实际的期初在产品、半成品余额和期末在产品、半成品余额的差额1 100元。

【工作实例12-2】鑫海公司2023年全部产品生产成本表见表12-7。

表12-7　　全部产品生产成本表

鑫海公司　　2023年　　金额单位：元

产品名称	计量单位	实际产量			单位成本			本月总成本			本年累计总成本		
		本月实际	本年计划	本年实际累计	上年实际平均	本年计划	本年实际	按上年实际平均单位成本计算	按本年计划单位成本计算	本月实际	按上年实际平均单位成本计算	按本年计划单位成本计算	本年实际
可比产品合计								21 480	21 180	20 600	253 580	250 440	243 000
其中：甲产品	件	16	150	178	510	480	500	8 160	7 680	8 000	90 780	85 440	89 000
乙产品	件	18	200	220	740	750	700	13 320	13 500	12 600	162 800	165 000	154 000
不可比产品合计	台								2 900	3 000		26 100	27 000
其中：丙产品		10		90		290	300		2 900	3 000		26 100	27 000
产品成本合计									24 080	23 600	253 580	276 540	270 000

要求：根据上述资料，计算相关成本。

解析：该公司全部产品成本计划完成情况分析如下：

成本降低额 = 276 540 − 270 000 = 6 540（元）

成本降低率 = 6 540 ÷ 276 540 × 100% = 2.36%

从上面的计算来看，全部产品总成本实际比计划降低了6 540元，降低率为2.36%，但这还不能说明该公司已全面完成了全部产品计划，还需进一步对可比产品、不可比产品及各种产品成本计划完成情况进行分析，编制全部产品生产成本分析表（见表12-8）。

表12-8 全部产品生产成本分析表

2023年 金额单位：元

产品名称	按本年实际产量和计划单位成本计算的总成本	本年实际总成本	实际比计划降低额	实际比计划降低率
可比产品合计	250 440	243 000	7 440	2.97%
甲产品	85 440	89 000	−3 560	−4.17%
乙产品	165 000	154 000	11 000	6.67%
不可比产品合计	26 100	27 000	−900	−3.45%
丙产品	26 100	27 000	−900	−3.45%
全部产品合计	276 540	270 000	6 540	2.36%

上述分析结果可以看出，可比产品成本降低额为7 440元，降低率为2.97%；从总体上已完成了可比产品成本计划。但其中甲产品实际成本比计划超支3 560元，超支率为4.17%；而且不可比产品成本实际比计划也超支了900元，超支率为3.45%，乙产品的成本实际比计划降低了11 000元，降低率为6.67%。对于可比产品甲和不可比产品丙，应进一步分析其成本超支的具体原因，寻找降低成本的突破口，以切实加强成本管理控制。

【工作实例12-3】以工作实例12-2的资料，编制可比产品生产成本降低分析表和可比产品成本计划降低指标完成情况分析表（见表12-9和表12-10）。

表12-9 可比产品生产成本降低分析表

2023年 金额单位：元

可比产品	总成本			实际比计划		实际比上年实际	
	按上年实际平均单位成本计算	按本年计划单位成本计算	本年实际	降低额	降低率	降低额	降低率
甲产品	90 780	85 440	89 000	−3 560	−4.17%	1 780	1.96%
乙产品	162 800	165 000	154 000	11 000	6.67%	8 800	5.41%
合　计	253 580	250 440	243 000	7 440	2.97%	10 580	4.17%

表12-10　　可比产品生产成本计划降低完成情况分析表

2023年　　金额单位：元

可比产品	实际比上年实际		实际比计划		超计划降低指标	
	降低额	降低率	降低额	降低率	降低额	降低率
甲	1 780	1.96%	-3 560	-4.17%	5 340	6.13%
乙	8 800	5.41%	11 000	6.67%	-2 200	-1.26%
合计	10 580	4.17%	7 440	2.97%	3 140	1.20%

从以上资料可知，可比产品成本降低任务完成情况的分析对象为：

超计划成本降低额 = 10 580 − 7 440 = 3 140（元）

超计划成本降低率 = 4.17%− 2.97% = 1.20%

由此可见，企业可比产品实际成本降低额比计划成本降低额多降低3 140元，表明实际成本降低率比计划成本降低率多降低1.20%，说明企业超额完成了可比产品成本降低任务，但是甲产品未完成计划降低指标。究竟是什么原因导致了计划指标没有完成，则需要进一步分析产生差异的原因，以便挖掘降低成本的潜力。

【工作实例12-4】A公司甲产品的单位成本表见表12-11。

表12-11　　主要产品单位成本表

2023年12月

产品名称：甲产品　　规格：

本月计划产量：　　本月实际产量：5

计量单位：件　　本年累计计划产量：

本年累计实际产量：60　　金额单位：元

成本项目	历史先进水平	上年实际水平	本年计划	本月实际	本年累计实际平均
直接材料（元）	3 916	3 927	3 905	3 960	3 905
直接人工（元）	1 760	1 760	1 815	1 793	1 820.5
制造费用（元）	990	990	1 001	1 012	1 006.5
单位成本合计（元）	6 666	6 677	6 721	6 765	6 732
主要技术经济指标	用量	用量	用量	用量	用量
1. 直接材料（千克）	220	210	200	180	160
⋮	⋮	⋮	⋮	⋮	⋮

要求：根据上述资料，进行成本分析。

解析：（1）甲产品的本年累计实际平均单位成本6 732元和本月实际单位成本6 765元，均高于历史先进水平的6 666元，而且还高于上年实际水平的6 677元和本年计划的6 721元。可见，甲产品成本超支情况比较严重。

（2）甲产品的上年实际平均6 677元高于历史先进水平6 666元，本年计划6 721元高于上年实际水平的6 677元，表明该种产品的成本可能是逐年提高的。

（3）甲产品的本月实际单位成本6 765元还高于本年累计实际平均单位成本6 732元，甲产品成本极有可能在本年内也是逐月提高的。

鉴于以上情况，企业确认该产品作为重点进行单位成本分析是完全正确的。

【工作实例12-5】假定甲产品2023年成本计划和2023年12月实际发生的材料消耗量和材料单价见表12-12。

表12-12　直接材料计划与实际成本对比表

2023年12月

项 目	材料消耗数量（千克）	材料单价（元/千克）	直接材料成本（元）
本年计划	240	21.3	5 112
本月实际	216	24	5 184
直接材料成本差异	-24	2.7	72

要求：根据上述资料，分析相关成本。

解析：从直接材料计划与实际成本对比表可以看出，该产品单位成本中的直接材料成本本月实际比本年计划超支72元、单位产品材料成本是材料消耗数量与材料单价的乘积，其影响因素主要在于材料消耗数量差异（量差）和材料单价差异（价差）两个方面。现用差额计算分析法计算这两个方面因素变动对直接材料成本超支的影响如下：

材料消耗数量变动的影响 =（216 - 240）× 21.3 =- 511.2（元）

材料单价变动的影响 = 216 ×（24 - 21.3）=+ 583.2（元）

两个因素影响合计 =- 511.2 + 583.2 =+ 72（元）

通过以上计算可以看出，甲产品的直接材料成本虽然只超支72元，差异不大，但分析结果表明，由于材料消耗量节约（由240千克降为216千克）使材料成本降低511.2元；由于材料价格的提高（由21.3元提升为24元）则使材料成本超支583.2元。两者相抵，净超支72元。由此可见，甲产品材料消耗的节约掩盖了绝大部分材料价格提高所引起的材料成本超支。材料消耗节约只要不是偷工减料的结果，一般都是生产车间改革生产工艺、加强成本管理的成果。材料价格的提高，则要看是由于市场价格上涨等客观原因引起的，还是由于材料采购人员不得力，致使材料买价偏高或材料运杂费增加的结果。

【工作实例12-6】假定某公司实行计时工资制度。甲产品每件所耗工时数和小时工资率的计划数和实际数见表12-13。

表12-13　直接人工成本计划与实际对比表

项目	单位产品所耗工时（小时）	小时工资率（元/小时）	直接人工成本（元）
本年计划	12.75	135	1 721.25
本月实际	11.55	145	1 674.75
直接人工成本差异	-1.2	10	-46.5

要求：根据上述资料，分析相关成本。

解析：从直接人工成本计划与实际对比表可以看出，甲产品单位成本中的直接人工成本本月实际比本年计划降低46.5元。采用差额计算分析法计算各因素的影响程度如下：

单位产品所耗工时变动的影响 =（11.55 - 12.75）× 135 =-162（元）

小时工资率变动的影响 = 11.55 ×（145 - 135）= +115.5（元）

两个因素影响合计 =- 162 + 115.5 =-46.5（元）

以上分析计算表明：甲产品直接人工成本节约46.5元，完全是工时消耗节约的结果，而小时工资率则是超支的，它抵消了绝大部分由于工时消耗节约所产生的直接人工成本的降低额。企业应当进一步查明单位产品工时消耗节约和小时工资率超支的原因。

单位产品所耗工时的节约，一般是生产工人提高了劳动的熟练程度，从而提高了劳动生产率的结果；但也不排除是由于偷工减料造成的。应查明节约工时以后是否影响了产品的质量、通过降低产品质量来节约工时，是不被允许的。

【工作实例12-7】假定某公司甲产品每件所耗工时数和小时分配率的计划数和实际数见表12-14。

表12-14　单位产品制造费用表

项目	单位产品所耗工时（小时）	小时分配率（元/小时）	制造费用（元）
本年计划	8	122	976
本月实际	9	111	999
直接人工成本差异	1	-11	23

要求：根据上述资料，分析相关成本。

解析：从单位产品制造费用表可以看出，甲产品单位成本中的制造费用本月实际比本年计划增加23元。采用差额计算分析法计算各因素的影响程度如下：

单位产品所耗工时变动的影响 =（9 - 8）× 122 = 122（元）

小时分配率变动的影响 = 9 ×（111 - 122）=- 99（元）

两个因素影响合计 = 122 +（- 99）= 23（元）

以上分析计算表明：甲产品制造费用实际比计划多支出23元，是由于工时变动增加了1个工时，使单位成本中制造费用增加122元，又由于小时分配率实际比计划降低11元，使单位成本中制造费用减少了99元，两者相抵，使单位产品制造费用增加23元。

三、任务实施

根据学习情境12-2，练习全部产品成本计划完成情况分析，帮助成本会计王强给出适合的答案，并完成填列表12-15。

表12-15 全部商品产品成本计划完成情况表 金额单位：元

商品产品名称	实际产量（件）	单位成本			按实际产量计算的总成本			与计划总成本相比	
		上年实际	本年计划	本年实际	按上年实际平均单位成本计算	按本年计划单位成本计算	本年实际	成本降低额	成本降低率
可比产品									
甲产品									
乙产品									
合计									
不可比产品									
丙产品									

成本会计与中国经济

精益成本核算管理标准化体系构建

【关键词】科学管理；精益求精；可持续发展

中国南车株洲电力机车有限公司（以下简称中国南车）是中国轨道电力牵引装备主要研制生产基地和城轨交通设备国产化定点企业，享有“中国电力机车之都”的美誉。中国南车坚持自主创新和引进、消化吸收外国的先进技术相结合，不断提升系统集成能力，先后研制生产快速客运、客货两用、重载货运等各型干线电力机车13种4 000余台，占全国铁路电力机车总拥有量的70%，是全国唯一的电力机车整车出口企业。中国南车精益成本核算管理标准化体系构建，在国内外引起不同凡响。

其主要做法是：

一是以标准成本为核心，推进制造成本核算精细化。中国南车不断完善标准成本工作机制，并充分利用信息系统，实现标准成本系统化，优化成本核算对象结构，使成本核算细化到零部件级别。

二是以实际成本为主线，建立价格分析标准模型。中国南车建立了采购实际价格为主、标准价格和暂估价格为辅的价格管理方案，并对价格实现信息化管理，建立价格分析模型，指导采购价格管理。

三是以预算管理为抓手，有效控制间接费用。中国南车一方面通过对材料消耗定额以外的所有消耗设定预算指标，形成间接费用柔性预算管理方法，另一方面分解成本责任中心指标，事业部、车间、班组层层承担成本责任指标，实现了成本责任的细化落实。

四是以流程标准化，推动“一日成本”核算。中国南车以生产部门报送的工时为基础，实现了工时数据的系统记录和流程标准化，系统梳理了成本核算节点，有效提高了成本核算效率和精度。

五是以项目成本为核算单元，构建项目成本数据库。中国南车在现有产品成本核算系统的基础上，专门建立了一套项目成本统计系统，将成本项目分解到相应的产品生命周期阶段。同时，建立了费用项目、费用类型、项目号等多维度的项目成本统计框架，丰富成本核算维度，提高成本管理水平。

六是以标准化的成本报表，提高成本分析能力。中国南车充分利用企业资源计划（ERP）系统，整合了成本报表体系，并以标准成本为标杆，开展成本专题分析活动，为成本管理提供有力支持。

资料来源：张力强．精益成本核算管理标准化体系构建：中车株洲电力机车有限公司［J］．中国总会计师，2016（08）：20-23．

【启示】“装备世界”是中国南车的行业梦想，是中国南车品牌影响全球市场的方式和魄力，它彰显着中国南车做强主业的信心和实力，也反映着中国南车极具前瞻性的国际视野，同时，“装备”的名词属性体现了中国南车主业与延伸产业共同构成的丰富产品结构。中国南车倡导“高性能、高可靠性、低成本（简称两高一低）”的经营策略，是贯彻党的二十大精神“推进新型工业化，加快建设制造强国、质量强国、航天强国、交通强国、网络强国、数字中国，实施产业基础再造工程和重大技术装备攻关工程，支持专精特新企业发展，推动制造业高端化、智能化、绿色化发展”的真实写照。

习题与实训

一、单项选择题

1. 企业成本报表（　　）。
   A. 是对外报送的报表
   B. 是对内编报的报表
   C. 由有关部门规定哪些指标对外公布，哪些指标不对外公布
   D. 可根据债权人和投资人的要求，确定哪些指标对外公布，哪些指标不对外公布
2. 成本报表是服务于（　　）的报表。
   A. 企业债权人　　B. 企业管理者
   C. 有关管理当局　　D. 各有关投资人
3. 成本报表按指标的状态分类，属于（　　）。
   A. 对外报表　　B. 对内报表　　C. 财务报表　　D. 静态报表
4. 下列选项是商品产品成本表的作用的是（　　）。
   A. 可分析和考核主要产品的主要技术经济指标的执行情况
   B. 可分析各项费用的构成情况和增减变动原因
   C. 可以考核可比产品成本降低计划的执行结果，计算各种因素对计划执行结果的影响程度，分析其中有利的因素和不利的因素，探索降低成本的途径和方法
   D. 可以按照成本项目分析和考核主要产品单位成本计划的执行结果，分析主要产品单位成本升降的具体原因
5. 主要产品单位成本表的单位成本部分是按（　　）反映的。

A.生产费用要素 B.消耗定额 C.成本项目 D.费用定额

6.主要产品单位成本表中的"历史先进水平"是指（ ）。

A.企业历史上单位成本水平最低年份的成本水平

B.企业历史上单位成本水平最高年份的成本水平

C.企业开业第一年的单位成本水平

D.与其他企业相比单位成本较低年份的成本水平

7.主要产品单位成本表可以考核（ ）。

A.全部商品成本和各种主要商品产品成本计划的执行结果

B.制造费用、企业管理费用计划的执行结果

C.可以按照成本项目分析和考核主要产品单位成本计划的执行结果

D.主要产品技术经济指标执行情况

8."企业在编制成本报表之前必须将所有有关成本的经济业务登记入账，做到先结账后编表"，这是编制成本报表的（ ）的基本要求。

A.数字真实 B.计算正确 C.内容完整 D.编报及时

9.制造费用明细表应根据（ ）发生额编制。

A.总账"制造费用"账户

B.各基本生产车间制造费用明细账

C.各辅助生产车间制造费用明细账

D.各基本生产车间和辅助生产车间的制造费用明细账

10.商品产品成本表（按商品产品种类编制）与商品产品成本表（按成本项目编制）的各项指标之间（ ）。

A.没有核对关系

B.相应的各项指标均应核对相符

C.前者本月实际的产品成本合计数和本年累计实际的产品成本合计数，应与后者相应指标核对相符

D.前者上年实际产品成本合计数和本年计划产品成本合计数，应与后者相应指标核对相符

11.下列报表中，不包括在成本报表中的有（ ）。

A.商品产品成本表 B.制造费用明细表

C.期间费用明细表 D.资产负债表

12.制造费用明细表应当反映（ ）的制造费用总额。

A.企业各部门 B.主要产品单位成本表

C.企业各辅助生产单位 D.企业本部

13.可比产品成本降低额与降低率之间的关系是（ ）。

A.成反比 B.成正比 C.同方向变动 D.无直接关系

14.技术经济指标变动对产品成本的影响主要表现在对（ ）指标的影响。

A.产品总成本 B.产品单位成本

C.产品产量 D.产品总成本和产品产量

15.主要产品单位成本的一般分析，通常首先采用（ ）进行分析。

A.对比分析法　　B.趋势分析法　　C.比率分析法　　D.连环替代法

二、多项选择题

1.成本报表的作用包括（　　）。

A.提供了真实可靠的产品成本和生产费用信息

B.反映企业成本计划的执行情况

C.为企业决策提供依据

D.决定企业决策

2.按成本报表反映的内容，成本报表可分为（　　）。

A.反映产品成本情况的报表　　B.反映各种费用支出情况的报表

C.反映车间机器折旧的报表　　D.反映其他内容的报表

3.下列属于成本报表的有（　　）。

A.责任成本报表　　B.质量成本报表

C.成本日测报表　　D.制造费用明细表

4.主要产品单位成本表反映的单位成本包括（　　）。

A.本月实际　　B.历史先进水平

C.本年计划　　D.同行业同类产品实际

5.企业可以自行决定本企业成本报表的（　　）。

A.报表格式　　B.编报项目　　C.编报时间　　D.报送对象

6.企业编制成本报表的主要依据是（　　）。

A.报告期的成本账簿、成本计划、费用预算资料

B.以前年度的成本账簿、成本计划、费用预算资料

C.以前年度的成本报表资料

D.统计核算资料

7.商品产品生产成本表反映的是（　　）的总成本和单位成本。

A.全部产品和主要产品　　B.自制材料

C.自制工具　　D.工业性劳务

8.在主要产品单位成本表的正表中填列的项目有（　　）。

A.成本项目　　B.历史先进水平

C.单位成本　　D.本月总成本

9.商品产品的范围包括（　　）。

A.可供销售的产成品　　B.在制品

C.对外提供的工业性作业　　D.出售的自制半成品

10.编制成本报表的基本要求是（　　）。

A.数字真实　　B.计算正确　　C.内容完整　　D.编报及时

11.期间费用报表包括（　　）。

A.制造费用明细账　　B.责任成本报表

C.管理费用明细账　　D.财务费用明细账

12.下列各项属于成本报表的有（　　）。

A.成本消耗指标和技术经济指标表　　B.主营业务收支表

C.成本计划预计完成情况表　　D.主要产品单位成本表

13.在商品产品成本表中补充资料部分列示的项目有（　　）。

A.可比产品成本降低额　　B.可比产品成本降低率

C.产值成本率　　D.不可比产品成本降低率

14.成本报表分析的方法，包括（　　）。

A.对比分析法　　B.比率分析法

C.因素分析法　　D.趋势分析法

15.既影响可比产品成本降低额变动，又影响成本降低率变动的因素有（　　）。

A.产品产量变动　　B.产品价格变动

C.品种结构变动　　D.单位成本变动

三、判断题

1.由于成本指标的特殊性，成本报表只能定期编制。（　　）

2.不同企业的成本报表可以存在差异。（　　）

3.成本报表是需要定期编制定期对外报送的报表。（　　）

4.会计报表按其报送对象可以分为对外报表和对内报表两类。成本报表属于内部报表，不再对外报送。（　　）

5.成本报表是反映企业一定时期产品成本水平、考核产品成本计划和生产费用预算执行情况的书面报告。（　　）

6.产品成本和生产费用是综合反映企业生产技术和经营管理工作水平的重要指标，编制与分析成本报表是会计工作的一项重要内容。（　　）

7.成本报表的编制只要做到数字准确、内容完整就符合要求了。（　　）

8.产品生产成本表中补充资料所列示的可比产品成本降低额和可比产品成本降低率是指实际的成本降低额和实际的成本降低率。（　　）

9.可比产品实际成本降低额，是指可比产品实际产量按计划单位成本计算的总成本与可比产品实际总成本的差。（　　）

10.主要产品单位成本表是对产品生产成本表的补充说明。（　　）

11.主要产品单位成本表和产品生产成本表中，都列示了主要产品的单位成本。（　　）

12.制造费用明细表中的制造费用包括了基本生产车间和辅助生产车间的制造费用。（　　）

13.制造费用明细表，不仅要按费用项目列示，还要按具体生产单位（如生产车间、分厂等）分别编制。（　　）

14.制造费用明细表一般按月编制。（　　）

15.主要产品单位成本表按主要产品分别编制，即每种主要产品都要编制一张主要产品单位成本表。（　　）

四、实训题

实训一

目的：掌握成本报表的编制与分析。

资料：江南制造有限公司2023年成本计划规定和6月实际发生的材料、工时消耗及材料单价、每小时工资成本见表12-16。

表12-16　成本相关数据表

2023年6月

项目	本月计划	本月实际
单位产品材料消耗数量（千克）	300	290
材料价格/（元/千克）	25	25.5
单位产品所耗工时（小时）	20	18
每小时工资成本（元）	80	85

要求：

（1）计算下列指标：

① 材料消耗量变动的影响；

② 材料价格变动的影响；

③ 单位产品的材料差异；

④ 单位产品所耗工时变动的影响；

⑤ 每小时工资变动的影响；

⑥ 单位产品的人工差异。

（2）对产品的直接材料成本和直接人工成本差异进行分析。

实训二

目的：掌握成本报表的编制与分析。

资料：宏远制造有限公司2023年生产销售A、B、C三种产品，其中C产品为不可比产品，相关资料见表12-17。

表12-17　2023年全部产品生产成本（按产品种类反映）

产品名称	计量单位	实际产量	单位成本（元）			总成本（元）		
			上年实际平均	本年计划	本期实际	按上年实际单位平均成本计算	按本年计划单位成本计算	本期实际
可比产品合计								
A产品	台	60	600	580	570			
B产品	台	70	800	760	750			
不可比产品合计								
C产品	台	20		510	560			

公司计划的2023年销售收入成本率为65%，本期销售收入为160 000元。公司制定的本年可比产品计划降低额为6 000元，计划降低率为7%。

要求：

（1）根据资料计算填列产品生产成本表（表12-2）中的总成本；

（2）分析全部产品生产成本计划的完成情况；

（3）计算本期销售收入成本率；

（4）计算宏远制造有限公司2023年可比产品成本降低额和降低率并对降低计划完成情况进行简单分析。

能力测评

在专业能力测评表内打“√”，A掌握，B基本掌握，C未掌握。

业务能力	评价指标	自测结果	要求
认知成本报表	1.了解企业编制成本报表的作用	□A　□B　□C	理解记忆 思路清晰
	2.了解成本报表的种类	□A　□B　□C	
	3.熟悉成本报表编制的要求	□A　□B　□C	
产品生产成本表的编制和分析	1.熟悉产品生产成本表的作用和意义	□A　□B　□C	思路清晰 结果准确
	2.会编制产品生产成本表	□A　□B　□C	
	3.会分析产品生产成本表	□A　□B　□C	
主要产品单位成本表的编制和分析	1.熟悉主要产品单位成本表的作用和意义	□A　□B　□C	理解记忆 计算准确
	2.会编制主要产品单位成本表	□A　□B　□C	
	3.会分析主要产品单位成本表	□A　□B　□C	
教师评语：			
成绩：		教师签字：	

附 录

成本核算与管理期中考试模拟试卷

班级：________ 学号：________ 姓名：________ 得分：________

一、单项选择题（每小题1分，共10分）

1.产品成本是生产费用的（　　）。

A.对象化　　B.期间化

C.固定化　　D.变动化

2.企业为生产产品而耗用的原料费用（　　）。

A.直接计入费用　　B.间接计入费用

C.直接生产费用　　D.间接生产费用

3.未单独设置“燃料及动力”成本项目时，产品生产使用的动力费用应计入的成本项目是（　　）。

A.直接材料　　B.制造费用

C.直接人工　　D.废品损失

4.企业因产品生产发生的环境治理费用应计入（　　）。

A.生产成本　　B.制造费用

C.管理费用　　D.财务费用

5.某工人本月份生产合格品40件，料废品3件，加工失误产生废品1件，计件单价为6元，应付计件工资为（　）元。

A.240　　B.258　　C.246　　D.264

6.辅助生产费用的顺序分配法，基本要求是（　　）。

A.受益少的分配在前，受益多的分配在后

B.费用少的分配在前，费用多的分配在后

C.受益多的分配在前，受益少的分配在后

D.费用多的分配在前，费用少的分配在后

7.电算化水平较高的单位，一般可采用的辅助生产费用分配方法是（　　）。

A.直接分配法　　B.一次交互分配法

C.计划分配率分配法　　D.代数分配法

8.按年度计划分配率分配法分配制造费用的方法适用于（　　）。

A.制造费用数额较大的企业　　B.制造费用数额较小的企业

C.基本生产车间规模较小的企业　　D.季节性生产企业

9.以下项目中属于废品损失的是（　　）。

A.可修复废品在返修前发生的费用

B.可修复废品在返修后发生的修复费用

C.产品入库后由于保管不善而发生的损失

D.产品销售后发生的“三包”损失

10. 在辅助生产成本的计划分配率分配法下，对于发生的辅助生产费用实际成本与计划成本的差异，应转入的会计科目是（ ）。

A. “基本生产成本” B. “辅助生产成本”

C. “制造费用” D. “管理费用”

二、多项选择题（每小题2分，共10分）

1. 制造企业对发生的费用，按照费用的经济用途可分为（ ）。

A. 职工薪酬 B. 外购燃料费用

C. 生产费用 D. 期间费用

2. 按21天计算日工资时，节假日工资的计算方法是（ ）。

A. 出勤期间节假日作为出勤日计发工资

B. 缺勤期间的节假日扣发工资

C. 缺勤期间的节假日不扣发工资

D. 节假日不计发工资

3. 下列各项属于辅助生产费用分配方法的有（ ）。

A. 直接分配法 B. 交互分配法

C. 约当产量法 D. 代数分配法

4. 下列各项属于制造费用所属项目的有（ ）。

A. 生产车间的保险费 B. 厂部办公楼折旧费

C. 季节性停工损失 D. 机物料消耗

5. “废品损失”账户借方应反映（ ）。

A. 可修复废品的生产成本 B. 不可修复废品的生产成本

C. 可修复废品发生的修复费用 D. 应收废品的赔偿损失

三、判断题（每小题1分，共10分）

1. 在成本会计的各个环节中，成本核算是基础。（ ）

2. 车间厂房折旧费用属于直接生产费用。（ ）

3. 生产费用按照经济用途划分为若干个项目，称为成本项目。（ ）

4. 为简化分配工作，在计划成本分配法下对辅助生产成本差异全部调整计入制造费用。（ ）

5. 无论采用哪种分配方法，分配后制造费用账户期末都没有余额。（ ）

6. 机器工时比例分配法，适用于机械化程度较高的企业。（ ）

7. 可修复废品是指经过修理可以使用的废品。（ ）

8. 在只生产一种产品的企业（或车间）中，全部生产费用均属于直接计入费用。（ ）

9. 因为料废原因而导致的废品，应照付计件工资。（ ）

10. 为了简化折旧的核算工作，当月增加的固定资产，当月开始计提折旧。（ ）

四、业务题（本类题共70分，每小题14分）

1. 某企业生产A、B两种产品，共同耗用甲材料110千克，采用定额消耗量比例分配法进行分配；其他部门领用材料见下表。

甲材料收发明细表

日期	摘要	数量（千克）	单价（元/千克）	用途
1日	期初	600	100	
5日	购入	1 400	110	
6日	领用	1 000		生产A、B产品
10日	领用	25		一车间一般消耗
15日	领用	10		行政管理

甲材料采用月末一次加权平均法核算，期初及当月材料收发情况等相关资料见下表。

产量及消耗定额表

产品	产量	甲材料单位产品消耗定额
A产品	100	3
B产品	200	2.5

要求：

（1）计算A、B产品共同耗用部分的材料费。（3分）

（2）填制材料费用分配表。（8分）

材料费用分配表

应借账户		成本或费用项目	间接计入费用			直接计入费用	合　计	
总账账户	明细账户		定额消耗量	分配率	分配额			
基本生产成本	A产品	直接材料						
	B产品	直接材料						
	小计							
制造费用	一车间	机物料消耗						
管理费用		材料费						
合　计								

（3）编制分配材料费用的会计分录。（3分）

2.某年4月共30天，其中双休日共8天，法定假日1天。张少华月基本工资3 120元，15日请病假1天，20日请事假1天，与双休日与法定假日不相连。张某工龄1年，病假扣发比例为40%。

要求：

（1）采用月薪制，按月工作日21天计算张少华本月应发的计时工资。（7分）

（2）采用月薪制，按月工作日30天计算张少华本月应发的计时工资。（7分）

3.某企业设有供水、供电两个辅助生产车间，本月辅助生产车间发生费用及提供的劳务产品总量见下表。采用直接分配法分配辅助生产费用。

辅助车间费用产量资料

单位：元

辅助车间名称		供水	供电
辅助生产车间费用		18 000	12 000
各部门受益数量	供水车间		4 000
	供电车间	2 000	
	A产品	4 000	8 000
	B产品	3 000	5 000
	基本生产车间	2 000	2 000
	管理部门	1 000	1 000
	合计	12 000	20 000

要求：

（1）计算并填写辅助生产费用分配表。（10分）

辅助生产费用分配表

金额单位：元

辅助车间名称				供水	供电	合计
待分配费用（元）						
非辅助车间受益数量						
单位成本（分配率）						
应借账户	基本生产成本	A产品	耗用数量			
			分配金额			
		B产品	耗用数量			
			分配金额			
	制造费用	基本生产车间	耗用数量			
			分配金额			
	管理费用		耗用数量			
			分配金额			
分配金额合计						

（2）编制分配辅助生产成本的会计分录。（4分）

4.一车间生产甲、乙两种产品，发生的制造费用采用年度计划分配法进行分配。预计2023年度制造费用计划金额400 000元，4月实际发生制造费用32 680元。产品产量及工时定额资料见下表。

产品	年度计划产量（件）	工时定额（小时/件）	1月实际产量（件）
甲	200 000	3	10 000
乙	100 000	4	6 000

要求：

（1）计算年度计划分配率。（4分）

（2）分配1月制造费用，并编制会计分录。（6分）

（3）假定4月初“制造费用”期初余额为2 800元，请计算4月末“制造费用”余额。（4分）

5.新型铸管厂一车间6月生产A产品2 000件，生产过程中发现其中10件为不可修复废品，2件为可修复废品。有关资料如下：

（1）该产品成本明细账所记合格品和废品共同发生的生产费用为：原材料费用375 000元，直接人工费用76 000元，制造费用68 000元，本月生产费用合计519 000元。

（2）原材料是在生产开始时一次投入的，其他费用按生产工时比例分配（本月生产总工时4 000小时，不可修复废品应负担20小时）。

（3）不可修复废品回收的残料价值360元，已交仓库验收；应由过失人赔偿1 500元，款尚未收到。

（4）可修复废品发生修复费用300元，包括领用材料200元，耗费人工60元，应负担的制造费用40元。

要求：

（1）根据上述资料，应编制废品损失计算表。（6分）

不可修复废品损失计算表

（按实际成本计算）

车间：　　　　产品：　　　　年　月　日　　　　金额单位：元

项目	数量（件）	原材料	生产工时（小时）	直接人工	制造费用	合计
本月生产费用合计						
费用分配率						
不可修复废品转出成本						
减：残料价值						
过失人赔偿						
不可修复废品损失						

（2）根据不可修复废品损失计算表，编制相关会计分录。（4分）

（3）编制可修复废品的修复费用的会计分录。（2分）

（4）计算确定A产品的总成本和单位成本。（2分）

成本核算与管理期末考试模拟试卷

班级：________ 学号：________ 姓名：________ 得分：________

一、单项选择题（每小题1分，共10分）

1. 下列属于工业企业成本项目的是（ ）。

A. 外购材料 B. 工资 C. 制造费用 D. 折旧费

2. 在辅助生产成本分配方法中，计算结果最为准确的是（ ）。

A. 直接分配法 B. 交互分配法 C. 代数分配法 D. 计划成本分配法

3. 适用于小批单件生产的产品成本计算方法是（ ）。

A. 分步法 B. 分批法 C. 分类法 D. 品种法

4. 采用平行结转分步法，每一步骤的生产费用要在其完工产品与月末在产品之间进行分配。这里的在产品是指（ ）。

A. 本步骤已完工转入半成品库的半成品

B. 尚在本步骤加工中的在产品

C. 从半成品库转入下一步骤继续加工的半成品

D. 尚未完工的全部在产品和半成品

5. 产品成本计算的分步法包括（ ）两种方法。

A. 综合结转和分项结转 B. 逐步结转和平行结转

C. 实际成本结转和计划成本结转 D. 顺序结转和成本还原计算

6. 采用简化的分批法，在各该批产品完工前按批别设立的基本生产成本明细账内（ ）。

A. 只登记材料费用，不登记人工费用

B. 只登记人工费用，不登记材料费用

C. 只登记生产工时和人工费用

D. 只登记直接计入费用（如原材料）和生产工时

7. 成本还原的对象是（ ）。

A. 库存商品成本 B. 各步骤所耗上一步半成品的综合成本

C. 完工产品中所耗各步骤半成品成本 D. 各步骤半成品成本

8. 企业月末在产品数量较多，各月末在产品数量变化也较大，产品各成本项目所占比重相差不大，则完工产品与月末在产品的生产费用分配方法应采用（ ）。

A. 在产品按定额成本计价法 B. 在产品按所耗原材料费用计价法

C. 定额比例法 D. 约当产量比例法

9. 辅助生产费用交互分配后的实际费用要在（ ）分配。

A. 各基本生产车间之间 B. 在各受益单位之间

C. 各辅助生产车间之间 D. 辅助生产以外的各受益单位之间

10. 某种产品经过两道工序加工而成，各道工序的工时定额为40小时。其中，第一道工序30小时，第二道工序10小时。那么，处于第二道工序的在产品完工率为（ ）。

A.37.5% B.50% C.87.5% D.100%

二、多项选择题（每小题2分，共10分）

1.下列可以计算计件工资的产量是（ ）。

A.合格品产量 B.料废品数量 C.工废品数量 D.在产品数量

2.“基本生产成本”科目的借方登记的内容包括（ ）。

A.生产过程中直接发生的材料费用 B.生产过程中直接发生的工资费用

C.完工入库的产成品成本 D.分配转入的辅助生产费用

3.采用综合结转分步法，根据成本还原率进行成本还原时，成本还原率可能会（ ）。

A.大于1 B.小于1 C.等于0 D.小于0

4.下列各项属于“制造费用”科目核算内容的是（ ）。

A.基本生产车间机器设备的折旧费用 B.基本生产车间管理人员工资

C.基本生产车间照明费用 D.生产工人的工资

5.需要运用费用定额计算月末在产品成本的方法有（ ）。

A.不计算成本法 B.固定成本法

C.定额成本计算法 D.定额比例法

三、判断题（每小题1分，共10分）

1.企业在一定时期的生产费用等于其同一时期的产品成本。（ ）

2.制造费用和管理费用均作为期间费用处理，不计入产品成本。（ ）

3.大量大批多步骤生产的企业均应采用分步法计算产品成本。（ ）

4.使用平行结转分步法，能够直接提供按原始成本项目反映的完工产品成本资料，不必进行成本还原。（ ）

5.简化的分批法下，月末未完工产品的批数越多，核算工作就越简化。（ ）

6.逐步结转分步法下，半成品成本结转与实物流转相分离。（ ）

7.在只生产一种产品的工业企业或车间中，直接生产费用和间接生产费用都直接计入费用。（ ）

8.如果原材料在生产产品的每道工序开始时一次投入，则用来分配原材料费用的最后一道工序的投料比例为100%。（ ）

9.按定额比例计算在产品成本法下，本期完工产品成本中包含了月末在产品实际成本与定额成本之间的差异。（ ）

10.在单件小批生产的情况下，一般不存在生产费用在完工产品和在产品之间进行划分的问题。（ ）

四、业务题（第1~4题每小题8分，第5题14分，共46分）

1.某车间生产甲、乙两种产品，共耗原材料8 000千克，单价6元，原材料费用合计48 000元。本月投产甲产品800件，乙产品1 000件。甲产品单位消耗材料定额5千克，乙产品单位消耗材料定额6千克。

要求：

（1）采用材料定额耗用量比例法时的分配率。

（2）计算甲产品和乙产品各自应负担的材料费用，并编制会计分录。

2. 某工人月标准工资为3 120元。其6月份考勤情况为：该月日历天数为30天，法定节假日1天，双休日7天，病假3天（其中含双休日1天），实际出勤19天。该职工病假工资按标准工资的90%计发。

要求：分别以30天和21天为月工作日，按日薪制计算该工人当月的应付工资。

3. 某企业对制造费用采用年度计划分配率分配法进行分配，其基本生产车间的有关资料见下表。

基本生产车间的产量及定额资料

产品名称	年度预算产量（件）	单件产品定额工时（小时）	1月份实际产量（件）
A产品	20 000	5	2 000
B产品	5 000	10	400

该年度制造费用预算总额为180 000元，1月份实际制造费用为16 580元。

要求：

（1）计算年度计划分配率。

（2）计算1月份A、B产品负担的制造费用，并编制会计分录。

4. 吉利制造有限公司生产丙产品需要经过两道步骤，其中材料于生产开始时一次性投入。第一道步骤对材料进行加工，生产出A半成品；第二道步骤将A半成品加工为丙产品。

本月各步骤完工半成品和产成品成本资料见下表。

完工产品成本汇总表

单位：元

产品名称	材料或半成品成本	直接人工	制造费用	完工产品成本
A半成品	90 000	37 500	22 500	150 000
丙产品	120 000	34 400	21 500	175 900

要求：采用项目比重还原法对丙产品进行成本还原（将结果填在下表中）。

项目比重还原法

金额单位：元

项目	成本项目				合计
	A半成品	直接材料	直接人工	制造费用	
还原前完工产成品成本					
上一步骤本月完工A半成品成本					
完工A半成品成本各项目比重					
成本还原					
还原后的产成品成本					

5. 假设某工业企业设有锅炉、供电两个辅助生产车间，主要为基本生产车间和行政管理部门服务。根据辅助生产成本明细账资料，4月份锅炉车间发生费用10 800元，供电车

间发生费用88 400元；锅炉车间计划分配率为2.3，供电车间计划分配率为1.1。该企业辅助生产车间的制造费用不通过“制造费用”科目核算，辅助生产车间提供劳务量明细见下表。

辅助生产车间提供劳务量明细表

<table>
<tr><th colspan="2">供应对象</th><th>供汽数量（立方米）</th><th>供电数量（度）</th></tr>
<tr><td rowspan="2">辅助生产车间</td><td>锅炉车间</td><td></td><td>5 000</td></tr>
<tr><td>供电车间</td><td>500</td><td></td></tr>
<tr><td rowspan="2">基本生产车间</td><td>甲产品</td><td>2 900</td><td>65 000</td></tr>
<tr><td>一般耗用</td><td>200</td><td>10 000</td></tr>
<tr><td colspan="2">行政管理部门</td><td>900</td><td>5 000</td></tr>
<tr><td colspan="2">合计</td><td>4 500</td><td>85 000</td></tr>
</table>

要求：

（1）采用计划分配率法分配辅助生产费用，将结果填列在下表中。

辅助生产费用分配表（计划分配率法）

金额单位：元

<table>
<tr><th colspan="5">项目</th><th>锅炉车间</th><th>供电车间</th><th>金额合计</th></tr>
<tr><td colspan="5">归集的辅助生产费用</td><td></td><td></td><td></td></tr>
<tr><td colspan="5">提供的劳务总量</td><td></td><td></td><td></td></tr>
<tr><td colspan="5">计划分配率</td><td></td><td></td><td></td></tr>
<tr><td rowspan="11">应借账户</td><td rowspan="5">辅助生产成本</td><td rowspan="2">锅炉车间</td><td>耗用劳务</td><td></td><td></td><td></td><td></td></tr>
<tr><td>分配金额</td><td></td><td></td><td></td><td></td></tr>
<tr><td rowspan="2">供电车间</td><td>耗用劳务</td><td></td><td></td><td></td><td></td></tr>
<tr><td>分配金额</td><td></td><td></td><td></td><td></td></tr>
<tr><td colspan="2">分配金额小计</td><td></td><td></td><td></td><td></td></tr>
<tr><td rowspan="2">基本生产成本</td><td rowspan="2">甲产品</td><td>耗用劳务</td><td></td><td></td><td></td><td></td></tr>
<tr><td>分配金额</td><td></td><td></td><td></td><td></td></tr>
<tr><td colspan="2" rowspan="2">制造费用</td><td colspan="2">耗用劳务</td><td></td><td></td><td></td></tr>
<tr><td colspan="2">分配金额</td><td></td><td></td><td></td></tr>
<tr><td colspan="2" rowspan="2">管理费用</td><td colspan="2">耗用劳务</td><td></td><td></td><td></td></tr>
<tr><td colspan="2">分配金额</td><td></td><td></td><td></td></tr>
<tr><td colspan="5">计划分配金额合计</td><td></td><td></td><td></td></tr>
<tr><td colspan="5">辅助生产实际成本</td><td></td><td></td><td></td></tr>
<tr><td colspan="5">实际与计划差异</td><td></td><td></td><td></td></tr>
</table>

（2）编制辅助生产成本分配的会计分录。

五、综合题（本题共24分）

某企业生产甲产品，连续经过两个生产车间加工，原材料在开始时一次性投入。月末在产品按约当产量比例法计算，在产品完工程度为50%。有关产量资料见下表。

产量资料

单位：件

项目	一车间	二车间
月初在产品数量	150	150
本月投产数量	350	300
本月完工数量	300	350
月末在产品数量	200	100

要求：采用平行结转分步法计算产品成本（计算结果直接填入下表）。

基本生产成本明细账

户名：一车间　　金额单位：元

项目	直接材料	直接人工	制造费用	合计
月初在产品成本	42 000	5 250	5 300	52 550
本月发生生产费用	88 000	9 600	6 800	104 400
合计				
完工产量（件）				
在产品产量（件）				
在产品约当产量（件）				
完工产量 + 在产品约当产量（件）				
单位成本				
计入产成品成本份额				
月末在产品成本				

基本生产成本明细账

户名：二车间　　金额单位：元

项目	直接材料	直接人工	制造费用	合计
月初在产品成本		2 600	1 800	4 400
本月发生生产费用		7 800	3 800	11 600
合计				
完工产量（件）				
在产品产量（件）				
在产品约当产量（件）				
完工产量 + 在产品约当产量（件）				
单位成本				
计入产成品成本份额				
月末在产品成本				

完工产成品成本汇总计算表

产品名称：甲产品　　　　单位：元

项目	产量	直接材料	直接人工	制造费用	合计
一车间计入产成品成本份额					
二车间计入产成品成本份额					
完工产成品成本					
单位成本	350				

参考文献

[1] 丁增稳. 成本会计实务［M］. 北京：高等教育出版社，2021.

[2] 财政部会计资格评价中心. 初级会计实务［M］. 北京：中国财政经济出版社，2023.

[3] 财政部会计资格评价中心. 中级会计实务［M］. 北京：中国财政经济出版社，2023.

[4] 中国注册会计师协会. 财务成本管理［M］. 北京：经济科学出版社，2023.

[5] 张敏，黎来芳，于富生. 成本会计学［M］. 9版. 北京：中国人民大学出版社，2021.

[6] 丁增稳，凌学军，刘颖. 成本会计实务［M］. 北京：电子工业出版社，2017.

[7] 周国安. 成本会计实务［M］. 3版. 北京：高等教育出版社，2022.

[8] 程坚. 成本计算与管理［M］. 5版. 北京：高等教育出版社，2023.

[9] 江希和，尚有才. 成本会计教程［M］. 7版. 北京：高等教育出版社，2022.

[10] 于富生，王俊生，黎文珠. 成本会计学［M］. 北京：北京科学技术出版社，2018.

[11] 张志凤. 初级会计实务［M］. 北京：中国科学技术出版社，2020.

[12] 祁怀锦，赵雪媛. 成本会计学［M］. 北京：中国人事出版社，2019.

[13] 丁元霖. 成本会计［M］. 上海：立信会计出版社，2022.

[14] 苏启立，简东平. 成本会计［M］. 北京：中国经济出版社，2019.

[15] 鲁亮升. 成本会计［M］. 6版. 大连：东北财经大学出版社，2022.

微课索引

为了便于学生自主学习，我们针对重点难点制作了24个微课，并以二维码的形式添加在本教材中，用手机扫描二维码即可直接观看内容，括号内标注了二维码的具体页码。